네덜란드 개혁교회 이야기

그리스도인들은 그 책의 사람들, 바로 성경의 사람들입니다. 성경에만 권위를 두고, 성경대로 살며, 성경에 자신을 계시하신 삼위 하나님만을 예배하고 사랑합니다. 이에 **그 책의 사람들**은 하나님께만 영광 돌리고, 하나님의 나라와 교회의 번영과 행복을 위해 성경에 충실한 도서들만을 독자들에게 전하겠습니다.

네덜란드
개혁교회 이야기

이성호 지음

목 차

| 여는 글 | 왜 네덜란드 개혁교회인가 · 6

1장 '네덜란드' 이야기 · 15
2장 '개혁' 이야기 · 33
3장 '교회' 이야기 · 51
4장 '개혁교회' 이야기 · 73
5장 '네덜란드 역사' 이야기 · 109
6장 네덜란드 '개혁교회 역사' 이야기 · 137
7장 개혁교회 신자들의 '생활' 이야기 · 195
8장 도전과 응전 · 225

| 닫는 글 | 273
| 부   록 | 하이델베르크 교리문답의 관점에서 본 죄와 비참 · 276

| 여는 글 |

왜 네덜란드 개혁교회인가

이 책을 써 달라는 부탁을 처음 받았을 때 필자는 정중히 거부할 수밖에 없었습니다. 신학대학원에서 교회사를 가르치는 교수이기는 하지만 네덜란드에 간 적이 없기 때문입니다. 네덜란드에 가 보지도 않고 네덜란드 개혁교회 이야기를 쓰는 것이 독자들에게 얼마나 신뢰를 줄 수 있겠습니까? 더구나 필자는 네덜란드어를 전혀 할 줄 모릅니다. 이 일은 더 잘할 수 있는 분에게 맡기는 것이 좋겠다고 생각했습니다. 그러나 청소년이나 청년들을 대상으로 책을 쉽게 써 달라는 출판사의 간곡한 부탁이 있었기에 이 책을 쓰기로 결정했습니다. 또한 미국 교회이기는 하지만 본토 네덜란드보다 더 네덜란드적인 개혁교회를 삼 년 이상 출석하면서 겪었던 좋은 경험들을 이 책을 통해 표현하고 싶었습니다. 따라서 이 책은 네덜란드 개혁교회에 대한 전문 연구서라기보다는 이 분야에 관심 있는 분들을 위한 입문서입니다.

어떤 사람들은 우리나라 교회에 대해서도 잘 모르는데 외국의 어떤 교회에 대해 알아서 무엇이 유익할까라고 질문할 수도 있을 것입니다. 또 하필이면 그 많은 교회 중에서 왜 네덜란드 교회인가라고 질문할 수도 있겠지요. 그런 질문을 하는 분들에게 제가 참 좋아하는 찬송가를 소개하고 싶습니다. 하나는 새찬송가 39장(주 은혜를 받으려 모인 성도들)이고 다른 하나는 68장(오 하나님 우리의 창조주시니)입니다. 확인해 보면 금방 알겠지만 두 찬송가의 곡조가 똑같습니다. 이 아름다운 노래의 원 가사의 첫 줄은 "지금 주 하나님께 나아가지 않겠습니까?"Wilt heden nu treden voor God den Heere?로 시작하는데, 1597년에 네덜란드가 스페인과 한 큰 전쟁에서 승리하고 나서 이 승리를 기념하기 위해 만든 노래입니다. 그 뒤 이 노래는 네덜란드 사람들에게 가장 사랑 받는 노래 중 하나가 되었습니다. 네덜란드를 식민지로 다스렸던 스페인은 네덜란드 개혁교인들이 함께 모여 예배하는 것을 금했는데 이제 하나님께 나아가 예배를 드릴 수 있게 되었다는 기쁨이 이 노래에 표현되어 있습니다. 이 노래는 네덜란드에서 미국으로 이민 온 사람들을 통해 미국 전체에도 알려져서 추수 감사절에 불렸고 1, 2차 세계대전 때 미국의 승리를 기원하는 노래로 불리다가 마침내 여러 찬송가에 실리게 되었습니다. 그리고 한국으로 파송된 선교사들을 통해 우리나라에도 소개되어 오늘까지 이어지고 있습니다. 네덜란드 개혁교회에 대해 전혀 모르더라도 이 두 찬송가를 알고 부른다면 여러분은 여러분이 모르는 사이에 네덜란드 개혁교회가 한국 교회 전체에게 준 가장 큰 선물을 이미 누리고 있다고 할 수 있습니다. 이것만으로도 우리가 네덜란드 개혁교회에 대해 알아야 할 필요성은 충분히 있지 않을까 생각합니다.

물론 신자들은 당연히 자신이 속한 교회에 대해 먼저 잘 알아야 합니다. 자기가 속한 교회에 대해서는 잘 모르면서 다른 나라 교회만 동경하면서 공부하는 것은 정말 잘못된 신앙의 태도입니다. 그러나 우리가 한국 교회를 잘 알기 위해 한국 교회만 공부하는 것은 지혜롭지 못한 일입니다. 토착화를 부르짖는 신학자들 중 어떤 분들은 지나치게 수구적인 태도를 보이는 경향도 있습니다. 대표적인 예로 그들은 성찬식 때 포도주 대신 막걸리를 사용하기도 합니다. 하지만 전통적인 기독교 신앙에 충실한 신자들은 예배 시간에 사도신경을 통해 대한민국 교회를 믿는 것이 아니라 보편적 교회를 믿는다고 고백합니다. 한국 교회는 한국에 있는 주님의 교회입니다. 정말로 사도신경을 제대로 고백한다면 참된 신자는 세계 각처에서 같은 신앙을 고백하는 교회들과 주 안에서 교제할 필요가 있습니다.

따라서 우리는 우리나라 교회를 알기 위해서도 다른 나라 교회들을 살펴볼 필요가 있습니다. 그렇지 않으면 우리 자신의 모습을 제대로 성찰할 수 없습니다. 저도 개혁교회를 실제 경험해 볼 때까지는 한국 교회의 여러 관습에 대해 심각하게 질문한 적이 없었습니다. 그것들은 모두 다 당연한 것으로 이미 제 삶 속에 아무런 의문 없이 받아들여졌을 뿐입니다. 성가대, 교독문, 특송, 헌신 예배, 수요 기도회, 구역 예배 등에 대해 아무 궁금증도 없었습니다. 그러나 네덜란드 개혁교회를 접하면서 그런 한국적 신앙 관습에 대해 근본적으로 다시 정리할 수 있게 되었습니다. 여러분도 이 책을 보면서 우리 자신을 성찰하여 하나님께서 요구하시는 참된 교회의 모습에 더 가까이 가기를 소망합니다.

네덜란드 개혁교회를 만남

필자가 네덜란드 개혁교회와 처음으로 접하게 된 것은 대학교 1학년 때쯤(1987년)이었습니다. 그때 저는 서울서문교회에 출석하고 있었는데 그 교회의 담임 목사님이 네덜란드에서 유학하신 분이었습니다. 설교 시간에 종종 네덜란드 교회에 대해 언급하셨는데 우리나라 교회와는 다른 독특한 점을 가끔 이야기하셔서 네덜란드 교회에 대해 막연한 동경심이 생겼습니다. 그러던 중 언젠가 한번은 네덜란드에서 목사님 부부가 그 교회를 방문하셨습니다. 그때 저는 태어나서 처음으로 네덜란드 사람을 보았습니다. 무엇보다 저는 그분들의 외모에 엄청 놀랐습니다. 목사님 부부가 그야말로 웬만한 영화배우는 저리 가라고 할 정도로 눈부시게 멋있고 아름다웠습니다. 키도 아주 컸는데 나중에 알고 보니 이들이 바이킹의 후손이었기 때문이었습니다. 키가 비교적 작았던 저로서는 주눅도 약간 들었습니다. 특히 설교의 일부분은 아직도 제가 기억할 정도로 인상에 남아 있습니다. 그분은 설교문을 그대로 또박또박 읽으면서 설교를 하셨는데, 본문을 아주 치밀하게 해석하는 것에 큰 도전과 감동을 받았습니다. 그 설교를 들으면서 저토록 깊은 수준의 설교를 매주 듣는 성도들은 어떤 사람들이고 그 교회는 어떤 곳일까 하며 궁금해했습니다.

두 번째 네덜란드 교회를 만난 것은 대학교 3학년 때 동기 수련회에 참석하면서입니다. 당시 수련회의 주 강사는 고려신학대학원에서 교의학을 가르치시던 고재수N. H. Gootjes라는 분이었습니다. 저는 처음에 그분이 한국 분인 줄 알았는데 알고 보니 네덜란드에서 파송한 교수 선교사님이셨습니다. 그때만 하더라도 신학대학원에 박사학위를 가지고 가르치시는 분이 매우 드물었습니다. 그 수련회는 일반 수련회와는 성격이 완전히 달랐습니다. 당시 보통의 수련회는 울고불고하면서 심기일전하는 연말 혹은 연초 행사였지만 그 수련회는 조용하면서도 철저하고 치밀하게 하나님의 말씀을 연구하는 사경회였습니다. 고재수 교수님은 네덜란드 사람이면서도 한국어 구사가 한국인들보다 더 정확했습니다. 물론 발음을 하는 데 어눌함이 약간 있었지만 강의 내용은 정말 훌륭했습니다. 특히 당시 유행했던 큐티QT식의 성경 해석이 안고 있는 위험성을 정확하게 지적하면서 성경 해석을 구속 역사의 관점에서 보아야 할 필요성을 잘 가르쳐 주셨습니다. 사실, 당시 목사님들 대부분은, 오늘날도 마찬가지지만 성경 이야기를 모범적으로만 해석했습니다. 예를 들어 다윗이 이렇게 훌륭한 믿음을 가졌으니 우리도 그 믿음을 본받자라든지, 다윗은 이런 나쁜 일을 해서 하나님께 벌을 받았으니 우리는 그런 일을 해서는 안 된다는 식의 설교가 대부분이었습니다. 그분은 『구속사적 설교의 실제』(기독교문서선교회)라는 작은 책을 저술하여 한국 교회의 설교에 큰 반향을 일으켜서 진정한 설교에 관심 있는 분들에게 도전을 많이 주셨습니다. 고재수 교수님은 고려신학대학원에서 가르치신 뒤 캐나다 개혁교회의 한 신학교에서 열정적으로 가르치시다가 최근에 병으로 교수직을 그만두셨습니다. 필자가 칼빈 신학교Calvin Theological Seminary에서 박사 과정을 마치기 일 년 전에 그분의 아들 중 한 명이 바로 옆방에서 같이 공부하기도 했습니다.

필자가 신대원 공부를 마치고 유학을 가게 된 곳은 미국 미시간 주 그랜드래피즈Grand Rapids에 있는 칼빈 신학교였습니다. 그랜드래피즈는 신학을 조금이나마 제대로 공부하는 사람이라면 누구나 한번쯤은 들어 보았을 이름일 것입니다. 이곳에는 당시 기독교 3대 출판사로 불리는 어드만Eerdmans과 베이커Baker, 존더반Zondervan 출판사가 모두 있었습니다. 따라서 모든 신학

책 뒤에 나오는 참고 문헌에는 그랜드래피즈라는 지명이 나오지 않을 가능성이 거의 없습니다. 지금은 문을 닫았지만 필자가 유학할 당시에는 크레겔Kregel이라고 불렸던, 미국에서 가장 큰 중고 신학 전문 서점도 그곳에 있었습니다. 그랜드래피즈가 육십만 정도의 중도시 크기임에도 서점과 출판사가 왕성하게 활동하고 있다는 것은 그만큼 이 도시가 기독교적 도시라는 것을 증명합니다. 실제로 차를 몰고 운전하다 보면 곳곳에 세워진 여러 교파의 교회당을 쉽게 볼 수 있습니다.

그랜드래피즈에 처음 유학하게 되었을 때 저는 그곳이 어떤 곳인지 전혀 몰랐습니다. 시간이 지나고 나서 그 도시가 네덜란드 이민자들이 세운 도시라는 것과 네덜란드 개혁교회의 후손이 많이 거주하고 있다는 것을 알게 되었습니다. 몇몇 교회를 방문하다가 필자는 개신개혁교회Protestant Reformed Church에 최종 정착하게 되었습니다. 그 교회는 예전의 개혁교회 전통을 잘 보전하고 있는 아주 보수적인 교회였기 때문에 개혁주의 전통을 실제로 체험할 수 있었습니다. 백오십 명 정도 되는 아담한 크기의 교회였기 때문에 성도님들뿐만 아니라 담임 목사님과도 깊은 교제를 나눌 수 있었습니다. 이 교회의 신자들은 거의 백 퍼센트 네덜란드 출신이었기 때문에 미국에 있는 네덜란드 교회라고 할 수 있습니다. 보통 신학 공부를 하기 위해 유학을 가면 유학생 대부분이 한인 교회를 출석하는 경우가 많은데 이왕 유학을 간다면 미국 교회에 출석하면서 신앙생활 하기를 강하게 권면하고 싶습니다. 책상에서 책으로 신학을 배우는 것보다 교회에 출석하여 그들과 교제하면서 배우는 것이 훨씬 많을 것입니다. 물론 관심을 가지고 배우려는 노력이 있어야만 유익을 얻을 수 있습니다.

십 년 동안 칼빈 신학교에서 신학을 공부하면서 필자는 목회에 대한 관심을 놓지 않았습니다. 저는 신학 교수보다는 목회가 저 자신에게 더 맞다고 생각했습니다. 귀국하고 나서 교회 개척의 기회를 하나님께서 주셨을 때 저는 교회를 개척하는 것에 주저하지 않았습니다. 미국에서 네덜란드 개혁교회를 경험한 것은 한국에서 개혁교회를 세워 가는 데 큰 도움이 되고 있습니다. 물론 그 교회가 필자에게 절대 기준이 되는 것은 아니지만 좋은 참고서인 것만은 분명합니다. 그리고 그곳에서 한 경험이 있었기 때문에 지금 쓰는 이 책이 햇빛을 보게 되었습니다.

글을 마치기 전에 한 가지 당부해 두고 싶은 것이 있습니다. 조국 교회의 부족한 모습 속에서 심한 고통을 당한 신자들 중 어떤 이들은 네덜란드 개혁교회의 맹목적 추종자가 되기도 합니다. 심지어 네덜란드 개혁교회에서 하는 모든 것을 그대로 따라 해야 한다고 주장하면서 그렇지 않은 교회들을 정죄하기도 합니다. 그러나 이런 태도야말로 비개혁주의적 신앙 태도입니다. 참된 개혁주의 신앙을 가진 사람들은 네덜란드 개혁교회에서 좋은 전통을 배워서 성경의 기준에 따라 판단한 뒤에 분단된 조국의 현실에 어떻게 적용할 것인지를 끊임없이 고민하는 사람들입니다. 제가 쓴 이 책이 그런 고민을 하는 사람들에게 조금이라도 도움이 된다면 저자로서 그보다 기쁜 일은 없을 것입니다.

1장
'네덜란드' 이야기

네덜란드란

네덜란드 개혁교회에 대해 알기 위해 우선 네덜란드라는 나라에 대해 기본적인 것을 알 필요가 있겠지요. 네덜란드에 대한 이해 없이 그 나라의 교회를 아는 것은 거의 불가능하니까요. 비록 영국, 프랑스, 독일과 같이 큰 나라는 아니지만 네덜란드도 오랜 역사와 전통이 있는 나라입니다. 이 작은 책에서 네덜란드에 대해 충분히 이야기하는 것은 불가능할 것입니다. 그러나 몇 가지 중요한 특징들을 중심으로 네덜란드에 대해 이야기해 보고자 합니다.

우선 네덜란드라는 말뜻부터 알아볼까요? 네덜란드는 '낮은 지역들'이라는 뜻입니다. 용어 자체에서 알 수 있듯이 네덜란드는 대부분 평지입니다. 이 나라에서 가장 높은 곳이 겨우 322.5미터밖에 되지 않으니 산이 없는 나라라고 할 수 있겠지요. 이런 지리적 특성 때문에 네덜란드에는 자전거를 이용하는 사람들이 엄청 많습니다. 더구나 대중 교통비가 아주 비싸기 때문에 자전거는 이 나라 사람들의 생활 필수품입니다. 웬만한 곳은 대부분 자전거를 타고 이동합니다. 자전거 타는 실력도 모두 수준급이지요.

네덜란드는 그 이름에 걸맞게 국토의 3분의 1 가까이가 해수면보다 낮습니다. 그렇기 때문에 네덜란드 국민은 오랫동안 강의 홍수와 바다의 해일로 엄청난 재해를 당했고, 그 때문에 바다로부터 자신들을 지키기 위해 오랫동안 사투를 벌여 왔습니다. 이런 이유로 네덜란드에서 수영은 학생들이 반드시 배워야 할 체육 과정 중 하나입니다. 여러분은 네덜란드라고 하면 풍차를 가장 많이 떠올릴 것입니다. 요즘에는 거의 사라졌지만 전기가 없던 시절 풍차는 낮은 곳의 물을 높은 곳으로 끌어올리는 아주 긴요한 시설이었습니다. 풍차를 통해 바닷물을 빼내 땅을 말리면 소금을 얻을 수 있었고, 염분을 제거한 뒤에는 비옥한 토지도 얻을 수 있었지요. 네덜란드는 이렇게 개척정신으로 무장한 사람들로 말미암아 개발된 나라입니다.

이 낮은 '지역들'을 국가 혹은 주州라고 번역할 수 있는데 네덜란드는 현재 모두 열두 개 주가 모여서 한 나라를 구성하고 있습니다. 그 열두 개 주는 프리슬란트, 흐로닝언, 드렌터, 오버레이설, 플레블란트, 헬데를란트, 위트레흐트, 노르트홀란트, 자위트홀란트, 제일란트, 노르트브라반트, 림부르흐입니다. 발음하기가 쉽지 않지요? 처음에는 일단 '이런 것들이 있구나!' 정도로 이해하고 넘어가는 것이 좋습니다. 참고로 네덜란드를 영어로 홀랜드Holland라고 부르기도 하는데, 홀랜드는 근대 이전 행정 구역 일곱 개 주 중 가장 대표적 주일뿐입니다.[1] 따라서 네덜란드와 홀랜드는 같은 것이 아니지요. 어쨌든 이 홀랜드를 한자로 음차한 용어가 화란和蘭이고 우리나라 사람들은 이 용어에 더 익숙합니다.

네덜란드 공식 명칭은 "네덜란드 왕국"입니다. 처음에는 스페인의 식민지로 있다가 독립하면서 공화국이 되었고 나폴레옹에 의해 잠시 점거당하고 나서 독립을 찾은 이후에 왕국으로 바뀌었습니다. 이것은 유럽 역사에서 아주 독특한 점입니다. 다른 나라들은 근대 시민혁명을 겪으면서 왕정이 공화정으로 바뀌었지만 네덜란드는 거꾸로 공화정이었다가 왕정으로 바뀌었기 때문이지요. 물론 오늘날 왕은 상징적인 존재이고 실제로 다스리지는 않습니다. 비록 영국 왕실만큼 장엄하거나 화려하지는 않지만 네덜란드 왕실도 국민에게 큰 사랑과 존경을 받고 있지요. 한국인들에게 여왕이라고 하면 영국의 엘리자베스 여왕만 머리에 떠오르겠지만 네덜란드의 여왕도 그에 못지않은 명성이 있습니다. 특

---

[1] 근대 이전 행정 구역은 일곱 개 주였고, 다음과 같습니다. 홀란트, 제일란트, 프리슬란트, 위트레흐트, 헬데를란트, 오버레이설, 흐로닝언.

히 네덜란드에는 여왕의 날(4월 30일)이 국가 공휴일로 지정되어 있는데 이날에는 온 나라가 축제 분위기에 휩싸입니다. 이것은 다른 나라에서는 볼 수 없는 독특한 관습입니다.

네덜란드 수도는 암스테르담Amsterdam입니다. 이 도시는 항구 도시이며 수도로서 네덜란드의 특성을 잘 말해 줍니다. 암스테르담은 암스텔의 제방이라는 뜻입니다. 암스테르담은 암스텔 강 하구에 제방이 건설되면서 발전했기 때문에 붙여진 명칭입니다. 네덜란드에는 이렇게 제방이 건설되면서 형성된 도시들이 많습니다. 그래서 '담'으로 끝나는 도시들이 많습니다. 로테르담 Rotterdam도 이렇게 형성된 대표적인 도시이지요. 네덜란드 제방 중 가장 유명한 제방은 대제방Afsluitadijk인데, 이 제방은 1933년에 건설된 제방으로 우리나라의 새만금 방조제가 건설될 때까지 세계에서 가장 긴 제방으로(무려 32.5킬로미터) 기네스북에 오랫동안 등재되어 있었습니다. 제방이라는 말이 나왔으니 하는 말인데 여러분은 네덜란드의 소년 한스 브링커 이야기를 기억하실 것입니다. 이야기는 이렇게 전개됩니다. 브링커는 밤에 둑을 지나가다가 물이 조금 새는 것을 발견했습니다. 자신이 그곳을 떠나면 둑이 무너질 것이라고 생각한 한스는 물이 새는 구멍을 손가락으로 밤새도록 막아서 마을을 지켰다는 이야기입니다. 상당히 감동적인 이야기 아닙니까? 우리나라 상당수 사람들이 이 이야기를 실화로 생각하는데, 이것은 사실 미국 작가가 지어낸 동화일 뿐이랍니다. 네덜란드 사람들은 이 동화를 잘 모르는데 이 이야기의 내용이 전혀 신빙성이 없다는 것을 잘 알기 때문입니다.

제방 건설 때문에 네덜란드는 운하로도 유명해졌습니다. 사실 이 둘이 반드시 같이 가는 것은 아닙니다. 제방을 막는다고 해서 운하가 생기지는 않지요. 운하가 가능하기 위한 핵심 기술은 제방 위쪽과 아래 쪽의 수위를 조절할 수 있는 갑문 시설입니다. 네덜란드는 이 갑문을 만드는 데 세계적 기술을 보유하고 있습니다. 그 결과 네덜란드에는 수많은 강이 서로 운하로 연결되어 있습니다. 이 운하를 통해 상당히 큰 배도 내륙 깊숙이 들어올 수 있게 되었습니다. 하지만 오늘날에는 인공으로 만든 운하가 수질 오염을 비롯한 환경 문제를 일으키기 때문에 조금씩 제방을 무너뜨려서 원래 자연을 회복시키는 작업도 진행하고 있습니다.

네덜란드는 제방을 쌓아서 생긴 토지를 이용해 농업을 발전시켰습니다. 농업 중에서도 고부가가치를 창출할 수 있는 원예업을 육성시켰지요. 그 결과 화원 사업은 네덜란드에서 가장 중요한 기간산업으로 자리 잡았습니다. 꽃을 재배하는 기술은 네덜란드가 세계 최고 기술을 가지고 있지요. 이 꽃 중에서 가장 유명한 꽃이 튤립이라는 것은 여러분도 다 아실 것입니다. 튤립하면 네덜란드가 떠오를 정도로 튤립은 풍차와 더불어 네덜란드를 대표하는 상징입니다. 한 해 90억 송이 이상을 생산하여 그

중 대부분을 수출하고 있습니다. 이런 이유로 튤립의 원산지를 네덜란드라고 잘못 알고 계시는 분들도 많지요. 하지만 튤립의 원산지는 터키랍니다. 튤립의 이름도 회교도들이 머리에 쓰는 터번turban과 비슷하게 생겨서 붙여진 이름입니다. 당연히 터키의 국화도 튤립입니다. 1593년에 네덜란드의 한 식물학자가 이 꽃을 수입했는데, 튤립은 네덜란드의 기후와 풍토에서 더 잘 자랄 수 있었기 때문에 그 이후로 튤립은 네덜란드에서 광범위하게 보급되었습니다.

튤립은 정말 아름다운 꽃이지만 네덜란드 역사에서는 크나큰 상처를 남긴 꽃이기도 합니다. 17세기 네덜란드는 해상 무역을 통해 엄청난 번영을 누리게 되었는데 경제적 여유를 바탕으로 많은 사람의 관심이 예쁜 튤립에 쏠렸습니다. 튤립은 새로운 구근球根을 만드는 데 보통 6-7년 정도 시간이 걸렸을 뿐 아니라 특별한 색깔이나 모양의 꽃은 모자이크바이러스라는 균에 감염되었을 경우에만 얻을 수 있기 때문에 구하기가 매우 어려웠습니다. 당연히 튤립 가격은 천정부지로 치솟게 되었고 수많은 사람이 튤립 매매에 뛰어들었습니다. 1633년경이 되면 튤립 구근 하나만 있으면 웬만한 집 한 채를 살 수 있을 정도였으니 튤립 투기 열풍이 얼마나 대단했는지 알 수 있습니다. 많은 사람이 좋은 구근 하나만 있으면 인생 역전이 가능하다고 믿게 되었습니다. 그야말로 네덜란드 전역에 튤립 광기가 불어닥쳤습니다. 하지만 사람들은 곧 이성을 찾기 시작했습니다. 그들은 튤립 가격이 올라도 너무 올랐다고 생각했습니다. 아무리 경제적으로 여유가 있다 할지라도 터무니없이 높은 가격에 튤립을 계속 매입할 수 있는 사람들은 한정돼 있었습니다. 더는 비싼 가격에 튤립을 사지 않게 되자 튤립 가격은 그야말로 하루아침에 폭락하고 말았습니다. 가장 큰 피해를 본 사람들은 이 광적인 투기에 마지막으로 뛰어든 사람들이었습니다. 17세기 네덜란드의 튤립 광풍은 인간 탐욕이 자본주의 사회에 얼마나 큰 악영향을 미치는지 잘 보여 주는 좋은 예입니다. 아파트 투기 광풍에 한동안 푹 빠진 우리나라 사람들에게도 네덜란드의 튤립 역사는 좋은 반면교사가 될 수 있으리라 생각합니다.

관용의 나라

유럽 지도를 펼쳐놓고 네덜란드 위치를 한번 확인해 보세요. 네덜란드가 유럽 주요 국가들 사이에 위치해 있다는 것을 금방 알 수 있습니다. 바다를 건너면 바로 영국이고 남서쪽으로는 프랑스, 동쪽으로는 독일이 자리 잡고 있습니다. 암스테르담 항구와 더불어 네덜란드의 스키폴 국제공항은 유럽뿐만이 아니라 세계 물류의 중심지 역할을 합니다. 해안에는 천혜의 항구가 많이 있기 때문에 무역이 발달했고 조선업에서는 한때 세계 최고 기술을 가지고 있었습니다. 이런 지리적인 환경으로 네덜란드는 상업을 통해 자신들의 국력을 키울 수 있었습니다. 영국에 해상권을 넘겨주기 전까지 네덜란드는 동인도 회사라는 거대한 조직을 통해 세계 곳곳에 자신들의 식민지를 개척했습니다.

네덜란드는 기본적으로 상업에 기초한 국가이기 때문에 도시들이 일찍 발전했고 도시들을 중심으로 각 주들이 서로 연합하여 하나의 연방국을 구성하게 되었습니다. 따라서 건국 초기에는 주마다 자신들의 법을 소유할 정도로 독립적인 성향이 강했습니다. 형식적으로는 왕실이 통치하고 있었으나 실질적인 최고 권력 기관은 연방의회였습니다. 이 기구는 각 주가 선출한 대표 사십 명으로 구성되었으나 각 주는 대표 수와 상관없이 한 표만 행사할 수 있었고, 일곱 개 주가 일주일씩 돌아가면서 의장직을 맡아 수행하기도 했습니다.

이런 여러 이유 때문에 네덜란드에는 관용 정신이 다른 나라에 비해 일찍 뿌리를 내렸습니다. 상업이란 여러 나라가 자유롭게 교류할 때 발전할 수밖에 없으므로 네덜란드는 다양성을 장려할 수밖에 없었습니다. 실제로 오늘날 네덜란드는 마리화나를 허용하기도 하고, 매춘을 합법적으로 인정하며, 동성결혼을 세계에서 가장 먼저 용인하기도 했습니다. 그렇다고 해서 이 나라를 마약에 찌들고 성적으로 문란한 나라로 이해하면 안 됩니다.

마약이나 매춘은 허용되지만 철저하게 국가의 통제를 받고 있기 때문입니다. 오히려 다른 유럽 국가에 비해 마약 사용이나 매춘 사업의 비중이 적고 이로 말미암은 범죄율도 낮은 편입니다.

자유와 관용은 네덜란드의 건국에도 큰 영향을 주었습니다. 중세 봉건 시대에 네덜란드는 주위의 영향력 있는 군주나 독일 황제의 지배를 번갈아 가면서 받았고 종교개혁을 경험하면서 스페인의 전제 통치에 맞서 오랫동안 치열한 독립전쟁을 치르면서 국가의 정체성을 확립했습니다. 독립을 이룬 이후에도 프랑스 혁명시기에는 나폴레옹의 지배를 받기도 했고, 세계 2차 대전 시대에는 나치의 지배를 받기도 했습니다. 이런 경험들이 있기 때문에 네덜란드는 자유와 독립을 대단히 중요한 가치로 생각합니다.

이런 관용 정신 때문에 네덜란드는 다른 사상이나 종교도 쉽게 용인되었습니다. 종교개혁 당시 네덜란드는 종교적이거나 사상적 이유로 박해받는 사람들의 피난처 역할을 했습니다. 그러다 보니 새롭고 자유로운 사상을 추구하는 사람들이 네덜란드로 많이 몰려들었습니다. 대표적 예로 종교개혁 당시 최고 인문주의자였던 에라스무스Desiderius Erasmus와 근대 철학의 아버지라고 불리는 데카르트René Descartes가 네덜란드에 거주하면서 자신의 독자적인 사상을 발전시켰습니다. 심지어 무신론자였던 스피노자Benedict de Spinoza도 암스테르담에서 자신의 생명을 보존할 수 있었습니다. 암스테르담은 당시 공개적인 무신론자들이 생명을 유지할 수 있는 거의 유일한 도시였습니다.

이런 사상의 자유 때문에 네덜란드는 일찍부터 학문이 발전했습니다. 네덜란드의 국부라고 할 수 있는 오라네 공Prins van Orange이 세운 레이던Leiden 대학교는 네덜란드에서 가장 오래된 대학입니다(1575년). 지금도 세계적 명성을 가진 대학으로 세계 각국의 학생들이 모여서 공부를 하지요. 말이 나온 김에 더 말씀 드리자면, 네덜란드는 국가 전체가 국제적 성격을 지녔다고 할 수 있습니다. 한국의 어떤 신학 교수가 구약을 전공하기 위해 네덜란드 자유 대학교Vrije Universiteit에 입학했는데, 그곳 기숙사 전화 교환 학생이 독일어, 불어, 영어, 히브리어를 자유자재로 구사하는 것을 보고 큰 도전을 받았다고 합니다. 네덜란드 입장에서 보면 그런 학생이 있는 것이 당연한 현상이지요. 네덜란드 대학에서 여러 나라 학생이 모이면 가장 잘 어울리지 못하는 학생들이 미국이나 영국에서 온 학생들이라고 합니다. 왜냐하면 그 친구들은 영어 외에는 할 수 있는 언어가 없기 때문이지요. 하지만 네덜란드 학생들은 독일 친구와는 독일어로 프랑스 친구와는 프랑스어로 자유롭게 대화하는 경우가 많습니다. 여러분 중 앞으로 국제적인 일을 하고 싶은 분들은 네덜란드나 벨기에에서 유학하는 것을 권합니다.

네덜란드의 학문성을 이야기할 때 빠질 수 없는 것이 브릴E. J. Brill 출판사입니다. 1683년에 레이던 대학 근처 조그만 서점으로 시작한 브릴 출판사는 한 해에 오직 전문 학술서적들만 육백 권 이상 출판하고 있고 학술 저널도 무려 백 종 넘게 출간하고 있습니다. 일반 출판사로서는 거의 상상도 할 수 없는 일이지요. 그만큼 브릴 출판사는 학문성에서 타의 추종을 불허합니다. 이 출판사에서 출판되었다고 하면, 그 책은 적어도 학술적인 면에서는 최고 인정을 받은 셈입니다. 여러분이 앞으로 학문에 관심을 둔다면 이 출판사에서 출판된 책들을 자주 접하게 될 것입니다. 하지만 책값이 너무 비싸서(이십만 원이 넘는 것은 보통입니다) 구입할 엄두를 내지 못할 것입니다. 실제로 브릴 출판사의 책들은 주로 큰 도서관에서 구입합니다.

더치페이

이제는 네덜란드의 국민성에 대해 이야기해 볼까요? 여러분이 네덜란드 문화 중 가장 익숙한 것은 아마 더치페이Dutch pay일 것입니다. 더치는 네덜란드의 형용사형이기 때문에 더치페이를 문자적으로 번역하자면 '네덜란드식 지불'이라고 할 수 있지요. 그런데 이것이 우리나라에서는 '각자 부담'이라는 뜻으로 사용됩니다. 이 표현을 이제 거의 우리말처럼 사용합니다.

그러나 더치페이라는 표현은 그야말로 콩글리시입니다. 이 표현은 영어에 없습니다. 정확한 영어식 표현은 더치 트리트Dutch treat라고 하는데 이것조차 자주 사용되는 표현은 아닙니다. 실제로 사용되는 표현은 그냥 "Let's go Dutch"입니다. 네덜란드식으로 갑시다(지불합시다)라는 뜻이지요. 당연히 네덜란드 사람들은 이런 표현이 있는 줄도 모릅니다. 왜냐하면 그들은 자기가 먹은 것을 자기가 지불하는 것이 당연하다고 인식하기 때문이지요. 우리나라 사람들이 다른 사람들이 먹은 음식 값을 한 사람이 지불하는 것을 '코리안 페이'라고 안하는 것과 마찬가지입니다.

영어에서 '더치'라는 단어는 관용어로 사용될 때 좋은 의미로 사용되지 않는 경우가 많습니다. 이것은 영국과 네덜란드가 해상권을 두고 오랫동안 서로 적대 관계에 있으면서 상대방에 대해 좋지 않은 용어들을 사용했기 때문입니다. 따라서 '더치페이'라는 표현도 처음에는 그렇게 좋은 의미를 담고 있는 것은 아니었습니다. 실제로 네덜란드 사람들은 우리가 보기에는 너무하다 싶을 정도로 각자 부담에 충실합니다. 특별한 예외가 없는 한 식사비용은 무조건 각자 부담입니다. 사실, 네덜란드 사람들에게는 친구들과 같이 식사하는 것 자체가 우리나라 사람처럼 빈번하지 않습니다. 우리나라에서 "같이 식사하자"라는 말은 "내가 식사비를 지불할게"와 거의 같은 뜻이지만 네덜란드에서는 그야말로 같이 식사만 하자는 뜻입니다. 비용은 각자가 지불해야 하는데 둘이 먹었다고 해서 반반으로 내는 것이 아니고 자기가 먹은 것을 자신이 계산해서 지불합니다. 비싼 것을 시켰으면 많이 내야 하고, 싼 것을 시켰으면 적게 내면 됩니다. 우리나라 사람으로서는 상상하기 힘든 문화입니다.

더치페이는 식당에서 하는 식사뿐만 아니라 다른 일반 식사 모임에도 그대로 적용됩니다. 어떤 한국 교수님이 유학생활에서 실제로 겪은 일입니다. 학교에서 친구들이 바비큐 파티를 하니 오라고 했답니다. 당연히 그 교수님은 그냥 갔지요. 고기는 파티를 책임진 누군가가 준비했을 것이라고 생각했습니다. 바비큐 파티까지 더치페이가 적용되리라고는 생각도 못했습니다. 그런데 막상 파티에 가보니 불과 나무는 있는데 번제할 어린 양은 아무 데도 없었습니다. 고기를 구울 시간이 되니 모두 각자 집에서 자신이 먹을 만큼 가져온 고기를 꺼내 놓았습니다. 모두 각자가 자기 먹을 것을 즐기는 동안 그 교수는 "집에서 먹고 왔다"고 친구들에게 둘러대면서 고기 냄새를 맡으며 쫄쫄 굶을 수밖에 없었지요.

여러분은 이 더치페이에 대해 어떻게 생각하십니까? 우리나라 사람들의 삶의 방식과는 너무 다르지요. 너무 인간미가 없는 민족이라는 생각이 들 수도 있습니다. 그러나 그것은 우리나라 문화의 관점에서 보았기 때문이지요. 더치페이에 깃든 기본 정신은 한 사람에게 과도한 부담을 지워서는 안 된다는 것입니다. 누구나 공평하게 짐을 져야 한다는 것이지요. 이 공평은 네덜란드 문화 속에 아주 뿌리 깊게 정착한 개념입니다. 아이들은 어려서부터 공평에 대한 개념을 학교에서 분명하게 배웁니다.

더치페이를 긍정적으로 볼 수도 있습니다. 이런 문화에서는 비록 주머니 사정이 좋지 않아도 얼마든지 다른 사람에게 같이 식사하자고 말할 수 있습니다. 한국의 경우에는 친구들과 같이 식사를 하고 싶어도 비용이 부담스러워서 그런 말을 하기가 쉽지 않지요. 결국 돈을 많이 가진 사람이 모임을 주도할 수밖에 없습니다. 우리나라에서는 돈이 많은 사람이 친구를 많이 사귀기 좋은 환경입니다. 그러나 더치페이 문화 속에서는 한국인이 가지고 있는 정情을 느끼는 것은 거의 불가능할 것입니다. 모든 것을 자기 스스로 해결해야 하기 때문이지요.

더치페이의 가장 좋은 점은 낭비가 거의 없다는 점입니다. 자기가 필요한 것은 자기가 책임을 지기 때문에 필요 이상의 음식이나 물건을 준비하지 않습니다. 앞에서 예를 들었듯이 각자가 먹을 것을 가지고 오기 때문에 주최 측은 음식을 얼마나 준비해야 할지 걱정을 전혀 하지 않습니다. 네덜란드에서 개최되는 학회는 우리나라의 경우와 같이 학회가 모일 때 미처 수강 신청을 하지 못한 사람들을 배려하여 여분의 강의안을 준비하지 않습니다. 네덜란드 사람들이 우리나라 식당에 와서 엄청난 음식 쓰레기가 버려지는 것을 보면 굉장히 당황할 것입니다.

더치페이를 통해 알 수 있듯이 네덜란드 사람들은 검소하기로 유명합니다. 한국 사람들 같으면 벌써 처분했을 오래된 물건들이 집 안을 가득 채우고 있습니다. 부엌 찬장을 열어 보면 금이 가거나 이가 빠진 그릇을 쉽게 볼 수 있습니다. 텔레비전 같은 가전용품들도 십 년이 넘는 것이 많습니다. 벼룩시장에 가보면 이런 것들도 사는 사람들이 있을까 싶을 정도로 오래되거나 형편없는 물건들이 많이 전시되어 있습니다. 국민 소득이 높아도 결코 자신을 과시하기 위해 돈을 헤프게 쓰지 않습니다. 네덜란드 사람들은 바이킹의 후손으로 일반적으로 키가 매우 큰 데 반하여 식사량은 아주 적습니다. 네덜란드의 빵은 맛이 있기로 유명한데, 맛이 있다고 여러 개를 먹으면 이상한 사람 취급을 받습니다. 맥주 한 컵을 시켜 놓고 한두 시간이나 담소를 나누는 이들이 바로 네덜란드 사람들입니다. 우리나라 사람들과 같이 맥주를 몇 상자씩 준비하여 완전히 취할 때까지 마시는 것은 찾아보기 힘듭니다. 네덜란드에서 절제는 매우 중요한 덕목으로 오래전부터 사회와 문화 속에 깊이 자리를 잡았습니다.

더 깊은 공부와 나눔을 위한 질문

1. 16-18쪽을 읽고, 네덜란드라는 말뜻을 알아보고, 네덜란드에 대해 말해 봅시다.

2. 18-19쪽을 읽고, 네덜란드 공식 명칭과 수도를 알아보고, 말해 봅시다.

3. 20-22쪽을 읽고, 네덜란드 역사에서 튤립은 어떤 의미가 있고, 이를 통해 우리가 배워야 할 점은 무엇인지 나눠 봅시다.

4. 22-26쪽을 읽고, 네덜란드에 관용 정신이 다른 나라보다 일찍 뿌리 내린 배경과 자유와 관용 정신이 네덜란드 건국에 미친 영향을 나눠 봅시다.

5. 26-30쪽을 읽고, 더치페이를 통해 네덜란드의 국민성에 대해 말해 봅시다. 새롭게 알게 되거나, 이해 혹은 결심한 부분이 있다면 나눠 봅시다.

〈1장 '네덜란드' 이야기〉를 읽으면서 하나님께서 깨닫게 해 주신 것과 베풀어 주신 은혜를 생각하며 감사합시다. 또 깨달아 배우고 확신한 일에 거할 수 있게 해 달라고 기도합시다.

2장
'개혁' 이야기

종교개혁 이전의 교회역사

우리가 지금 본 책에서 이야기하려고 하는 교회는 개혁교회입니다. 그러면 이 개혁교회는 어떤 교회일까요? 아쉽게도 우리나라에서는 개혁교회라는 명칭을 가진 교회를 거의 찾아볼 수 없습니다. 우리나라에 있는 주요 교회는 장로교회, 감리교회, 순복음교회, 침례교회가 있는데 이 중에서 개혁교회와 가장 유사한 교회는 장로교회입니다. 교회에서 가르치는 형식은 좀 다르지만 가르치는 내용은 거의 차이가 없다고 할 수 있습니다. 그렇다면 네덜란드 교회는 자신들의 교회를 왜 개혁교회라고 불렀을까요? 이것을 알기 위해 우리는 종교개혁과 그 이전 시대의 교회에 대해 이야기하지 않을 수 없습니다. 최대한 간단하게 말씀드리겠습니다.

예수님께서 승천하시고 오순절에 성령님께서 강림하신 뒤 신약 교회가 탄생했습니다. 여러분도 다 아시다시피 이 최초 교회는 예루살렘 교회입니다. 오순절 이후 하나님의 복음은 사방으로 뻗어 갔는데 북쪽에 안디옥 교회가 세워졌고 이집트의 알렉산드리아에도 큰 교회가 세워졌습니다. 곧이어 로마제국의 수도였던 로마에도 교회가 세워졌고, 콘스탄티누스Constantinus 황제가 수도를 콘스탄티노플로 옮기자 이곳에도 최종적으로 교회가 세워졌습니다. 그래서 총 다섯 개의 큰 교회가 세워졌습니다. 예루살렘, 안디옥, 알렉산드리아, 로마, 콘스탄티노플입니다.

이 다섯 교회는 역사적, 문화적, 인종적으로 서로 달랐으나 하나의 교회를 이루어 좋은 교제를 나누고 있었습니다. 그것이 가능한 중요한 이유는 막강한 권력을 가진 로마 황제가 기독교로 개종하면서(313년) 교회 질서를 잘 유지했기 때문입니다. 그런데 테오도시우스Theodosius 황제가 죽으면서(395년) 두 아들에게 로마 제국을 동로마와 서로마로 나누어 물려주었고, 그 결과 교회도 동방교회와 서방교회로 행정적으로 나뉘게 되었습니다. 서방교회는 나중에 로마 교회가 되었고, 나머지 네 개 교회는 모두 동방교회에 속하게 되었습니다. 동방교회와 서방교회는 오랫동안 서로 경쟁과 갈등을 경험하면서 안타깝게도 1052년에 영구적으로 분리되고 말았습니다.

이제부터 우리의 이야기는 서방교회를 중심으로 전개됩니다. 사실, 우리 한국 교회도 큰 틀에서 서방교회에 속한다고 볼 수 있지요. 여러분은 자신들도 모르게 서방교회에 속하게 된 것이죠. 그것을 어떻게 아냐고요? 여러분은 예배 시간마다 사도신경을 고백할 것입니다. 그런데 이 신경은 서방교회에서만 사용됩니다. 동방교회에서는 사도신경 대신 니케아 신경을 사용합니다. 그러니 한국 교회는 서방교회의 전통을 따르는 것이지요. 하나 더 예를 들어 볼까요? 우리 한국 교회는 언제 성탄절을 지키나요? 네, 12월 25일입니다. 이것도 서방교회의 전통에서 생긴 것이지요. 동방교회는 다른 날을 성탄절로 정하여 지킵니다.

동방교회와 분리된 이후 서방교회는 한동안 큰 어려움을 겪었습니다. 북쪽에서 전쟁에 뛰어난 게르만족이 침입하면서 결국 서로마 제국은 멸망당하고 말았습니다(476년). 이에 따라 교회도 큰 위기에 처하게 되었는데 로마 교회의 수장이었던 교황의 지도력으로 교회는 살아남을 수 있었습니다. 이때까지만 하더라도 로마 교회는 그런대로 좋은 교회였다고 할 수 있습니다. 오늘날 로마 가톨릭 교회와는 전혀 다른 교회였습니다.

시간이 지나면서 분권형이었던 동방교회와는 달리 중앙집권형이었던 서방교회는 점차 로마의 교회가 되고 말았습니다. 이 교회의 통치자였던 교황은 베드로의 사도권을 자신이 이어 받았기 때문에 자신이 모든 교회의 머리이며 예수 그리스도의 지상 대리자라는 주장을 서슴없이 했습니다. 더구나 게르만 족속 중 가장 강력한 국가였던 프랑크 왕국과 손을 잡으면서 정치적 힘도 크게 증가했습니다. 심지어 "카노사의 굴욕"이라는 사건이 상징적으로 보여 주듯이 황제도 교황의 권위에 굴복하는 경우도 있었습니다.

중세 서방교회는 교황제로 말미암아 도덕적으로 점차 부패했을 뿐만 아니라 신학적으로도 이전의 순수한 복음에서 상당히 멀어졌습니다. 중세 시대에는 대학이 처음으로 생기기 시작했는데 이 대학의 교수들 중 적지 않은 이들이 성경과 거리가 먼 교리들을 가르치기 시작했습니다. 그중 몇 가지만 예를 들면 다음과 같습니다. 그들은 성찬식에 사용되는 떡과 포도주가 실제로 예수 그리스도의 살과 피로 변한다고 가르쳤습니다. 당연히 이런 가르침들은 교인들에게 미신과 우상숭배를 조장했습니다. 또한 그들은 전적인 하나님의 은혜가 아니라 인간의 행위도 있어야만 구원을 받는다고 주장했습니다. 특별히 그들은 거대한 베드로 성당을 짓기 위한 돈을 마련할 목적으로 흔히 면죄부로 알려진 면벌부를 발행하여 순진한 성도들을 미혹했습니다.

순수한 하나님의 말씀에서 멀리 벗어난 거대한 교황체제에 도전하여 승리하는 것은 거의 불가능해 보였습니다. 교회의 기득권 세력들은 세속 정권과 손을 잡고 참된 복음을 전하는 자들을 무자비하게 박해했습니다. 그러나 모든 권세 위에 뛰어나신 하나님께서는 마르틴 루터Martin Luther, 존 칼빈John Calvin과 같은 위대한 교회의 교사를 일으키셔서 교회를 말씀으로 새롭게 하셨습니다. 그 결과 기존의 부패하고 타락한 교회와는 다른 새롭게 된 교회가 탄생했는데 이 사건을 흔히 종교개혁이라고 하며, 이 역사적 사건이 있었기에 오늘날 개신교회가 설립될 수 있었습니다.

개혁에 대한 개념 정리 reformation vs. Reformation

이제 우리는 "개혁"이라는 주제에 대해 이야기를 집중하려고 합니다. 개혁이라는 말이 여러 가지 의미로 사용되고 있기 때문에 제대로 정리하지 않으면 개혁교회를 올바로 이야기할 수 없습니다. 실제로 요즘에 교회 개혁을 외치는 분들이 많이 있는데 자세히 살펴보면 원래의 개혁과는 동떨어진 경우를 종종 보게 됩니다. 예를 들어 개혁을 외치는 분들 중 평신도들도 설교할 수 있게 해야 한다고 주장하는 분들이 계신데 이것은 개혁교회의 전통과 전혀 다른 입장입니다. 개혁교회는 만인 제사장설을 받아들였지만 그렇다고 해서 만인목사설까지 받아들인 것은 아니기 때문입니다.

'개혁'을 이야기하기 위해 어쩔 수 없이 영어를 사용할 필요가 있습니다. 양해를 구합니다. 영어 공부하는 셈 치고 들어 보세요. 영어에는 있고 한국어에는 없는 것 중 하나가 대문자와 소문자의 구분입니다. 한국어에서 개혁은 하나의 표기밖에 없지만 영어에서는 'Reformation'과 'reformation'으로 표기할 수 있습니다. 이것을 한국어로 구분해서 번역하는 것은 거의 불가능합니다. **개**혁과 개혁이라고 하면 구분이 될 수 있을지 모르겠군요. 대문자는 고유명사를 가리킬 때, 소문자는 보통명사를 가리킬 때 사용한다는 것을 여러분은 잘 알고 있을 것입니다. 'reformation'은 일반적인 개혁을 의미하는 것이고, 'Reformation'은 특정한 어떤 개혁을 가리키는 것입니다. 전자의 경우 여러 종류의 개혁이 있을 수 있습니다. 정치개혁도 일종의 개혁이고 교육개혁도 개혁입니다. 그런데 'Reformation'은 그런 일반적인 개혁이 아니라 어떤 특정한 개혁, 또는 고유한 개혁, 단 하나밖에 없는 개혁을 가리킵니다. 바로 16-17세기 서유럽에서 일어난 광범위한 교회개혁이 바로 'Reformation'입니다. 이것을 한국어로 '종교개혁'이라고 보통 표현하는데 여기서 말하는 종교는 불교나 이슬람교가 아니라 기독교, 특히 서방교회를 가리키기 때문에 '교회개혁'이라는 용어가 더 적합하다고 생각합니다. 어쨌든 앞으로 개혁이라는 단어가 나오면 'reformation'이 아니라 'Reformation'을 가리킨다는 것을 기억합시다.

개혁에 대한 이런 개념을 분명하게 가지고 있다면, 네덜란드 개혁교회가 그 뿌리를 종교개혁에 두고 있다는 사실을 금방 알 수 있을 것입니다. 여기서 또 하나 짚고 넘어가야 할 것은 개혁교회를 정확하게 표현하면 '개혁된Reformed 교회'라는 것입니다.

이것은 개혁교회를 이해하는 데 대단히 중요합니다. '개혁된 교회'는 교회이며 이전의 교회와 다른 혹은 분리된 새 교회가 아니라는 것입니다. 종교개혁가들은 기존 교회를 개혁하려고 했지 기존 교회를 타도하고 뭔가 새로운 교회를 만들려고 한 것은 아니었습니다. 그렇기 때문에 개혁교회는 이전에는 없었다가 16세기 서유럽에서 새로 생긴 교회가 아니라 초대 교회부터 이어져 내려온 아주 오래된 교회입니다. 그렇기 때문에 개혁교회는 뭔가 새로운 것을 지향하는 교회가 아니라 오히려 이전의 올바른 성경적 가르침에 따른 옛 교회를 지향하는 교회입니다.

종교개혁 당시에 이렇게 '개혁'을 지향하는 여러 그룹이 형성되었습니다. 여러 그룹이 있지만 크게 순서대로 보면 다음과 같이 네 개 그룹으로 정리할 수 있습니다. 16세기에 가장 처음으로 영향력 있게 교회의 개혁을 외친 사람은 세계사를 조금이라도 공부한 사람들도 알고 있듯이 독일인이었던 마르틴 루터였습니다. 원래 수도원의 수도사였는데 수도원에서 성경을 깊이 공부하면서 로마 교회의 교리가 거짓됨을 깨닫고 비텐베르크 Wittenberg 대학교에서 참된 복음을 전파하기 시작했습니다. 루터와 거의 동시에 스위스에서 개혁을 부르짖었던 사람은 츠빙글리 Zwingli였습니다. 안타깝게도 츠빙글리는 군목으로 활동하다가 가톨릭 세력과의 전투에서 이른 나이에 전사하고 말았습니다. 하지만 스위스에서의 종교개혁은 더 탁월하고 영향력 있었던 존 칼빈에 의해 계승되었습니다. 개혁 운동 중 가장 급진적 개혁을 추구했던 사람들은 재세례파였습니다. 이들은 성경에 명시적으로 규정되어 있지 않은 어떤 것도 거부했는데, 그 결과 유아세례가 성경에 분명히 언급되어 있지 않았다는 이유로 성인세례만 인정했습니다. 마지막으로 우리는 영국 교회를 언급할 수 있습니다. 우리나라에는 보통 성공회로 알려진 교회입니다. 원래 영국 교회는 로마 교회의 한 회원이었으나 정치적인 이유로 1534년에 영국 왕이 독립을 선언하면서 로마 교회와 영구적으로 분리되었습니다. 영국 교회 역시 개혁을 추구했으나 교황과 관련된 몇 개의 사항 외에는 교리나 예배에서 로마 교회와 그렇게 큰 차이를 보이지 않게 되었습니다.

개혁을 추구한 네 개 교회 중 네덜란드 개혁교회는 스위스에서 일어났던 개혁운동과 밀접한 관련을 가지게 되었습니다. 칼빈의 영향력은 두 갈래로 나뉘게 되었는데, 하나는 영미 쪽으로 흘러서 스코틀랜드, 영국의 청교도, 나중에 뉴잉글랜드(미국)에 영향을 미쳐 장로교회를 형성했고, 다른 하나는 서유럽의 스위스, 프랑스, 네덜란드, 헝가리로 흘러가 개혁교회를 형성했습니다. 루터파 교회들이 루터의 이름을 따서 자신들의 교회 이름을 루터교회라고 불렀던 반면, 칼빈의 영향을 받은 교회들은 자신들의 교회를 칼빈의 이름을 따서 칼빈교회라고 이름 짓지 않고 개혁교회라고 불렀습니다. 물론 칼빈의 이름을 따서 신학교나

학교를 세운 경우는 많습니다.

여기에서 우리는 개혁에 대한 또 다른 개념들을 보게 됩니다. 지금까지 개혁은 로마 가톨릭 교회와 대조되는 개념으로서 개혁을 주로 의미했지만, 이제 그 개혁 안에서도 좁은 의미의 개혁, 즉 루터파나 재세례파와 구별되는 개념으로서 개혁이 있다는 것을 알게 됩니다. 더 나아가 그 개혁 안에서도 장로교회와 개혁교회가 나누어지는 것을 보게 됩니다. 이 두 교회는 둘 다 개혁교회라고 할 수 있는데 역사적·민족적 상황 속에서 조금씩 다른 교회 전통을 가지게 되었습니다. 칼빈의 영향을 받은 개혁파 신학 전통은 영국으로 건너가면서 청교도에 영향을 주었는데 이들은 영국 교회와 대립하면서 장로교회를 형성했습니다. 네덜란드 개혁교회는 유럽 대륙 내 여러 개혁교회 중 한 교회로서 오늘날 가장 영향력 있는 개혁교회로 자리 잡게 되었습니다. 이와 같은 이유 때문에 영국과 미국의 장로교 영향을 받은 한국 장로교회는 큰 흐름에서 개혁교회에 속하기 때문에 네덜란드 개혁교회와 다른 점보다는 유사한 점이 훨씬 많습니다. 간단히 말하면 장로교회는 영미권에서 형성된 개혁교회, 개혁교회는 대륙에서 형성된 개혁교회라고 할 수 있습니다.

성경에 따른 개혁: 오직 성경

어떤 사람들은 '개혁하자는 것이 개혁주의'라고 쉽게 말합니다. 그러나 그때 말하는 개혁은 이 책에서 말하는 개혁과는 거리가 먼, 단지 도덕적이거나 합리적 개혁을 의미하는 경우가 많습니다. 앞에서 우리는 개혁에 대한 기본 개념을 역사적 관점에서 정리하면서 개혁에 대한 잘못된 이해를 바로잡았습니다. 개혁이란 고유명사로 이해해야 하며 종교개혁과 그와 관련된 역사적 관점에서 이해해야 한다는 것을 여러분은 알게 되었을 것입니다. 그렇다면 과연 무엇을 '개혁'이라고 하는 것일까요?

개혁교회의 더 정확한 명칭은 '개혁된 교회'라는 것을 앞에서 언급했습니다. 따라서 개혁교회는 개혁을 추구하는 교회가 아니라 이미 개혁된 교회입니다. 여기서 개혁이 되었다는 의미는 '성경에 따라' 교리가 개혁되었다는 의미입니다. 물론 개혁된 교회가 완벽한 교회를 의미하지 않기 때문에 스스로 항상 개혁을 해 가야 하지만 개혁교회는 무조건 개혁을 추구하는 교회가 아닙니다. 개혁된 교회는 이미 개혁된 교리를 따라 끊임없이 자신을 개혁해 가는 교회라고 할 수 있습니다. 그렇다면 개혁교회는 왜 스스로 이미 개혁이 되었다고 생각하고 어떤 근거에서 그렇게 주장할까요?

'개혁된 교회'는 그 표현에서 한 가지 개념을 생략하고 있는데,

그 이유는 누구나 다 당연히 알고 있다고 생각하기 때문입니다. '개혁된 교회'를 풀어쓰면 성경에 따라 개혁된 교회입니다. 이것은 개혁을 이해하는 데 대단히 중요합니다. 왜냐하면 교회의 개혁을 추구하는 사람들 중 적지 않은 사람들이 경험에 따라, 상식에 따라, 심지어 성령(은사)에 따라 교회를 개혁하려고 하기 때문입니다. 요즘에는 예배 갱신이라는 용어를 많이 사용하는데, 예배 시간에 드럼이나 춤이나 연극을 도입하는 것이 교회를 개혁하는 것이라고 자랑하는 경우가 많습니다. 또는 방언을 하고 병을 고치는 능력이 나타나야 진정한 교회 개혁이라고 생각하는 사람들도 많습니다. 그러나 개혁교회는 '성경에 따른' 개혁만을 추구하는 교회입니다.

그러면 이렇게 말할 수 있을 것입니다. "성경에 따른 개혁을 추구하지 않는 교회도 있는가?" 그렇습니다. 사실 지구상에 있는 모든 교회는 성경에 따른 개혁을 추구하고 있다고 자부합니다. 심지어 종교개혁 당시에 로마 가톨릭 교회도 자신들만이 성경에 따른 참된 교회라고 주장했습니다. 루터파나 재세례파도 당연히 자신에 대해 그렇게 주장했습니다. 어떻게 보면 한국에 있는 수많은 이단도 마찬가지입니다. 이단일수록 더욱 자신들만이 참된 교회라고 주장하지요.

이 모든 것을 종합해 볼 때 가장 첨예한 이슈가 되는 것은 '성경에 따라'를 어떻게 이해할 것인가입니다. 이것이야말로 교회 역사상 가장 어려운 과제였습니다. 오늘날 여러 교파로 나뉘게 된 것도 사실상 성경에 대한 이해가 달랐기 때문입니다. 종교개혁 당시 로마 가톨릭 교회는 성경의 가르침을 절대적인 것으로 생각하지 않았습니다. 물론 그들은 성경 책 앞에 절을 하기도 하고 성경을 예배 시간에 높이 들고 성경에 대한 경외심을 표현하기도 했지만 실제로 성경의 내용에 대해서는 무관심했습니다. 특히 그들은 평신도들이 성경을 읽어서는 안 된다고 생각했습니다. 실제로 라틴어로만 쓰인 성경책만 허용이 되었기 때문에 라틴어를 모르는 대부분의 일반 신도는(심지어 신부들도) 성경이 무엇을 가르치는지 이해할 수도 없었습니다. 당연히 로마 교회에서 '성경에 따라'는 실제적으로 '교회의 가르침에 따라', 더 정확하게 말하자면 '고위 성직자들의 가르침에 따라'로 이해되었습니다. 오늘날 한국 교회에도 '성경에 따라'를 이런 식으로 이해하는 사람들이 적지 않습니다. 성경의 내용은 잘 모르는 상태에서 '목사님이 적어도 나보다는 낫겠지'라고 생각하면서 목사의 설교에 무조건 '아멘'이라고 응답하는 신자들이 얼마나 많습니까?

더 나아가서 로마 가톨릭 교회는 성경이 하나님의 말씀을 다 담고 있다고 생각하지 않았습니다. 그들은 하나님께서 자신의 말씀을 교회에 맡겼고 그중 일부만 성경에 기록하도록 하셨다고 생각합니다. 그 대표적인 예가 마리아의 승천 교리입니다. 성경을 이렇게 보면 성경을 제대로 이해하기 위해서는 성경만으로는 불충분합니다. 교회 안에 내려오는 수많은 전통을 제대로 알아야 성경을 바로 이해할 수 있는 것이지요. 성경에 대한 이런 이해 때문에 성경에 없는 수많은 교리가 교회 안에 자리 잡게 되었고 마침내 순수한 복음이 본질적으로 훼손되었습니다.

종교개혁은 이런 식의 성경 이해를 완전히 거부했습니다. 성경을 우리의 구원에 필요한 하나님의 모든 뜻을 하나도 남김없이 담은 책으로 이해했습니다. 따라서 성경은 우리의 신앙과 삶에 유일한 준칙이 되었습니다. 이것을 '오직 성경'Sola Scriptura이라고 표현합니다. 성경은 완전한 하나님의 말씀으로 교회 안에서 최고 권위를 가진다는 뜻입니다. 이전에는 교회가 성경을 지배했다면 이제는 정반대로 교회가 성경의 인도를 받게 된 것입니다. 이것이 참된 개혁을 구분하는 가장 중요한 지표입니다. 따라서 개혁교회란 철저하게 성경의 안내를 받는 교회라고 할 수 있습니다. 오늘날 많은 교회가 성경의 가르침보다는 교회의 관습이나 이성적 판단이나 종교적 경험을 더 우선에 두는 경우가 많은데, 진정한 개혁교회는 모든 생각을 사로잡아 그리스도께 복종시키는 교회입니다. 아무리 교회 개혁을 이야기한다 하더라도 그것이 성경에 기초한 것이 아니면 진정한 개혁이라고 할 수 없습니다.

여기서 짚고 넘어가야 할 것이 하나 있습니다. '오직 성경'을 성경만 있으면 되고 다른 책은 필요 없다는 식으로 이해해서는 안 된다는 것입니다. 사실상 이런 식으로 이해하고 있는 대표적인 무리들은 이단이나 사이비 기독교입니다. 그들은 성경만 강조하고 성경만 읽고 다른 책은 읽지 않습니다. 이단에 빠진 사람들 중 어떤 이들은 성경만 수백 번 넘게 읽기도 합니다. 이런 것을 볼 때 성경만 읽는다고 '성경대로' 사는 것이 아니라는 것을 우리는 쉽게 알 수 있습니다. 중요한 것은 많이 성경을 읽는 것이 아니라 어떻게 읽는가입니다. 아무리 성경을 많이 읽어도 그릇된 방식으로 성경을 읽으면 오히려 큰 해를 당할 수도 있습니다.

종교개혁 당시 성경만 있으면 된다는 식으로 '오직 성경'을 이해한 대표적인 그룹이 재세례파였습니다. 이들은 유아세례가 성경에 명시적으로 없다는 이유로 유아세례를 비성경적 교리라고 정죄했습니다. 그러나 개혁파 교회는 성경에 명시적 규정이 없다 하더라도 성경에서 선하고 필연적인 추론을 통해 얻어진 교리도 성경의 가르침이라고 보았습니다. 세례는 신자와 불신자를 구별하는 유일한 표지인데, 만약 유아세례를 거부하면 신자의 자녀들은 세례 받기 전까지 불신자의 자녀들과 동일한 취급을 받을 수밖에 없습니다. 이런 이유 때문에 개혁교회는 성경에 명시적으로 규정되어 있지 않아도 유아세례를 성경적 가르침으로 받아들였습니다.

재세례파와 한 논쟁에서 알 수 있듯이 '오직 성경'은 이성이나 전통을 완전히 거부한 것이 아니라는 사실을 알 수 있습니다. 오히려 정반대로 이성이나 전통을 사용해서 성경의 가르침을 더 정확하게 규명하려고 노력한 것이 개혁교회입니다. 그런 노력의 결과 개혁교회 안에 자리 잡은 것이 신앙고백서입니다. 그렇기 때문에 개혁교회는 성경을 가장 최고 권위로 인정하면서도 신앙고백서를 매우 중요하게 생각합니다. 비록 신앙고백서가 성경처럼 무오한 것은 아니지만 성경의 가르침을 명료하고 정확하게 진술한 것으로 생각했기 때문에, 개혁교회는 이 신앙고백서를 통해 신자들과 그들의 자녀들을 교육시키는 데 유용하게 사용했습니다. 쉽게 비유하자면, 성경이 교과서라면 신앙고백서는 참고서라고 할 수 있는 것이지요.

더 깊은 공부와 나눔을 위한 질문

1 34-38쪽을 읽고, '종교개혁 이전의 교회 역사'를 알아보고, 말해 봅시다.

2 38-39쪽을 읽고, '개혁'에 대한 개념을 정리해 봅시다.

3 39-40쪽을 읽고, '개혁된 교회'라는 말을 이해하고, 나눠 봅시다.

4 40-41쪽을 읽고, 종교개혁 당시 '개혁'을 지향하는 여러 그룹이 형성되었습니다. 크게 네 그룹으로 정리해서 말해 봅시다.

5 41쪽을 읽고, 네덜란드 개혁교회는 스위스에서 일어났던 개혁운동과 밀접한 관련이 있습니다. 칼빈의 영향력에 대해 말해 봅시다.

6 42쪽을 읽고, 장로교회와 개혁교회에 대해 아주 짧게 설명해 보고, 조국교회는 어느 영향을 받았는지 나눠 봅시다.

7 43-44쪽을 읽고, 개혁교회는 왜 스스로 이미 개혁이 되었다고 생각하고 어떤 근거에서 그렇게 주장하는지 말해 봅시다.

8   45-46쪽을 읽고, 로마 가톨릭 교회의 '성경'에 대한 이해를 말해 봅시다.

9   46-47쪽을 읽고, 종교개혁자들이 이해한 성경 이해를 말해 봅시다. '오직 성경'이라는 말뜻을 나눠 봅시다.

10   47-48쪽을 읽고, 개혁교회에서 성경과 신앙고백서의 의미를 나눠 봅시다.

〈2장 '개혁' 이야기〉를 읽으면서 하나님께서 깨닫게 해 주신 것과 베풀어 주신 은혜를 생각하며 감사합시다. 또 깨달아 배우고 확신한 일에 거할 수 있게 해 달라고 기도합시다.

3장
'교회' 이야기
_ 신앙고백서와 교리문답서

"나는 믿는다. 그러므로 고백한다!"

(Credo ergo Confiteor)

신앙과 고백

네델란드에 대해 이야기하고 개혁에 대해 이야기를 마쳤으니까 이제부터 교회에 대해 이야기하겠습니다. 교회는 매우 다양한 모습을 지니고 있을 뿐만 아니라 보이지 않는 영적 실체를 가지고 있기 때문에 보이는 표지를 통해 이해하는 것이 가장 좋습니다. 모든 교회는 저마다 자신들의 표지를 가지고 있는데 그것은 바로 신앙고백서입니다. 따라서 지금부터 신앙고백서를 중심으로 교회에 대한 이야기를 해 보겠습니다.

신앙고백서는 교회가 자신이 내적으로 확신하고 믿는 것을 고백을 통해 밖으로 드러낸 것입니다. 믿음은 보이지 않는 영적 실체지만, 고백은 보이는 외적 형식이지요. 따라서 이 둘은 항상 같이 가야 하는 것입니다. 아무리 믿는다고 하지만 그것이 고백으로 드러나지 않는다면 그 신앙은 죽은 신앙이라고 할 수 있습니다. 로마서 10장 10절 말씀이 이것을 잘 드러냅니다. "사람이 마음으로 믿어 의에 이르고 입으로 시인하여 구원에 이르느니라." 초대 교회 수많은 순교자는 엄밀히 말하면 자신의 신앙 때문이 아니라 자신의 고백 때문에 순교의 제물이 된 것입니다.

아주 일찍부터 교회는 신자를 고백을 통해 회원으로 받아들였습니다. 예수님께서는 마태복음 마지막 장(28장)에서 "제자를 삼으라!"는 지상명령을 주시면서 동시에 그 방식도 알려 주셨습니다. 그것은 바로 "성부와 성자와 성령의 이름으로 세례를" 주는 것과 주님께서 "분부하신 모든 것을 가르쳐 지키게 하는 것"이었습니다. 여기에서 제자를 삼는 일을 하기 위해 세례가 대단히 중요하다는 것을 알 수 있습니다. 오늘날 '제자훈련'이라는 용어가 보편화되어 있는데, 이상하게도 제자훈련에서 세례에 대한 강조가 충분하지 않은 것 같습니다. 세례에 대한 강조가 없으면 부실한 제자훈련이 될 수밖에 없습니다. 세례는 제자훈련을 하는 데 가장 기초가 되기 때문입니다.

예수님께서는 제자들에게 세례를 엄중하게 명령하셨지만 구체적으로 어떤 과정을 거쳐서 세례를 주어야 하는가에 대해서는 가르쳐 주지 않으셨습니다. 주님의 지상명령을 교회가 수행하기 위해 발전시킨 방법이 신앙고백이었습니다. 세례는 '성부와 성자와 성령의 이름'으로 시행되기 때문에 교회는 신자가 되기를 원하는 사람에게 삼위 하나님에 대한 고백을 분명하게 하기를 요구했습니다. 초신자들이 삼위일체 하나님에 대한 모든 신비로운 일을 다 이해할 수는 없겠지만 세례를 받아서 교회의 회원이 되기 위해 적어도 삼위 하나님의 가장 본질적인 사역에 대해서는 알아야 한다고 생각했습니다. 그렇기 때문에 세례를 주기 전에 집례자는 수례자에게 "당신은 전능하사 천지를 만드신 하나님 아버지를 믿습니까?" 하고 질문을 했고, 수례자가 "네 믿습니다 Credo" 하고 대답하면 집례자는 "당신은 그의 독생자 우리 주 예수 그리스도를 믿습니까?" 하고 질문했으며, 이 질문에 "믿습니다" 하고 수례자가 답을 하면, 최종적으로 집례자는 "당신은 성령을 믿습니까?" 하고 물었습니다. 이 마지막 질문에 수세자가 "믿습니다" 하고 답을 하면 집례자인 목사는 삼위 하나님의 이름으로 수례자에게 세례를 베풀었습니다.

신앙고백은 그 기원이 세례와 밀접하게 관련되어 있었기 때문에 최초에는 문답형식으로 존재했습니다. 이 세례문답은 초기에는 내용이 아주 간단했지만 시간이 지남에 따라, 특히 이방인들이 늘어남에 따라, 그 내용이 점차 늘어가게 되었고 다양한 형태로 존재하게 되었습니다. 비록 세례문답의 내용이 본질에서 차이가 없다 하더라도 다양하게 존재하는 여러 세례문답은 교회의 하나 됨을 잠재적으로 저해하는 요인이 되었습니다. 그래서 교회는 하나의 교리 표준이 필요하게 되었는데 그중에서 오늘날 사도신경이라고 알려진 신앙고백이 교회 안에서 가장 보편적으로 받아들여지게 되었습니다. 비록 여러 지역에 흩어져 있다 하더라도 이 사도신경을 통해 교회는 하나 됨을 굳건하게 지킬 수 있었습니다.

사도신경의 원래 이름은 '사도들의 표지'Symbolum Apostolorum입니다.[2] 비록 이 신경은 사도들이 직접 작성한 것은 아니지만 사도들의 가르침을 아주 잘 요약했기 때문에 사도신경이라 불립니다. 표지라는 말을 통해 알 수 있듯이 교회는 처음부터 자신의 신앙을 공개적으로 표시하는 것을 주저하지 않았습니다. 이것이 이단이나 사이비 집단과 크게 구분되는 특징입니다. 오늘날 신천지와 같은 이단들과 유사하게 초대 교회 당시 영지주의자들은 자신의 교리를 감추거나 자신들 교회 안에 들어온 신도들에게만 가르쳤습니다. 그렇게 한 목적은 자신들의 교리로 하여금 사람들에게 신비감을 주도록 하기 위한 것이었습니다. 그 결과 믿음이 분명하지 못한 많은 신자가 쉽게 미혹되기도 했습니다.

사도신경은 이런 이단과 사이비의 유혹에 가장 효과적으로 대처할 수 있는 수단이었습니다. 물론 하나님의 말씀인 성경이 있었지만 오늘날과 달리 성경책은 엄청나게 비쌌고, 신자들 중 글을 잘 읽을 수 있는 사람은 많지 않았습니다. 무엇보다 성경을

---

[2] 사도신경에 대해서는 다음 책을 참고하세요. 이승구, 『사도신경』 (서울: SFC, 2009).

이해하는 것은 고사하고 성경 전체를 한 번 통독하는 것도 결코 쉽지 않은 일이었습니다. 하지만 사도신경은 간단하고 명료하게 표현되어 있어서 신자들이 쉽게 외울 수 있었고 성경의 핵심 교리를 쉽게 파악할 수 있었습니다. 예를 들어, "전능하사 천지를 만드신 하나님 아버지"라는 구절을 암송하고 있으면 성경을 전혀 모르는 초신자라 할지라도 "이 세상이 악하기 때문에 세상을 만든 신은 악하다"고 주장하는 영지주의가 이단이라는 것을 쉽게 알 수 있었습니다. 사도신경의 "몸이 다시 사는 것을 믿사오며"라는 구절을 외우고 있는 신자라면, 신자가 죽고 나면 단지 영혼만이 부활하여 하늘에 떠돌아다닌다고 생각하는 것이 잘못된 교리라는 것을 금방 알 수 있었을 것입니다.

이렇게 신앙고백은 교회의 자기 정체성을 확립하고 이단의 유혹과 공격으로부터 교회를 효과적으로 방어했습니다. 그러나 사도신경과 같이 초보적인 신앙고백은 초신자에게 세례를 주기에, 그리고 성도로 하여금 기초적인 교회생활을 하도록 도움을 주기에는 충분했으나 내용 자체가 너무 포괄적이었기 때문에 더 지능적이고 복합적인 이단이나 잘못된 가르침을 성도들이 분별하도록 하기에는 크게 도움이 되지 못했습니다. 종교개혁 당시에는 로마 가톨릭 교회도 사도신경을 고백하는 교회이기 때문에 사도신경만 가지고는 그 교회가 잘못된 교회라는 것을 성도들에게 가르칠 수가 없었습니다. 이런 이유로 교회에는 더 풍부하면서도 정교한 신앙고백서가 필요했습니다.

종교개혁이 일어났던 16세기는 그야말로 신앙고백의 시대라고 할 수 있습니다. 초대 교회와 마찬가지로 이 시기에도 수많은 사람이 자신의 신앙고백을 지키기 위해 순교를 마다하지 않았습니다. 차이가 있다면 이전에는 불신자들에게 순교를 당했지만 이제는 신자로 자처하는 이들에게 순교를 당했다는 것뿐입니다. 진리를 바로 세우기 위해 여러 교회 사이에 치열한 신학적 논쟁이 벌어졌습니다. 이런 개인적인 혹은 개교회적인 신학 논쟁은 최종적으로 교회의 공적 문서인 신앙고백서의 형태로 정리되었습니다. 그리고 이 신앙고백에 따라 여러 개의 다른 교회들이 형성되었습니다. 교회는 신앙고백을 기초로 설립되었기 때문에 신앙고백이 다르면 다른 만큼 다른 교회가 될 수밖에 없습니다.

종교개혁 당시 신학 논쟁이 치열했기 때문에 신앙고백서는 이전과는 비교할 수 없을 정도로 다루는 내용과 주제가 많아졌습니다. 당연히 분량 자체가 많이 늘어났고 사용된 용어들이나 문장들이 상당히 신학적일 수밖에 없었습니다. 여러분이 지금 종교개혁 시대의 신앙고백서를 읽는다면 무슨 법조문을 읽는 느낌일 것입니다. 따라서 역사적 상황이나 맥락을 잘 모르고 읽으면 신앙고백서를 제대로 이해할 수 없습니다. 신앙고백서가 무엇을 이야기하는가도 중요하지만 왜 이야기하는가도 중요하다는 점을 기억합시다.

어떤 이들은 이렇게 생각할 것입니다. '수백 년 전에 만들어진 신앙고백서가 그렇게 중요한가? 그냥 성경대로 믿으면 안 되는가?' 얼핏 들어 보면 일견 맞는 말처럼 보이지만 그런 생각은 교회 역사를 무시하거나 그 의미를 잘 모르는 것입니다. 만약 오늘날 초대 교회가 만든 사도신경이나 종교개혁 시대에 만들어진 여러 고백서가 없다면 21세기에 살고 있는 우리는 모두 여전히 옛날에 치열하게 논쟁했던 신학적 논쟁을 지금도 할 수밖에 없습니다. 이전 선배들의 엄청난 노력이 있었기에 기존의 정리된 입장을 토대로 상대방과 건설적인 토론을 할 수 있게 된 것입니다.

종교개혁 시대의 신앙고백서

종교개혁을 통해 로마 가톨릭 교회로부터 여러 개의 교회가 생겼다는 것과 신앙고백서가 개혁교회의 형성에 중요한 역할을 했다는 것을 우리는 앞에서 살펴보았습니다. 그렇다면 이들 여러 개혁교회를 어떻게 서로 구분할 수 있을까요? 그들도 다 예수님을 믿는 사람들인데 다 한 교회라고 불릴 수는 없는 것일까요? 답하기에 좀 곤란한 질문들입니다. 물론 그들도 예수님을 믿기 때문에 다 보편적 교회에 속한다고 할 수 있을 것입니다. 그러나 이들 교회가 구분되는 이유는 서로 다른 신앙고백서를 가졌기 때문입니다. 그런데 신앙고백서를 확정하는 데도 몇 가지 차이점이 있습니다.

영국 성공회의 경우 왕이 교회의 최고 통치자이기 때문에 왕이 고위 성직자들의 모임인 주교회의에 명령을 내려서 단일한 신앙고백서를 만들게끔 했습니다. 그 결과 최종적으로 작성된 신앙고백서가 『39개조 신조』Thirty-Nine Articles, 1556년입니다. 이 신조는 당연히 영국 내에서 최고 권위를 인정받게 되었습니다. 그런데 내용이 너무 포괄적이어서 개혁주의뿐만 아니라 나중에 우리가 배울 아르미니우스주의까지 들어오게 하는 길을 열었습니다. 그 결과 청교도들이 영국 혁명 기간에 영국 교회와 구분되는 새로운 신조인 『웨스트민스터 신앙고백』Westminster Confession을 작성하게 되었습니다.

영국 교회의 경우에는 하나의 국가가 하나의 신앙고백서를 채택했다면, 루터파 교회의 경우에는 여러 나라가 하나의 신앙고백서를 채택했습니다. 루터의 가르침은 독일 북쪽에 위치한 여러 나라가 받아들였는데 이들 국가들은 서로 연대하여 로마 가톨릭 교회에 저항했습니다. 이 과정에서 여러 개의 신앙고백서가 받아들여졌는데(대표적으로 루터의 대·소교리 문답, 아우크스부르크 신앙고백) 1580년에 최종적으로 이 고백서들을 하나로 모아 『일치서』The Book of Concord에 담았습니다. 이 최종적 신조는 오늘날까지 전 세계에 흩어져 있는 모든 루터파 교회를 하나로 연합하게 하는 역할을 합니다.

이와 반대로 재세례파들은 성경만 인정하고 다른 것은 일체 거부했기 때문에 신앙고백서를 작성하는 것에 그다지 관심을 많이 두지 않았습니다. 더 나아가 그들은 개체교회만을 진정한 교회라고 생각했기 때문에 범 교회적인 신앙고백서가 필요 없다고 생각했습니다. 하지만 시간이 지나자 그들도 신앙고백서가 전혀 없이 신앙생활을 할 수 없다는 것을 깨닫고 자신들의 고백서를 작성하기 시작했습니다. 그러나 그 고백서는 일반적으로 알려진 신앙고백서라기보다는 각 교회의 규약이라고 하는 것이 더 나을 것입니다. 물론 그중에서 좀 탁월한 규약들은 신앙고백서 수준의 역할을 하기도 했지만 권위나 영향력에서는 다른 교회에 비해 많이 떨어졌습니다.

개혁교회는 앞에서 말한 교회들과는 다른 길을 걸었습니다. 일반적으로 개혁교회는 국가교회의 형태를 지녔기 때문에 영국 교회와 같이 한 나라가 한 신조를 채택했습니다. 스코틀랜드는 스코틀랜드 신앙고백서, 프랑스는 프랑스 신앙고백서, 스위스는 스위스 신앙고백서, 네덜란드 교회는 네덜란드 신앙고백서를 채택했습니다. 이들 신앙고백서는 내용상 유사한 점이 매우 많았기 때문에 개혁교회들은 자신들과 다른 신조를 채택했다고 해서 다른 교회로 간주하지 않았습니다. 그러나 그렇다고 해서 루터파 교회처럼 이들 신조를 모아서 하나의 책에 담지도 않았습니다. 개혁교회는 교리적 내용에서는 본질상 하나였지만 그것을 현실 속에서 적용할 때는 획일화하지 않고 각자가 처한 형편에 맞게 달리 적용하게 했습니다. 그 결과 개혁교회의 신앙고백서는 루터파나 영국 교회와도 다르고 재세례파와도 다른 독특한 성격을 지니게 되었습니다. 간단히 말하면, 개혁교회는 신앙고백서 자체를 통해서가 아니라 고백서의 내용에서 교리의 일치성을 유지하면서 각자가 처한 형편에 따라 다양한 교회의 외적인 형태를 유지하게 된 것입니다. 그렇기 때문에 어느 하나의 교회만을 두고 "이 교회가 진짜 개혁교회야"라고 말하는 것은 개혁주의의 특성을 제대로 이해하지 못한 것입니다.

교리문답

보편 교회는 처음부터 신앙고백을 크게 두 가지 형태로 표현했습니다. 하나는 선언문 형태의 신앙고백서이고 다른 하나는 문답 형식으로 쓰인 교리문답서입니다. 신앙고백이 교회 밖을 향해 자기 정체성을 선포하는 선교적 혹은 변증적 성격을 가진다면 교리문답은 교회 안에 있는 신자들이나 그들의 자녀들을 위한 교육적 성격을 띤다고 할 수 있습니다. 쉽게 말하면 교리문답은 신앙고백서의 내용을 잘 이해시키기 위해 작성된 교육 교재라고 할 수 있습니다. 실제로 교리문답을 '카테키즘'이라고 하는데 이것은 '가르치다'라는 헬라어에서 유래한 용어입니다. 보통 이 단어를 교리문답이라고 번역하는데, 더 정확한 단어는 '신앙교육'이라고 할 수 있습니다. 따라서 어떤 카테키즘은 문답 형식을 지니지 않은 것도 있습니다. 그러나 카테키즘 대부분이 문답 형식을 사용하고 있기 때문에 오늘날 '교리문답'으로 주로 번역합니다.

잘 알려져 있듯이 문답은 가장 오래된 교육 방법입니다. 불교나 유교의 경전도 상당 부분은 문답으로 이루어져 있습니다. 성경 속에서도 우리는 예수님과 제자들 사이의 문답 형식의 대화들을 종종 찾아볼 수 있습니다. 대표적인 예로, "너희는 나를 누구라 하느냐?"라는 예수님의 질문에 대해 베드로는 다른 사도들을 대표하여 "주는 그리스도시요, 살아 계신 하나님의 아들이시니이다"(마 16:16) 하고 대답했습니다. 또 다른 대표적인 예를 예수님과 우물가의 여인 사이의 대화에서도 찾을 수 있지요. 이렇게 문답은 진리를 스스로 찾아갈 수 있게 돕는 역할을 하고, 참과 거짓을 분명하게 분간하게 하며, 최종적으로 자신이 알고 믿는 바를 스스로 고백하게끔 합니다.

이렇게 교리문답이 교회 안에서 신자들과 그의 자녀들을 위한 매우 중요한 교육 방식이었음에도 종교개혁 이전의 교회는 교리문답에 대한 관심이 거의 없었습니다. 가장 큰 이유는 신자들을 교육시킬 필요성을 느끼지 못했기 때문이지요. 교회의 지도자들은 평신도들이 교회에 와서 성례전에 참여하는 것만으로도 신앙생활에 충분하다고 생각했습니다. 즉 분명한 지식이 없어도 교회의 가르침에 맹목적으로 순종하면 얼마든지 참된 믿음을 소유할 수 있다고 생각했습니다.

이와 반대로 종교개혁자들은 분명한 지식이 참된 믿음에 필수라고 생각했습니다. 그 결과 이들은 교회 교육을 대단히 강조했고 이 교육을 가장 효과적으로 수행하기 위해 교리문답에 관심을 가졌습니다. 종교개혁의 첫 기수였던 마르틴 루터는 자신이 직접 소교리문답과 대교리문답[3]을 작성했습니다. 종교개혁가 칼빈의 『기독교 강요』Institutes of Christian Religion도 최종판은 신학도들을 위한 입문서로 바뀌었지만, 첫 판은 수준이 좀 높은 '카테키즘'을 의도한 것이었습니다. 칼빈 역시 스위스 교회를 위해 교리문답을 별도로 작성하기도 했습니다. 이 외에도 종교개혁 지도자들은 자신들이 속한 교회를 위해 수많은 교리문답을 작성했습니다. 그중 상당 부분은 개 교회에서 유용하게 사용되다가 잊혔지만 그중 어떤 것은 교회의 공식 신조로 자리 잡기도 했습니다. 대표적인 예가 바로 네덜란드 교회가 공식적으로 받아들이고 있는 『하이델베르크 교리문답』Heidelberg Catechism입니다.

---

[3] 소교리문답은 주로 입교를 준비하는 청소년을 대상으로 하고, 대교리문답은 그들을 가르치는 목사들을 대상으로 한 것입니다. 당연히 대교리문답이 다루는 주제의 분량과 깊이가 훨씬 풍부합니다.

개혁교회란 이렇게 역사 속에서 작성된 교리문답을 자녀들에게 가르치는 전통을 잘 유지하는 교회라고 할 수 있습니다. 한국 장로교회도 교리문답이 있기는 합니다. 장로교회는 웨스트민스터 대교리문답과 소교리문답을 신조로 하고 있지요. 이 교리문답도 종교개혁 정신을 가장 체계적으로 표현한 훌륭한 교리문답입니다. 그러나 아쉽게도 대부분의 장로교회 교인들은 이 교리문답들이 있다는 것도 모르고, 있다는 것을 알고 있다 하더라도 그 내용을 아는 경우는 그렇게 많지 않지요. 더 심각한 문제는 신자들을 가르치는 목회자들도 교리문답에 대해 잘 모르고 있다는 것이고 신학교에서도 잘 가르치지 않고 있다는 것입니다. 그 결과 교회 간판은 장로교회지만 실제로는 장로교회의 중요한 특징을 잃어버려서 정체성이 모호해진 교회가 많습니다. 최근에 교리문답에 대한 관심이 많이 생겨서 좋은 교재들이 조금씩 나오고 있는 것은 그나마 정말 다행입니다.

한국 장로교회는 교리문답보다는 성경을 직접 가르치는 전통을 발전시켰습니다. 실제로 한국인들은 성경을 사랑한 민족이었습니다. 그래서 1907년 평양 대부흥 운동의 예를 통해 보듯이 조국 교회는 성경공부 중심의 사경회를 통해 엄청난 부흥을 경험했습니다. 이런 성경공부는 오늘날 제자훈련과 같은 프로그램에서 여전히 지속적으로 이루어지고 있고 정말로 다양한 성경공부 교재들이 서점의 가장 좋은 가판대 위에서 독자들에게 눈짓을 하고 있습니다. 이것은 대단히 좋은 전통이고 앞으로도 계속 이어져 가야 할 것입니다. 그러나 조국 교회가 더욱 성숙하기 위해서는 교리문답 교육을 보충해야 할 필요가 있습니다.

사적인 성경공부의 단점은 성도들로 하여금 성경을 전체적으로 보지 않고 파편적으로 보게 한다는 것입니다. 특별히 오늘날 한국 성도들의 사랑을 받고 있는 큐티는 성경을 교회적으로 혹은 공동체적으로 보는 안목을 원천적으로 차단시켰습니다. 그 결과 성경은 순전히 개인 경건생활을 위한 책으로 바뀌게 되었습니다. 말씀 묵상을 하면서 성도들은 주로 '오늘 나에게 주는 말씀'을 찾습니다. 성경의 올바른 해석과 상관없이 소위 은혜를 받으면 그만이라는 생각이 일반화되었습니다. 심지어 성경이 원래 말하는 바와 정반대로 이해를 하더라도 크게 신경을 쓰지 않는 신자들이 많습니다. 이런 분위기로 말미암아 교회 안에 '근거 없는 은혜'가 곳곳에 뿌리내리고 있습니다.

교리문답에 대한 무관심과 개인적 성경읽기가 조국 교회에 끼친 가장 큰 해악은 이단의 창궐입니다. 우리나라만큼 별의별 이단이 많은 나라도 드물 것입니다. 이단이 성도들을 유혹하는 가장 쉬운 방법 중 하나가 "성경공부 같이합시다", "이곳에 가면 정말 성경을 잘 배울 수 있어요" 하고 말하는 것입니다. 성경을 공부하는 것 자체에 반대할 성도는 아무도 없을 것입니다. 그런데 원칙적으로 생각해 볼 때 성경을 어디서 배워야 할까요? 당연히 자신이 출석하는 교회의 목사에게서 배워야 할 것입니다. 그런데 다른 곳에서 더 잘 배울 수 있다고 생각하는 것은 기존 교회가 성경을 제대로 가르치지 않는다는 반증입니다. 실제로 대부분의 성경공부 교재들은 거의 문제풀이식의 단편적 설명으로 이루어져 있습니다. 성경의 중요 핵심 교리에 대해 거의 다루지 않는 경우가 많습니다. 이런 식의 성경공부에 만족하지 못하면 그때부터 신자들은 성경을 더 잘 배우기 위해 다른 곳으로 눈을 돌리게 됩니다.

신자들이 신앙생활을 오래 하다 보면 성경에 대해 더 깊이 질문하는 것은 아주 자연스러운 현상입니다. 성경을 안다는 것은 단순히 성경에 나온 단편적인 사실을 안다는 것이 아니라 성경이 말하는 핵심 교리를 안다는 것을 의미합니다. 그러나 이 핵심 교리는 성경을 읽는다고 해서 쉽게 알 수 있는 것이 아닙니다. 예를 들어 복음서를 통해 여러분이 예수님의 행적을 읽었다고 가정합시다. "너희는 나를 누구라 하느냐?"라는 질문에 대해 여러분은 어떻게 답을 하시겠습니까? 아마 베드로처럼 "주는 그리스도시요 살아 계신 하나님의 아들입니다" 하고 대답할 수 있을 것입니다. 문제는 그리스도가 무슨 뜻인지, 하나님의 아들이 도대체 무엇을 의미하는지에 대해 마태복음은 체계적으로 가르쳐 주지 않는다는 사실입니다. 당시 사도들에게서 복음을 들었던 이방인들은 "하나님의 아들"이라는 표현을 들었을 때, '우리가 모르는 예수라는 하나님의 아들이 있나 보다' 하고 생각했을 수도 있습니다. 베드로가 이 유명한 고백을 하고 나서 예수님께서는 비로소 자신의 죽으심과 부활에 대해 가르치기 시작하셨는데, 베드로는 이 가르침에 대해 목숨을 걸고 반대했습니다. 그런 베드로를 예수님께서는 칭찬하기보다는 그를 향해 "사탄아 내 뒤로 물러가라" 하고 단호히 말씀하셨습니다. 이 유명한 이야기는 신앙고백 자체가 중요한 것이 아니라 신앙고백을 어떻게 이해하고 있는가가 더 중요하다는 것을 우리에게 보여 줍니다. 신자 중에서 베드로처럼 예수님께서 그리스도라는 것과 하나님의 아들이라는 것을 믿지 않는 사람이 누가 있겠습니까? 베드로는 예수님께서 하나님의 아들이시라는 것을 고백했지만 하나님의 아들은 결코 죽어서는 안 된다고 생각했습니다. 십자가의 죽음은 말도 안 되는 것이라고 생각했습니다. 그래서 베드로는 자신의 목숨을 던져서라도 그 일만은 막겠다고 한 것입니다. 어떻게 보면 베드로의 단호한 고백은 주님을 위한 것이라고 볼 수 있지만 사실은 하나님의 구속 역사를 막는 사탄의 행위와 같은 것이었습니다. 이것을 통해 우리는 예수님께서 하나님의 아들이시라는 고백만으로는 충분하지 않다는 것을 알게 됩니다.

신앙고백은 성경이 가르치고 있는 중요한 교리들을 쉽게 구별할 수 있게끔 돕습니다. 사도신경이라는 신앙고백이 없었다면 누가복음을 아무리 많이 읽어도 승천이 그렇게 중요한 교리인지 아무도 몰랐을 것입니다. 사도신경이 있기 때문에 우리는 승천이 중요한 교리라는 것을 쉽게 인식할 수 있습니다. 그러나 승천이 중요한 교리라는 것을 알아도 그것이 우리에게 구체적으로 무엇을 의미하는지 성경을 읽어서는 쉽게 알 수 없습니다. 교리문답은 이런 부족한 점을 잘 보충합니다. 이 예를 『하이델베르크 교리문답』을 통해 살펴봅시다.

> 49문: 그리스도께서 하늘에 오르심은 우리에게 어떤 유익을 줍니까?
>
> 답: 첫째, 그리스도는 우리의 대언자代言者로서 하늘에서 우리를 위해 그의 아버지 앞에서 간구하십니다.
>
> 둘째, 우리의 몸이 그리스도 안에서 하늘에 있으며, 이것은 머리 되신 그리스도께서 그의 지체인 우리를 그에게로 이끌어 올리실 것에 대한 확실한 보증입니다.
>
> 셋째, 그리스도는 그 보증으로 그의 성령을 우리에게 보내시며, 우리는 성령의 능력으로 말미암아 그리스도께서 하나님 우편에 앉아 계신 위의 것을 구하고 땅의 것을 구하지 않습니다.

이 문답을 읽으면서 느끼셨겠지만 교리문답은 승천 교리를 통해 우리가 알아야 할 핵심 요소를 간결하게 정리하고 있다는 것을 알 수 있습니다. 그러나 이 문답을 처음 접하는 분은 이 내용조차도 생소하여 잘 이해가 되지 않을 수도 있습니다. 그렇기 때문에 교리문답을 잘 설명할 교사가 필요합니다. 그래서 개혁교회는 성경과 더불어 교리문답을 잘 가르치는 것을 목사의 중요한 임무 중 하나로 생각합니다.

정리하자면, 개혁교회는 성경을 유일한 최고의 권위로 생각하는 교회이고 성경의 가르침에 충실한 교회입니다. 이 성경의 전 가르침을 개혁교회는 신앙고백서를 통해 공적으로 분명하게 표명했습니다. 성경과 고백서의 내용을 잘 가르치기 위해 교리문답을 사용하여 성도들을 교육하는 데 힘쓰는 교회가 개혁교회입니다. 신앙고백과 교리문답을 사용하여 영혼 구원이나 중생과 같은 몇 개의 특정 주제들만 집중적으로 가르치는 것이 아니라 "내가 너희에게 분부한 모든 것"을 성도들에게 통전적으로 가르쳐서 성도들을 주님의 제자로 양성하는 교회가 개혁교회라고 할 수 있습니다.

더 깊은 공부와 나눔을 위한 질문

1 주님의 지상명령을 교회가 수행하기 위해 발전시킨 방법은 (   )
   입니다. 53쪽을 읽고 말해 봅시다.

2 신앙고백은 그 기원이 (   )와 밀접하게 관련이 있습니다. 54쪽을
   읽고 말해 봅시다.

3 사도신경의 원래 이름은 '사도들의 표지'입니다. 55쪽을 읽고, 그 까닭을
   말해 봅시다.

4 55-56쪽에 나오는 사도신경에 대한 내용을 읽고 답해 봅시다.
   - 신앙고백은 교회의 무엇을 확립하는 역할을 하나요?

   - 신앙고백은 무엇으로부터 교회를 효과적으로 방어하나요?

5 여러 개의 교회와 개혁교회가 신앙고백서를 확정하는 데 몇 가지 차이점
   이 있습니다. 58-61쪽을 읽고 나눠 봅시다.

6   62-63쪽을 읽고, 교회가 종교개혁 이전에 교리문답에 대한 관심이 거의 없었던 이유를 말해 봅시다. 또 이에 대한 종교개혁자들의 생각은 어떠했는지 나눠 봅시다.

7   교리문답에 대한 무관심과 개인적 성경읽기가 조국 교회에 끼친 가장 큰 해악은 무엇입니까? 64-66쪽을 읽고, 우리의 경험을 토대로 나눠 봅시다.

8   성경을 안다는 것은 단순히 성경에 나온 단편적인 사실을 안다는 것이 아니라 성경이 말하는 (   )를 안다는 것을 의미합니다. 66-68쪽을 읽고, 성경이 말하는 핵심 교리를 잘 알고 배우기 위해 우리는 어떻게 해야 할지 나눠 봅시다.

9   69쪽을 읽고, 개혁교회란 어떤 교회인지 정리해 봅시다.

〈3장 '교회' 이야기〉를 읽으면서 하나님께서 깨닫게 해 주신 것과 베풀어 주신 은혜를 생각하며 감사합시다. 또 깨달아 배우고 확신한 일에 거할 수 있게 해 달라고 기도합시다.

4장
'개혁교회' 이야기
_ 벨직 신앙고백, 하이델베르크 교리문답, 도르트 신조

너희 속에 있는 소망에 관한 이유를 묻는 자에게는 대답할 것을 항상 준비하라(벧전 3:15)![4)

앞에서 우리는 신앙고백서가 교회를 이해하는 데 얼마나 중요한지를 살펴보았고 교회들마다 신앙고백서가 서로 어떤 차이가 있는지도 분명히 보았습니다. 개혁교회는 로마 교회나 루터파 교회처럼 획일적인 신조를 통해 형식적인 하나 됨을 유지하기보다 각 교회가 자신들의 고유한 신조를 그대로 유지하면서 서로 간의 교제를 통해 실질적인 교리적 통일성을 유지했습니다. 종교개혁 이후 네덜란드도 자신만의 신앙고백서를 보유하게 되었는데, 바로 『벨직 신앙고백』Belgic Confession, 『하이델베르크 교리문답』,

---

4) 이 성경 구절은 1561년에 처음으로 출판된 벨직 신앙고백서의 표지에 나오는 구절입니다.

『도르트 신조』Canon of Dort입니다. 이것들은 보통 "일치의 세 형식"Three Forms of Unity이라고 불리면서 네덜란드 개혁교회를 규정합니다. 네덜란드 개혁교회에 대해 여러 가지 이야기를 할 수 있겠지만 이 세 신앙고백서만큼 네덜란드 개혁교회를 잘 설명할 수 있는 것은 없습니다. 따라서 "네덜란드 개혁교회는 어떤 교회입니까?" 하고 누가 묻는다면 바로 이 세 신조를 고백하고 그 고백에 따라 순종하는 교회라고 할 수 있습니다. 이와 같은 이유들 때문에 이제부터 이 세 신조에 대해 차례로 이야기하겠습니다.

벨직 신앙고백서

네덜란드 개혁교회의 신앙고백서는 벨직 신앙고백서(1561년)입니다. 아니 왜 더치Dutch 신앙고백서가 아니고 벨직 신앙고백서일까요? 이것을 알기 위해 우리는 벨기에와 네덜란드의 관계를 좀 더 정확하게 알 필요가 있습니다. 제일 앞에서도 이야기했지만 네덜란드는 '낮은 지역들'이라는 뜻입니다. 그런데 로마 시대부터 이 지역 공식 명칭은 벨기카Belgica였습니다. 벨기카는 오늘날 남부 벨기에와 북부 네덜란드로 구성되어 있습니다. 종교개혁 당시에는 이 둘이 완전히 구분되지 않고 서로 혼용되었습니다. 따라서 '벨직'은 오늘날의 벨기에가 아니라 벨기에를 포함한 더 큰 네덜란드를 가리키는 용어였습니다.

원래 벨직 신앙고백서가 최초에 발간되었을 때의 제목은 형용사 없이 단순히 "신앙고백"이었습니다. 주목할 것은 이 고백서는 네덜란드어가 아니라 프랑스어로 쓰였다는 것입니다.[5] 종교개혁 당시 이 지역은 프랑스어를 사용하는 남부 지역(오늘날 벨기에)과 네덜란드어를 사용하는 북부 지역으로 구성되었습니다. 종교도 남쪽은 가톨릭이 강세였고, 북부는 개신교가 강세였습니다. 비록 스페인으로부터 독립할 때는 두 지역이 힘을 합해 하나의 국가를 이루었지만 결국에는 서로 분리하고 말았습니다(1831년). 이 고백서를 프랑스어로 기록한 것은 남부 지역에 사는 성도들의 믿음을 강화하기 위해서였습니다.

이 고백서의 원래 작성자는 귀도 드 브레Guido de Bres입니다. 교회의 신앙고백서를 한 개인이 쓰다니 정말 놀랍지 않습니까? 사실 종교개혁 이전만 하더라도 교회 지도자들이 회의를 통해 신앙고백서를 작성하는 것이 일반적이었습니다. 그러나 종교개혁 이후 개인이 작성한 신앙고백서나 교리문답이 교회의 공적인 신앙고백서로 채택되는 일이 빈번했습니다. 대표적인 것이 마르틴 루터의 대교리문답과 소교리문답입니다. 벨직 신앙고백서도 비슷한 과정을 거쳐 오늘날 개혁교회의 공적인 신조로 자리 잡

---

5) 원래 책 제목은 "Confession de Foy"입니다.

았습니다. 한 개인이 작성한 신앙고백서를 교회가 받아들였다는 것은 이 고백서의 내용이 얼마나 뛰어난지를 잘 보여 줍니다.

드 브레는 프랑스어를 사용하는 벨기에 지역의 중심지였던 몽스Mons에서 1522년에 태어났습니다. 어머니를 따라 독실한 로마 가톨릭 신자로 자라났습니다. 그러나 종교개혁가들이 쓴 책들을 읽고 로마 교회의 가르침이 거짓이라는 것을 깨닫게 되면서 종교개혁에 헌신하게 됩니다. 이후 스위스 제네바Geneva에서 존 칼빈과 베자Theodore Beza의 가르침을 받고 목사가 되었습니다. 존 칼빈 역시 프랑스 출신 종교개혁가로 평생 프랑스 난민들을 위해 많은 사역을 한 지도자였습니다. 학문을 마치고 드 브레는 고국으로 돌아가 왈롱Wallon이라는 지역에서 개혁교회를 세우는 것에 모든 힘을 쏟았습니다. 아주 뛰어난 설교자였기 때문에 설교를 통해 수많은 사람을 참된 복음으로 인도했습니다. 변장술에도 능하여 당국의 감시망을 쉽게 벗어날 수 있었습니다. 그러나 아쉽게도 드 브레는 당국에 결국 체포되었고 마흔다섯 살의 젊은 나이에 자신이 고백한 믿음을 따라 순교의 길을 걸었습니다.

드 브레가 활동하던 시절에는 박해의 시절이었기 때문에 지하교회 혹은 기도 모임들이 네덜란드 전역에 산재해 있었습니다. 이들을 하나로 묶는 교회 조직은 물론이고 신앙고백서도 존재하지 않았습니다. 이들은 이미 존재하고 있던 스위스나 프랑스 개혁교회의 가르침에 따라서 단순하게 하나님의 말씀대로 신앙생활을 하고 있었을 뿐입니다. 그러나 세속 당국의 눈에는 이들이 국가를 위협하는 잠재적 세력으로 비쳤습니다. 당국은 특히 개혁신앙을 따르는 사람들을 이단들, 특히 재세례파와 같은 그룹들과 동일하게 생각했습니다. 재세례파는 교회와 국가의 완전한 분리를 주장하면서 국가를 악한 것으로 보고 군에 입대하는 것이나 국왕에게 맹세하는 것을 거부했습니다. 개혁신앙을 따르는 신자들은 자신들의 교회가 박해를 받는 것은 두려워하지 않았으나 자신들의 신앙이 재세례파나 이단들과 동일하게 취급되는 것은 부당하다고 생각했습니다. 따라서 자신들이 믿는 바가 무엇인지를 정확하고 체계적으로 진술할 필요가 생겼습니다. 이 일을 훌륭하게 감당한 사람이 바로 드 브레 목사였습니다.

벨직 신앙고백서는 37개 조항으로 구성되어 있는데 하나님에 대한 신앙고백으로 시작해서 마지막 종말에 대한 고백으로 마칩니다. 이 신앙고백은 기본적으로 공교회적 신앙고백이기 때문에 삼위일체라든지 기독론에 대한 교리들이 기존 전통적인 신조(대표적으로 니케아 신경과 칼케돈 신조)를 그대로 따릅니다. 1조 하나님에 대한 신앙고백만 보면 여러분은 로마 가톨릭 교회와 개혁교회 사이에 아무런 차이도 느낄 수 없을 것입니다. 이 외에도 기존 로마 교회의 좋은 가르침(정확하게 말하자면 성경적 가르침)을 상당 부분 담고 있습니다. 그러나 이신칭의나 성찬, 직분론에서 벨직 신앙고백서는 천주교의 혼합적 교리를 성경의 권위로 분명히 거부했습니다. 그 결과 벨직 신앙고백서는 공교회적 전통을 지니면서 동시에 개혁교회의 특성을 띤 신조가 되었습니다.

우리가 벨직 신앙고백서의 내용을 여기에서 다 일일이 살펴볼 수는 없을 것입니다. 고백서의 분량 자체가 많은 것은 아니지만 고백서는 그 특성상 단어 하나마다 깊은 뜻을 포함하고 있기 때문에 고백서를 아무리 최소한으로 설명한다 하더라도 그것은 또 하나의 책이 필요할 것입니다. 그러나 개혁교회를 이해하는 데 도움이 될 수 있는 한 가지 항목은 소개하는 것이 좋겠습니다. 31조는 직분자들에 대한 고백인데 개혁교회가 실제 삶 속에서 교리를 어떻게 적용했는지를 잘 보여 줍니다. 일단 한번 읽어 볼까요?

> 우리는 하나님의 말씀의 봉사자, 장로, 그리고 집사가 주님의 이름을 부름과 함께 교회의 합법적 선거에 의하여, 그리고 하나님의 말씀이 가르치는 질서에 따라 각자의 직분에 선출되어야 한다고 믿는다. 그러므로 모든 사람은 부적절한 방식으로 스스로 그 직분을 차지하려고 해서는 안 되며 하나님께서 그를 부르시기를 기뻐하실 때까지 기다려야 한다. 직분자가 될 사람은 자신의 부르심에 대한 증거를 가져야 하며, 그 부르심이 주님에게서 온 것이라는 분명한 확신을 가져야 한다. 하나님의 말씀의 봉사자들은 그들이 어디에 있든지 동일한 권세와 권위를 가지는데, 왜냐하면 그들 모두는 교회의 유일한 머리이시고 유일한

보편적 감독이신 그리스도의 봉사자들이기 때문이다.

여러분은 이 조항에 대해 어떻게 생각하시나요? 다 좋은 말이라고 생각하시나요 아니면 뭐 그렇게 특별한 것이 없다고 생각하시나요? 지금 우리나라 교회 현실을 염두에 두면서 하나씩 살펴봅시다.

첫째, 이 고백서에 따르면 선거를 통해 직분자를 선출해야 합니다. 이것은 종교개혁이 성도들에게 준 커다란 선물입니다. 우리는 직분자를 당연히 선거를 통해 세운다고 생각하는데, 당시는 직분자들을 선거가 아니라 고위 성직자들이 지명했습니다. 당연히 직분자들은 주님께서 맡기신 양무리를 돌보는 데 신경을 쓰기보다 자신의 임명권을 가진 상급자인 주교의 비위를 맞추는 데 더 많은 관심을 두었지요. 종교개혁은 이 선출권을 신자들에게 돌려주었습니다. 그 결과 초대 교회의 아름다운 모습이 회복되었습니다. 그러나 선출권 자체가 중요한 것은 아닙니다. 이제는 성도들이 이전보다 훨씬 무거운 책임을 가지게 되었습니다. 성도들이 이 선출권을 제대로 사용하지 않으면 차라리 종교개혁 이전과 같이 몇몇 사람이 선출하는 것이 훨씬 나을 수도 있기 때문입니다.

우리나라에서는 아쉽게도 이 직분자의 선출권이 너무 무시되고 있는 것 같습니다. 특별히 대형교회의 교인들은 선출권을 제대로 행사하지 않거나 할 수가 없습니다. 누가 누군지도 모르는 상황에서 어떻게 제대로 된 투표를 시행할 수 있겠습니까? 더 나아가 부교역자들은 성도들의 동의 없이 담임 목사나 당회의 임명만으로 교회의 매우 중요한 역할을 감당하고 있습니다. 교회마다 상황이 다르겠지만 중요한 교회의 직분이 교인들의 선거를 거치지 않고 임명되는 경우가 적지 않을 것입니다. 분명한 것은 그런 관습들이 근본적으로 개혁교회가 탈피하려고 했던 로마 가톨릭 교회의 악습이었다는 점입니다.

둘째, 직분은 여러 개가 존재하고 직분자들은 각자의 고유한 직분에 임명되었기 때문에 직분자들은 자신이 맡은 직분에 충실해야 합니다. 이것 역시 당시 배경을 이해해야 합니다. 로마 교회에서 직분은 오직 사제(priest, 제사장)만이 존재하고 있었습니다. 단지 높은 사제와 낮은 사제가 있었을 뿐이지요. 그들의 예배는 미사라고 불렸고 본질적으로 제사로 이해되었습니다. 당연히 제사를 집례하는 제사장이 필요한 것이지요. 이렇게 예배와 직분은 밀접하게 연결되어 있습니다. 예배가 바뀌면 직분도 바뀌게 되어 있지요. 어쨌든 로마 교회의 직분은 하나밖에 없었기 때문에 사제가 교회의 모든 일을 다 수행했습니다. 사제 혼자서 설교도 하고, 구제도 하고, 교회 치리도 했습니다. 물론 옆에서 도와주는 사람들도 있었지만 그들은 직분자들이라기보다는 사제들의 비서였을 뿐이었습니다. 그러니 사제에게 교회의 모든 권한이 집중될 수밖에 없었습니다. 조금만 관리가 되지 않으면 독재가 될 수밖에 없었지요.

종교개혁은 이런 형태의 잘못된 직분관을 폐지하고 평신도들에게 직분을 개방했습니다. 목사, 장로, 집사 직분을 엄격하게 구별했고 그중에서 장로와 집사는 교회의 평신도 중에서 선출하도록 했습니다. 종교개혁 이전에는 있을 수 없는 일이었지요. 이것을 통해 한 사람이 교회의 권한을 독점하는 일을 근원적으로 해결할 수 있었습니다. 목사는 설교하는 일을, 장로는 다스리는 일을, 집사는 구제하는 일과 재정을 담당하는 일을 맡아서 그리스도의 몸 된 교회를 위해 봉사하게 되었습니다. 한 직분자가 다른 직분의 본질적인 사역을 침범할 수는 없습니다. 예를 들어 장로가 목사만 할 수 있는 설교 사역은 할 수 없습니다. 이것은 개혁교회 직분론의 아주 중요한 특징입니다.

이 시점에서 여러분이 한번쯤은 들어 보았을 수 있는 '만인 제사장'이라는 표현을 점검하는 것이 유익하리라 생각합니다. 만인 제사장은 종교개혁이 교회에 전해 준 소중한 선물 중 하나입니다. 그런데 적지 않은 사람들이 이 교리를 만인 평등설과 유사하게 이해하는 것 같습니다. 이 교리의 핵심은 모든 신자는 하나님의 거룩한 제사장으로 예수 그리스도의 이름으로 하나님께 직접 나아갈 수 있다는 것입니다. 더는 사제와 같은 중보자가 따로 필요 없다는 말이지요. 신자들 자신이 사제이기 때문입니다. 그러나 만인 제사장설이 만인 목사설로 확장되어서는 안 됩니다. 제사장과 목사는 완전히 다른 직분이기 때문이지요. 모든 신자가 제사장이지만 모든 신자가 목사는 될 수 없습니다.

이렇게 개혁교회는 직분자들 간의 엄격한 구분을 강조했습니다. 이 점에서 오늘날 조국 교회를 살펴봅시다. 교회마다 다르겠지만 일반적으로 조국 교회에서 목사는 너무 많은 일을 맡고 있습니다. 어떤 목사는 교회의 모든 일을 관할하기도 합니다. 심지어 재정 문제까지 일일이 간섭 혹은 점검하는 경우도 많지요. 하지만 이런 일은 개혁교회에서는 거의 일어나지 않습니다. 왜냐하면 그런 일은 목사가 하는 일이 아니라고 보기 때문입니다. 31조를 자세히 보면 '목사'라는 타이틀이 없습니다. 정식 명칭은 "하나님의 말씀의 봉사자"입니다. 따라서 목사가 해야 할 가장 중요한 일은 설교입니다. 따라서 개혁교회의 목사들은 설교를 준비하는 데 시간을 대부분 보냅니다. 당연히 개혁교회에서 목사들의 설교가 수준이 높을 수밖에 없습니다. 조국 교회의 목사들이 다른 일에 시간을 많이 보내고 있는 것은 그만큼 설교를 귀하게 보지 않는다는 증거가 될 수 있습니다.

셋째, 개혁교회의 목사들은 어디에 있든지 동일한 권위를 갖습니다. 이 말은 모든 교회의 목사들이 다 똑같고 따라서 대우도 다 똑같이 받는다는 의미가 아닙니다. 개혁교회의 목사들도 자신과 교회의 형편에 따라 대우를 달리 받습니다. 그러나 권위에서는 절대 동등합니다. 어느 한 목사가 다른 목사에게 명령을 하거나 지도할 수 없습니다. 예를 들어 노회장이 지역 교회의 목사가 부정을 저질렀다고 해서 해임할 수 없습니다. 이것 역시 종교개혁을 통해 변화된 교회의 모습입니다. 그 이전에는 한 명의 주교가 자기 관할 내에 있는 수십 교회의 목사들을 통제했습니다. 주교는 사실상 목사 위의 목사라고 할 수 있는 것이지요. 여기에 대해 개혁교회는 모든 목사는 그리스도의 종이기 때문에 그리스도의 직접적인 통제를 받는다고 생각합니다. 당연히 부목사라는 개념은 존재하지 않습니다. 규모가 있는 교회인 경우 대부분의 교회 일을 장로들과 집사들이 분담해서 하고, 교회 규모가 너무 크면 적당한 선에서 분립을 합니다. 담임 목사 외에 다른 목사가 있다 하더라도 동사 목사라는 표현을 사용합니다.

넷째, 직분자들은 직분을 스스로 취해서는 안 되고 주님의 부르심이 있을 때까지, 즉 외적인 증거와 그것에 대한 내적인 확신이 있어야 합니다. 안타깝게도 오늘날 조국 교회 안에서 이 중요한 원칙이 무너지고 있는 것 같습니다. 자격 없는 사람들이 얼마나 많이 신학교 문을 두드리고 있습니까? 외적인 증거가 전혀 없이 내적인 주관적 확신만으로 신학교에 오는 사람들이 늘고 있습니다. 교회는 그 사람들을 제대로 심사하지 않고 있으며, 신학교는 재정적인 이유로 무조건 받아들이고 있는 형편입니다. 이런 상황이 계속되면 그 피해는 교회 전체가 당할 수밖에 없지요. 하루 빨리 조국 교회 안에서도 개혁교회의 원리들을 직분자를 세우는 데 적용해야 할 것입니다.

　31조를 하나씩 자세히 살펴보니까 어떤 생각이 드십니까? 처음에 본문을 읽었을 때와 차이가 많이 나지요? 어떤 독자들은 과연 이 고백에 대해 '성경은 무엇이라고 말할까?'라는 질문을 속으로 하기도 했을 것입니다. 어쨌든 다른 고백서들도 마찬가지지만 벨직 신앙고백서도 풍성한 성경적 내용을 담고 있는 소중한 고백서입니다. 이 고백서의 작성자는 이 고백이 성경의 가르침과 일치한다는 확신을 가졌고, 이 확신 때문에 이 고백서를 네덜란드의 왕이었던 펠리페Felipe 2세에게 헌정할 때 서문에 다음과 같이 비장한 내용을 담았습니다.

> 그러나 우리는 우리 목전에 계신 하나님을 두려워하고, "사람 앞에서 나를 부인하면 하나님 아버지 앞에서 너희들을 부인하리라"고 말씀하신 그리스도의 경고를 무서워하기 때문에 우리는 기꺼이 우리의 등을 채찍질에, 우리의 혀를 칼에, 우리의 입을 재갈에, 우리의 몸 전체를 화염 속에 내어 줄 것입니다. 왜냐하면, 누구든지 그리스도를 따르려고 한다면 자신의 십자가를 지고 자신을 부인해야만 하기 때문입니다.

이 고백서의 작성자인 드 브레 목사는 자신이 고백한 대로 진리를 거부하기보다는 순교의 길을 걸었습니다. 비록 그는 죽었지만 그의 고백은 살아남아서 네덜란드 개혁교회의 기초가 되었습니다. 드 브레가 죽기 일 년 전 1566년에 이 고백서는 비밀리에 안트베르펜Antwerpen에서 모인 교회회의에서 채택되었고, 네덜란드 개혁교회의 시작이라고 할 수 있는 엠덴Emden 대회에서 공식적으로 인정되었습니다. 그 이후에 약간의 수정을 거쳐 그 유명한 도르트 대회에서 최종 확정되어 오늘날까지 이르고 있습니다.

하이델베르크 교리문답의 역사적 배경

네덜란드 개혁교회의 두 번째 기초는 하이델베르크 교리문답[6]입니다. 개혁교회에 조금이라도 관심이 있는 분은 벨직 신앙고백서보다는 하이델베르크 교리문답에 익숙할 것입니다. 사실, 한국 장로교회 교인들도 웨스트민스터 신앙고백서보다는 소교리문답에 더 익숙한 편이지요. 흥미로운 것은 하이델베르크 교리문답은 벨직 신앙고백서와는 달리 원래 독일어로 작성되었다는 사실입니다. 네덜란드 교회가 화란어가 아니라 불어나 독어로 작성된 신조를 받아들였다는 것이 우리에게는 생소하지만 당시

---

6) 하이델베르크 교리문답 해설에 관하여는 필자가 쓴 책을 참고하세요. 『특강 하이델베르크 요리문답』(안산: 흑곰북스, 2013).

역사적 상황을 알게 되면 잘 이해할 수 있을 것입니다.

우선 하이델베르크를 중심으로 이야기를 시작하겠습니다. 네덜란드와 가까운 곳에 위치한 하이델베르크는 독일에서 아주 오래된 도시로 정말 아름답습니다. 종교개혁 당시 대부분의 독일 교회는 루터의 가르침을 따랐습니다. 그러나 시간이 지나면서 칼빈의 영향을 받은 개혁파 교회들이 스위스나 프랑스에 가까운 남부 독일을 중심으로 형성되기 시작했습니다. 처음에는 루터의 가르침을 따르다가 개혁파 신앙으로 바꾼 사람들도 있었습니다. 그중 대표적인 사람이 마르틴 부처Martin Bucer입니다. 부처는 스트라스부르Strasbourg에서 종교개혁을 주도했는데, 이 도시는 하이델베르크와 가깝습니다.

하이델베르크는 팔츠Pfalz라고 불리는 영방領邦국가의 수도였습니다. 하이델베르크 교리문답은 팔츠 영방에 있는 교회들을 위해 작성되었습니다. 따라서 원래 작성된 교리문답의 제목에는 하이델베르크라는 단어가 전혀 없습니다. 엄밀하게 말하자면 팔츠 교리문답이라고 해야 맞습니다. 실제로 1563년 2월에 이 교리문답이 처음에 나왔을 때 "선제후령의 팔츠 지역에서 시행될 교리문답 또는 기독교 교육"[7]이라는 제목으로 출판되었습니다.

---

7) "Catechismus order christlicher Unterricht, wie er in Kirchen un Schulen der kurfutlichen Pfalz getrieben wird." 옛날에는 책 제목이 상당히 긴 경우가 매우 많았습니다.

그런데 하이델베르크가 이 영방의 수도였기 때문에 팔츠 교회를 위해 작성된 이 교리문답이 나중에 하이델베르크 교리문답이라고 불리게 되었습니다.

팔츠는 신성로마제국의 영방국가 중에서 가장 영향력 있는 나라로 황제를 선출할 수 있는 권한을 가진 선제후가 다스렸습니다. 교리문답이 작성될 무렵 선제후로 이 영방을 다스렸던 사람이 프리드리히Friedrich 3세였습니다. 그는 아주 경건한 지도자로 자신이 다스리는 나라가 하나님의 말씀 안에서 일치하여 굳건하게 서기를 원했습니다. 이를 시행하기 위해서는 자기의 신민들, 특별히 젊은이들이 하나님의 말씀을 제대로 교육받아야 했고, 거대한 공적公敵이었던 로마 가톨릭 세력과 맞서기 위해 루터파와 개혁파가 하나가 되어야 한다고 생각했습니다. 이를 제대로 이루기 위해서는 모든 교파가 전심으로 받아들일 수 있는 훌륭한 교리문답이 필요했습니다.

프리드리히 선제후는 서른 살이 채 안 된 우르시누스Zacharias Ursinus라는 젊은 신학자에게 새로운 교리문답을 작성하게 했습니다. 우르시누스라는 이름이 너무 생소해서 우리나라 사람들은 기억하기가 힘들지 모르겠는데 반드시 그런 것만은 아닙니다. 우르시누스는 라틴어로 곰이라는 뜻입니다. 곰은 우르시누스가 태어날 때 가지고 있었던 성姓이었는데, 학생일 때 그 성을 라틴어로 바꾸었습니다. 자기 이름을 라틴어로 바꾸는 일은 당시 아주 흔한 일이었습니다. 여러분은 아마 대웅제약에서 판매하는 우루사라는 제품을 알고 있을 것입니다. 우루사가 바로 우르시누스에서 온 말이지요. 약품 포장지를 보면 곰이 그려져 있는 것을 발견할 수 있을 것입니다. 지금부터 우루사라는 말을 들으면 우르시누스를 한번 떠올려 보시는 것도 좋을 것입니다.

이 '곰' 신학자는 1534년에 독일 브레슬라우(Breslau, 오늘날 폴란드에 속합니다)라는 도시에서 태어났습니다. 어린 시절에는 주로 루터파 학교에서 신학 훈련을 받았습니다. 비텐베르크 대학교에서 루터의 가장 뛰어난 제자인 멜란히톤Philipp Melanchthon에게서 당시 최고의 인문학 교육을 받았지요. 멜란히톤은 루터와는 달리 개혁파 신앙에 대해 상당히 열린 자세를 가지고 있었기 때문에 칼빈을 비롯한 개혁파 신학자들과 교류도 자주 했고 심지어 자신이 견지했던 루터파의 일부 입장을 수정하기도 했습니다. 이런 이유 때문에 멜란히톤과 그의 제자들은 루터파 동료들에게 공격을 받기도 했습니다.

스승이었던 멜란히톤이 죽자 우르시누스는 개혁파의 본 고장이었던 취리히에 가서 개혁파 신학자들에게서 신학 교육을 받았는데, 그중 대표적인 인물이 이탈리아 출신의 버미글리Peter Martyr Vermigli라는 위대한 신학자였습니다. 버미글리는 원래 도미니크 교단의 수도사였다가 복음을 받아들이고 개혁파 신학자가 되었는데 히브리어에 관한 한 당대 최고 실력을 가진 사람이었습니다. 그는 앞에서 언급한 마르틴 부처와 함께 스트라스부르에서 개혁교회를 세우는 데 힘썼습니다. 이 두 사람은 나중에 영국이 종교개혁에 가담하게 되었을 때 왕으로부터 옥스퍼드Oxford와 케임브리지Cambridge 대학교에 교수로 초빙될 정도로 인정을 받았던 당대 최고 신학자들이었습니다. (나중에 가톨릭 신자였던 메리가 여왕으로 등극하자 이들은 영국을 떠날 수밖에 없었습니다.) 버미글리의 명성을 알고 있었던 프리드리히 선제후는 버미글리를 하이델베르크 대학교의 교수로 청빙했습니다. 그러나 그때 버미글리는 너무 나이가 많았기 때문에 자신의 제자였던 우르시누스를 강력하게 추천했습니다. 그 결과 우르시누스는 하이델베르크 대학교에 교수로 오게 되었고 독일 남부 지역에서 개혁신학을 뿌리내리는 데 헌신하게 되었습니다.

우르시누스는 자신을 청빙한 프리드리히 선제후의 요청을 탁월하게 수행했습니다. 하이델베르크에 온 지 일 년이 조금 지난 후에 개혁교회의 초석이 될 교리문답을 완성했기 때문입니다. 이 교리문답은 위원회의 검토와 논의를 거쳐서 1563년 1월 19일에 처음으로 출판되었습니다. 2013년은 이 교리문답이 탄생한 지 450주년이 되는 해여서 이를 기념하기 위한 학술 대회가 많이 열렸습니다. 하이델베르크 교리문답은 출판되자마자 개혁신학을 사랑하는 사람들에게 큰 환영을 받았습니다. 라틴어는 물론이고 영어, 불어, 화란어로 번역이 되면서 이 교리문답은 국제적으로 광범위하게 보급되었습니다.

하지만 이 교리문답에 대한 반대 세력들도 적지 않았습니다. 가톨릭 교회는 말할 것도 없고 강경한 루터파 세력에 의해서도 도전을 받았습니다. 이들은 멜란히톤을 따르는 온건한 루터파와는 달리 루터의 가르침에 지나치게 충성하면서 자신들과 다른 입장을 전혀 용납하지 않았습니다. 이들은 새로 나온 교리문답이 근본적으로 스위스의 츠빙글리의 입장과 동일하며 루터파의 교리와 전혀 다르기 때문에 독일 제국 안에서 용납될 수 없다고 주장했습니다. 이들의 주장 때문에 프리드리히 선제후가 매우 위태로워졌고 잘못하면 폐위될 수 있는 상황에 처하게 되었습니다. 실제로 막시밀리안Maximilian 황제는 선제후를 제국의회로 소환하여 그의 신학 사상을 검토하기로 했습니다.

이런 상황을 제대로 이해하기 위해 우리는 당시 독일 상황을 잘 이해할 필요가 있습니다. 자세하게 다 말할 수는 없지만 몇 가지 중요한 것만 짚어 보겠습니다. 독일에서 종교개혁이 일어난 이후 루터파와 가톨릭은 서로 대립하면서 내전까지 치렀습니다. 하지만 둘 중 어느 세력도 절대적 우위에 있지 못했기 때문에 서로 간의 화해가 이루어질 수밖에 없었지요. 그래서 1555년에 아우크스부르크Augsburg에서 회의가 이루어져 협정서가 체결되었는데, 이 협정에 따르면 독일 내에서는 오직 로마 가톨릭과 루터파 교회만이 인정받았습니다. 그 외의 교회들(재세례파나 개혁파)

은 어떠한 보호도 받을 수 없었습니다. 물론 백성이 아니라 영주들만이 교회를 선택할 자유가 있었습니다. 백성은 영주의 선택에 따라 자신들의 종교가 결정되었습니다. 당시에는 정치와 종교가 분리되지 않았기 때문에 영주가 공인된 교회 외에 다른 교회를 선택한다는 것은 있을 수 없는 일이었습니다. 영주의 종교가 공인된 종교와 다르다는 말은 그가 이단을 보호한다는 말이고 그것은 영주가 다스릴 자격이 없다는 것을 의미했습니다. 독일 안에 두 개의 교회(가톨릭과 루터파)만이 인정을 받았기 때문에 또 하나의 교회를 용인한다는 것은 황제에게 있을 수 없는 일이었습니다. 그것은 제국의 무한정한 분열을 의미하기 때문이었습니다.

1566년 1월에 아우크스부르크에서 황제는 제국의회를 소집했고, 프리드리히 선제후를 소환했습니다. 가톨릭 신학자들뿐 아니라 엄격한 루터파들도 선제후를 공격했습니다. 공격의 핵심은 선제후가 루터파도 가톨릭도 아닌 칼빈파의 주장을 따르고 있다는 것이었습니다. 여기에 대해 선제후는 용감하게 자신의 신앙을 변증했습니다. 자신이 아우크스부르크 신앙고백서를 진심으로 따르고 있다는 것, 그리고 자신은 한 번도 칼빈의 글을 읽어 본 적이 없다는 것, 마지막으로 교리문답이 성경의 가르침에 위배되면 얼마든지 거부하겠다는 의사를 밝혔습니다. 그의 진술이 너무나 분명하고, 경건하고 감동적이었기 때문에 그곳에 참석한 많은 영주가 선제후를 지지하기 시작했습니다. 그들은 원리적인 측면에서 하이델베르크 교리문답이 아우크스부르크 신앙고백의 틀 속에 있다면 세세한 점에서는 각 영방이 자신들의 고유한 신앙고백을 보유할 수 있다고 본 것입니다. 프리드리히 선제후의 목숨을 건 순교자적 증언 때문에 하이델베르크 교리문답은 팔츠 교회의 교리문답으로 공식 인정을 받을 수 있었습니다.

하이델베르크 교리문답의 공인으로 하이델베르크는 개혁파 신학의 중요한 거점 도시가 되었습니다. 선제후는 종교적 관용 정책을 취했고 그 결과 네덜란드의 많은 개혁교회 신자들이 스페인의 박해를 피해 하이델베르크로 피신했습니다. 그들이 다시 네덜란드로 돌아갈 때는 모두 하이델베르크 교리문답을 손 안에 들고 돌아갔습니다. 아쉽게도 하이델베르크는 프리드리히가 죽고 나서 루터파를 따르는 도시가 되었기 때문에 이 교리문답이 더는 본 고장에서 사용되지 않았지만, 네덜란드에서는 많은 신자의 사랑을 받게 되었고 최종적으로 네덜란드 교회의 공식 교리문답으로 채택되어 오늘날까지 이르고 있습니다.

하이델베르크 교리문답의 특징

하이델베르크 교리문답의 작성 배경에 대해 살펴보았으니 내용에 대해 중요한 부분을 중심으로 서술해 보겠습니다. 최근에는 한글로 된 교리문답 해설집이 시중에 많이 출판되었기 때문에 조금만 노력을 기울이면 좋은 참고 도서를 발견할 수 있을 것입니다. 다른 것은 몰라도 첫째 질문은 꼭 기억합시다. "살아서나 죽어서나 당신의 유일한 위안[8]은 무엇입니까?" 여러분은 이 질문에 대해 어떻게 생각하십니까? 정말 우리에게 필요한 질문이라는 생각이 들지 않습니까? 제 생각에는 이 질문이 가장 필요한 사람은 생을 스스로 마감하기 위해 다리 난간 앞에 서 있는 사람이 아닌가 생각합니다. 교리를 전혀 모르는 사람들 중에 교리는 딱딱하다고 말을 많이 하는데, 하이델베르크 교리문답은 그것이 전혀 사실이 아니라는 것을 이 첫째 질문이 단적으로 보여 줍니다.

첫째 질문이 나타내 주듯이 하이델베르크 교리문답은 '유일한 위안'을 다룹니다. 유일한 위안에 대한 답은 다음과 같이 요약할 수 있습니다. 첫째, 나의 몸과 영혼은 신실하신 구주 예수 그

---

8) '위안'에 해당하는 'trost'는 종종 한국어로 위로로 번역되는데 위안으로 번역되는 것이 좋습니다. 이 단어는 기본적으로 편안함을 뜻하는데 불안 혹은 두려움에 반대되는 개념이고, 이와 비슷한 단어인 '위로'와는 조금 차이가 있습니다. 위로는 기본적으로 고생을 많이 하거나 슬픔을 당한 사람들에게 공감을 표하거나 격려하는 것을 뜻한다면, 위안은 생사의 기로에 있는 것과 같은 극한 위험한 상황 속에서도 안심하고 평안을 누리는 것을 의미합니다. 위안의 대표적인 예를 시편 23편에서 찾을 수 있습니다. "내가 사망의 음침한 골짜기로 다닐지라도 해를 두려워하지 않을 것은 주께서 나와 함께 하심이라 주의 지팡이와 막대기가 나를 '안위'하시나이다"(4절). 'trost'에서 영어의 'trust'(신뢰)라는 단어가 파생되었는데 위안은 결국 누군가에 대한 확고한 신뢰에서 비롯되는 흔들림 없는 평안입니다.

리스도의 것입니다. 둘째, 하늘에 계신 하나님 아버지께서 모든 것을 협력하여 나의 구원을 이루십니다. 셋째, 성령님께서 나에게 영생을 확신시키시고 주를 위해서 마음과 뜻을 다하여 살게 하십니다. 이 첫 질문에 대한 답을 통해 우리는 교리문답이 처음부터 성부, 성자, 성령 삼위 하나님에 대한 분명한 지식과 그 지식이 우리에게 오는 유익을 선명하게 가르쳐 준다는 것을 알 수 있습니다. 실제로 교리문답은 곳곳에서 삼위 하나님께서 어떤 분이시고 그분이 우리를 위해 어떤 일을 하시는지를 잘 요약해서 가르쳐 줍니다.

둘째 질문은 이런 위안 가운데 행복한 삶을 살기 위해 무엇을 알아야 하는지를 묻고 있습니다. 여기에 대한 답은 세 가지인데 다음과 같습니다. 나의 죄와 비참이 얼마나 큰가, 이 죄와 비참으로부터 어떻게 구원을 받는가, 그 구원을 주신 하나님께 어떻게 감사를 드려야 하는가를 알아야 합니다. 간단하게 '죄와 비참, 구원, 감사'로 요약할 수 있겠습니다. 그렇기 때문에 교리문답은 크게 3부로 구성되어 있습니다. 영어로 이 셋을 'guilt(죄책), grace(은혜), gratitude(감사)'라고 표현하기도 합니다. 모두 g로 시작하기 때문에 교리문답을 처음 대하는 사람들도 쉽게 기억할 수 있을 것입니다.

1부 '죄와 비참'은 교리문답에서 가장 짧은 부분을 차지합니다. 겨우 아홉 개의 문답(3문답에서 11문답)으로 구성되어 있을 뿐입니다. 우리 인간이 죄와 비참에 처하게 된 이유는 하나님께서 주신 율법을 어겼고 이로 인하여 하나님의 진노와 형벌이 임하게 되었는데 그것을 해결할 수 있는 유일한 길, 즉 하나님의 의를 만족시킬 방법이 우리 자신에게 없기 때문입니다. 이 일을 참 하나님이시자 참 인간이신 중보자 그리스도만이 하실 수 있기 때문에 우리는 그리스도에 대해 잘 알아야 합니다. 더 나아가 그리스도께서 우리를 위해 성취하신 모든 유익을 오직 믿음으로 받기 때문에 믿음에 대해서도 알아야 합니다. 그 믿음을 요약한 것이 사도신경이기 때문에 2부는 사도신경을 항목마다 설명합니다. 사도신경에 이어서 믿음의 유익(칭의), 믿음의 원천과 믿음을 받는 외적 수단(성례), 그것에 합당하지 않는 자들에 대한 교회의 조치(권징)를 다룹니다. 3부는 구원받은 사람들이 하나님 앞에서 살아가야 할 당연한 도리인 감사의 삶을 다룹니다. 그 감사의 삶은 선행과 기도이기 때문에, 교리문답의 마지막 3부는 십계명과 주기도문 해설로 구성되어 있습니다.

잠시 살펴본 것처럼 교리문답은 신앙의 가장 기초적인 요소들(사도신경, 성례, 십계명, 주기도문)이 적절하게 배치되어 있습니다. 하이델베르크 교리문답의 가장 큰 특징은 전체 내용을 52주로 구분해서 편집했다는 것입니다. 이것은 목사들이 일 년에 한 번씩 교리문답을 설교할 수 있게끔 돕기 위한 것입니다. 실제로 도르트 회의에서 결정된 교회 규칙은 다음과 같이 목사가 해야 할 직무를 규정하고 있습니다.

> 목사는 어느 곳에서든지 통상적으로는 오후 예배에서 매 주일 하이델베르크 교리문답에 요약되어 있는 기독교 교리의 핵심을 설교해야 한다. 그 목적을 위해 나눈 교리문답의 구분을 따라서 일 년에 한 번씩 마치도록 설교해야 한다.
>
> _교회 규칙(The Church Order) 68조

종교개혁을 통해 설교에 큰 변화가 있었는데 그것은 목사가 본문 선택의 자유권을 가지게 되었다는 것입니다. 로마 가톨릭 교회에서는 일 년 치의 설교 본문이 정해져 있었기 때문에 설교자가 본문을 선택할 자유가 없었습니다. 당연히 개혁교회의 설교가 훨씬 생동감이 있었습니다. 그러나 이것에도 약점이 있었습니다. 설교 본문이 지나치게 목사 개인의 선호도에 의존하게 되었기 때문입니다. 만약 목사가 요한계시록을 좋아하면 그 교회 성도들은 요한계시록에 대한 설교만 듣게 될 가능성이 생겼습니다. 실제로 조셉 카릴Joshep Caryl이라는 영국의 청교도 목사는 삼십 년 동안 교회에서 욥기에 대해서만 설교하기도 했습니다. 교리문답 설교는 이런 약점을 잘 보완할 수 있게끔 만들었습니다. 오전 예배에는 목사가 스스로 선택한 본문에 근거하여 설교를 하고, 오후 예배에는 교리문답에 따라 설교를 하면 본문 선택에서 목사의 자율

성도 살리고 동시에 그것의 남용도 막을 수 있었습니다. 52주의 편집으로 개혁교회의 성도들은 일 년에 한 번씩 성경의 중요한 모든 교리를 설교를 통해 배울 수 있게 되었습니다.

도르트 신조: 위대한 은혜의 헌장[9]

도르트 신경 혹은 도르트 신조(1618-1619년)는 네덜란드의 세 번째 신앙고백서입니다. 이 신앙고백서는 앞에서 언급한 벨직 신앙고백서와 하이델베르크 교리문답과는 달리 네덜란드 교회 내에서 발생한 첨예한 신학 논쟁 때문에 작성되었습니다. 그렇기 때문에 이 신조는 성경의 모든 가르침을 포괄하기보다는 중생이나 견인 등과 같은 구원론과 관계된 특정 주제들만 다룹니다. 이 신조가 작성됨으로 진정으로 개혁주의적 구원론이 신앙고백적으로 체계화되었고 다른 여러 개혁교회도 이 신조의 도움을 많이 받게 되었습니다.

보통 이 신조를 지칭하여 '칼빈주의 5대 교리'라는 용어를 사용합니다. 하지만 이 용어는 아주 조심스럽게 사용할 필요가

---

9) 도르트 신조에 대한 해설서로 다음 책을 참고하세요. 코르넬리스 프롱크, 『도르트 신조 강해』, 황준호 옮김 (수원: 그 책의 사람들, 2012).

있습니다. 이 용어에 대한 원래 영어 표현은 'Five Points of Calvinism'입니다. 문자적으로 번역하면 칼빈주의의 5개 요점이라는 뜻이지요. 따라서 도르트 신조는 칼빈주의에서 가장 중요한 다섯 가지 교리를 모아 둔 것이 아닙니다. 만약 어느 누가 칼빈주의에서 가장 중요한 교리가 무엇이냐고 묻는다면 당연히 그 대답은 '삼위일체 교리'일 것입니다. 앞에서 언급했듯이 도르트 신조는 구원론 중에서 개혁교회가 고백하는 다섯 가지 핵심 주제에 대해 자세하게 변증한 것입니다. 비록 이것이 '5대 교리'는 아니라 할지라도 구원론에 대한 귀중한 고백이기 때문에 개혁교회는 이 신조를 대단히 귀중하게 생각합니다.

이 신조는 칼빈주의자들이 구원론에 대한 교리를 한번 정리해 보기 위해 어느 날 함께 모여서 작성한 것이 아닙니다. 그들은 이미 벨직 신앙고백서와 하이델베르크 교리문답을 가지고 있었습니다. 그런데 개혁교회 안에서 여기에 진술된 고백서 중 일부를 반대하거나 왜곡하는 이들이 생겼습니다. 더 나아가 하이델베르크 교리문답과 벨직 신앙고백서는 예정이나 구원론에 대해 세밀하게 규정하지는 않았기 때문에 네덜란드 교회 안에서는 극심한 신학 논쟁이 전개되었습니다. 도르트 신조는 참 교리를 변증하는 과정에서 첨예한 신학 논쟁 끝에 확정되었습니다.

도르트 신조를 알기 위해 우리는 아르미니우스Jacobus Arminius라는 사람을 알 필요가 있습니다. 아르미니우스는 위트레흐트

Utrecht 주의 우드 워터라는 곳에서 태어났습니다. 어렸을 때부터 탁월한 교육을 받았고 나중에 제네바에 가서 칼빈의 후계자였던 베자에게서 가르침을 받았습니다. 귀국하고 나서 레이던 대학교에 교수로 임용되어 학생들에게 신학을 가르쳤습니다. 아르미니우스는 제네바에 있으면서 개혁신학이 가르치는 구원론에 대해 의심을 품기 시작했습니다. 개혁주의 교리가 지나치게 인간의 자유를 제한한다고 생각했고 그렇게 되면 하나님의 공의가 필연적으로 훼손될 수밖에 없다고 생각했습니다. 처음에 아르미니우스는 자신의 생각을 공개적으로 드러내지 않았기 때문에 네덜란드에서 신학 교수가 될 수 있었습니다. 시간이 지나면서 자신의 생각을 학생들에게 가르쳤고 그의 가르침은 대단히 설득력이 있었기에 많은 사람이 그를 따르기 시작했습니다.

아르미니우스의 공개적인 가르침은 곧 전통적 개혁신학자들에게서 공격을 받기 시작했습니다. 시간이 지남에 따라 전통적인 개혁주의 구원론을 따르는 그룹과 아르미니우스를 따르는 그룹이 격렬하게 논쟁하게 되었고 이것은 결국 네덜란드 개혁교회 전체로 확대되었습니다. 심지어 이웃 나라에 있는 학자들도 이 논쟁에 참여하면서 잘못하면 교회가 분리될 위험에 처했습니다. 아르미니우스는 1609년에 죽었지만 그를 따르는 무리는 결코 위축되지 않았습니다. 추종자들은 자신들의 주장을 다섯 개로 요약한 항의서를 제출했고(1610년), 이 때문에 이들은 항론파

the Remonstrants라고 불렸습니다. 도르트 신조가 다섯 개의 요점으로 이루어진 이유가 바로 여기에 있습니다. 이 신학 논쟁은 국가적 공의회를 통해 해결할 수밖에 없는 상황이었기 때문에 도르트에서 교회 회의가 개최되었습니다. 도르트 총회에서 항론파의 주장은 정죄를 받았고 자신들의 주장을 고집하는 한 교회에서 추방되었습니다. 이 총회의 결정 때문에 네덜란드 개혁교회는 바른 교리에 굳건하게 설 수 있었습니다. 만약 이 결정이 없었더라면 개혁교회의 교인들은 다른 나라로 피난을 가거나 국가에게서 극심한 박해를 받아야 했을 것입니다.

도르트 신조의 내용은 아주 정교하고 세밀하기 때문에 여기에서 다 다루기에는 적절하지 않을 것입니다. 최근에 『도르트 신조 강해』라는 좋은 해설서가 나왔으니 관심이 있는 분은 그 책을 참고하시면 될 것입니다. 여기에서는 이 신학 논쟁의 핵심 주장을 간단히 제시하고, 이 논쟁이 왜 중요한지를 설명하겠습니다.

1. 무조건적 선택

   하나님의 선택이 무조건적이라면, 무작위 선택과 무엇이 다른가? (예정이 로또 당첨과 무엇이 다른가?)

2. 전적 타락

   인간이 전적으로 타락하여 아무 선을 행할 수 없다면 사탄과 차이점이 무엇인가?

3. 제한 속죄

   그리스도께서 특정한 사람을 위해 죽으셨다면, 그것은 그리스도의 구속 사역을 너무 제한하는 것이 아닌가?

4. 불가항력적 은혜

   중생의 은혜가 신자에게 임할 때 그것을 거절할 수 없다면 인간의 자유는 침해되는 것이 아닌가?

5. 성도의 견인

   모든 성도가 끝까지 구원에 이른다는 교훈은 신자들로 하여금 도덕적 방종에 이르게 하는 것은 아닌가?

이상에서 살펴보았듯이 항론파의 주장을 그렇게 쉽게 반박할 수 없다는 것을 금방 알 수 있을 것입니다. 네덜란드 교회 안의 수많은 목사가 아르미니우스의 주장을 따랐다는 것은 그의 가르침이 매우 설득력 있었다는 것을 의미합니다. 실제로 오늘날에도 대다수의 교회가 아르미니우스의 가르침을 따릅니다. 대표적으로 감리교 창시자였던 웨슬리John Wesley가 아르미니우스의 가르침을 받아들였습니다.

항론파의 반론에 대해 개혁파의 입장은 다음과 같이 요약할 수 있습니다.

1. 하나님께서 어떤 사람을 선택하실 때 그 선택의 이유는 그 사람에게 있지 않고 하나님 자신의 선하심과 자비하심에 있다. 따라서 이 선택은 계획이나 의도가 없는 무작위 선택과 전혀 다르다.

2. 전적 타락은 인간이 사탄이 되었다는 것을 의미하지 않는다. 전적 타락은 타락의 범위를 말하지 타락의 정도를 말하는 것이 아니다. 전적 타락은 인간의 지성이나 감성뿐만 아니라 의지에도 영향을 미친다.

3. 제한 속죄는 그리스도의 속죄의 효력이 선택한 사람에게만 미친다는 의미이지 그리스도의 속죄의 가치나 능력이 한계가 있다는 것을 의미하지 않는다. 그리스도의 피의 가치나 능력은 모든 인류를 구원하고도 남지만 하나님께서는 그 피의 효력을 모든 이에게 적용시키시지 않는다.

4. 하나님의 은혜가 임할 때 인간은 거부할 수 없지만 그렇다고 해서 하나님께서 억지로 인간에게 은혜를 주입하시는 것

은 아니다. 거부할 수 없다고 해서 자유가 없는 것은 아니다. 자유의 본질은 선택과 거부의 유무에 달려 있지 않다. 예를 들어서 하나님께서는 악을 선택할 수 없지만 무한하게 자유로우시다.

5. 견인은 '붙들다'는 뜻이다. 신자의 최종 구원은 그 사람이 하나님의 은혜를 끝까지 붙들었기 때문이 아니라 하나님께서 그 신자를 끝까지 붙들었기 때문에 이루어진다. 성도의 견인 교리를 분명하게 이해하는 사람은 삶 속에서 하나님의 은혜를 증거하지 않을 수 없다.

도르트 신조의 핵심 내용만을 간단히 살펴보았습니다. 이 신조를 충분히 이해하기 위해서는 훨씬 깊은 신학적 연구가 필요하지만 이 요약문만 보아도 아르미니우스주의와 개혁주의의 입장을 어느 정도 파악할 수 있으리라 생각합니다. 그렇다면 왜 이 두 그룹은 이토록 격렬하게 대립했을까요? 그냥 서로 적정한 선에서 타협할 수는 없었을까요? 다들 예수님을 구주로 믿는 목사들 아닙니까? 아쉽게도 이 두 그룹의 주장은 너무나 상반되어서 두 입장을 통합할 수는 없습니다. 둘 중 하나가 맞는 것이지 둘 다 맞을 수가 없습니다. 이것이 도르트 총회가 교회 역사에 남긴 유산입니다. 이 유산이 없었다면 오늘날도 우리는 도르트 총회에서 제기된 신학적 논제들을 가지고 불필요한 신학 논쟁을 계속하고 있을 것입니다.

개혁파 신학자들은 아르미니우스 주장 속에 치명적인 독소 조항이 들어 있다고 판단했습니다. 이 논쟁의 핵심은 '인간이 어떻게 구원을 받는가'입니다. 개혁파는 이 질문에 대해 이렇게 답을 했습니다.

1. 하나님의 선택은 전적으로 인간 밖에 있다.

2. 인간은 전적으로 타락[10]해서 하나님의 선택에 기여할 수 있는 길은 전혀 없다.

3. 그리스도의 구속 사역의 효력은 전적으로 택하신 자에게만 적용되기 때문에 인간이 이 적용을 위해 할 수 있는 일은 없다.

4. 그리스도께서 우리에게 은혜를 주실 때 우리가 할 수 있는 것은 그것을 기쁘게 받을 뿐이다.

---

10) 전적 타락이란 인간이 모든 면(지, 정, 의)에서 타락했다는 의미입니다. 그러나 이것은 인간이 사탄이 되었다는 것을 의미하지 않습니다. 전적 타락은 타락의 범위에 관한 것이지 타락의 정도에 관한 것이 아니라는 점을 기억하는 게 중요합니다.

5. 우리의 최종 구원은 우리의 노력에 달려 있지 않고 하나님의 신실한 붙드심에 있다.

요약하면 다음과 같습니다. 즉 구원이란 하나님께서 오직 자신의 선하시고 기쁘신 뜻에 따라 자기 백성을 택하시고, 그 택자를 위해 아들이신 그리스도를 보내시고, 그들에게 성령의 은혜를 주셔서 중생하게 하시고, 중생한 자들을 끝까지 붙드셔서 영생에 이르게 하시는 것입니다. 하나님의 구원 사역에 인간이 기여할 수 있는 일은 전혀 없습니다. 즉 **구원은 처음부터 끝까지, 창조 이전부터 영원까지 철저하게 하나님의 은혜로만 이루어집니다.** 이 오직 은혜의 교리가 개혁파가 이해한 복음이며 이 복음이 도르트 신조에 선명하게 나타났습니다. 그렇기 때문에 도르트 신조는 하나님의 은혜에 대한 위대한 헌장이라고 불립니다.

더 깊은 공부와 나눔을 위한 질문

1. 74-75쪽을 읽고, "네덜란드 개혁교회는 어떤 교회입니까?"라는 질문에 답해 봅시다.

2. 75-78쪽을 읽고, 귀도 드 브레에 대해 말해 봅시다.

3. 78-86쪽을 읽어 봅시다. 벨직 신앙고백서 31조를 읽고, 우리나라 교회 현실을 염두에 두면서 하나씩 살펴봅시다.

   1) 이 고백서에 따르면 선거를 통해 직분자를 선출해야 합니다. 이에 대해 나눠 봅시다.

   2) 직분은 여러 개가 존재하고 직분자들은 각자의 고유한 직분에 임명되었기 때문에 직분자들은 자신이 맡은 직분에 충실해야 합니다. 이에 대해 나눠 봅시다.

   3) 개혁교회의 목사들은 어디에 있든지 동일한 권위를 갖습니다. 이에 대해 나눠 봅시다.

   4) 직분자들은 직분을 스스로 취해서는 안 되고 주님의 부르심이 있을

때까지, 즉 외적인 증거와 그것에 대한 내적인 확신이 있어야 합니다. 이에 대해 나눠 봅시다.

4 86-93쪽을 읽고, '하이델베르크 교리문답의 역사적 배경'을 이해하고, 말해 봅시다.

5 93-98쪽을 읽고, '하이델베르크 교리문답의 특징'을 이해하고, 나눠 봅시다.

6 98-101쪽을 읽고, 도르트 총회를 열게 된 배경을 설명해 봅시다.

7 101-105쪽을 읽고, 항론파와 개혁파의 입장을 살펴봅시다.

8 105-106쪽을 읽고, '인간이 어떻게 구원을 받는가'에 대한 개혁파 신학자들의 답을 말해 봅시다. '은혜의 교리'를 한마디로 말해 보고, 하나님께서 베풀어 주신 그 놀라운 은혜를 우리 각자에게 적용하여 나눠 봅시다.

〈4장 '개혁교회' 이야기〉를 읽으면서 하나님께서 깨닫게 해 주신 것과 베풀어 주신 은혜를 생각하며 감사합시다. 또 깨달아 배우고 확신한 일에 거할 수 있게 해 달라고 기도합시다.

5장
'네덜란드 역사' 이야기

네덜란드의 독립

유럽 역사에서 교회와 국가가 분리될 수 없기 때문에 네덜란드 개혁교회 역사를 이야기하기 전에 네덜란드 역사를 잠시 이야기하는 것이 좋겠습니다. 네덜란드에 대한 전반적인 역사를 이해하기를 원하신다면 주경철 교수가 쓴 책 『네덜란드: 튤립의 땅, 모든 자유가 당당한 나라』(산처럼)를 추천합니다.[11] 저는 네덜란드 역사 중 개혁교회와 관련된 주요 부분인 종교개혁 이후의 16-17세기를 중심으로 다루고자 합니다.

종교개혁 이전의 네덜란드 역사를 제대로 이야기하는 것은 중

---

11) 아쉽게도 주경철 교수는 일반 역사학 교수이기 때문에 칼빈의 신학에 대해서는 아주 피상적인 이해만 가지고 있고 이 책의 곳곳에 그런 단점이 드러나 있습니다. 이런 단점을 제외하면 이 책은 네덜란드 역사의 입문서로는 제 역할을 잘 하고 있다고 봅니다.

세 특유의 봉건제도 때문에 쉽지 않습니다. 봉건제도라는 것은 기본적으로 지방 분권적 제도로 이 체제에 따르면 고정된 국가가 존재하는 것이 아니라 결혼이나 주종 관계에 따라서 국가의 정체성이 정해집니다. 한 명의 국왕이 여러 나라를 다스리기도 하고, 심지어 두 개의 나라가 결혼 관계를 통해 하나가 되기도 합니다. 대표적인 예로 영국의 엘리자베스 왕이 후임자가 없이 죽게 되자 왕위 서열에서 가장 우위에 있던 스코틀랜드의 왕이 영국의 왕위를 차지하게 된 것입니다. 그 결과 스코틀랜드와 영국은 하루아침에 한 나라가 되었습니다. 이런 상황 속에서 한 나라의 역사를 이야기하는 것은 쉽지가 않지요. 당시 민중은 오늘날과 같은 민족의식을 가지고 있지 않았습니다.

종교개혁 당시 네덜란드는 아직 독립 국가를 이루지 못했습니다. 네덜란드라는 나라가 존재하지 않은 것이지요. 오늘날 네덜란드와 벨기에에 해당하는 지역은 여러 주가 자치권을 가지면서 당시 가장 강성했던 합스부르크 왕가의 통치를 받고 있었습니다. 이 합스부르크 왕가는 당시 프랑스 왕가와 더불어 유럽의 양대 세력을 이루면서 서로 경쟁 관계였습니다. 당시 합스부르크의 왕은 카를Karl 5세였는데 1519년에 신성로마제국의 황제로 즉위했고 이후에 아버지와 어머니가 죽게 되자 오스트리아, 독일, 네덜란드, 그리고 스페인까지 다스리게 되었습니다. 카를 5세는 네덜란드에서 태어났기 때문에 초기에는 네덜란드 사람들의 신임을 많이 받았습니다. 카를 5세도 네덜란드의 국민성을 잘 알았기 때문에 적절하게 잘 다스릴 수 있었습니다. 하지만 카를 5세는 철저하게 로마 가톨릭 신자였고 종교개혁에 적대적 태도를 취했으며 독일 내에서 일어난 루터파 종교개혁 운동을 억압하는 데 많은 힘을 쏟았습니다.

1556년 카를 5세가 왕위에서 물러난 뒤 그의 아들 펠리페 2세가 왕위를 이어받았습니다. (신성로마제국 황제의 직위는 그의 동생에게 돌아갔습니다. 황제는 당시 선출직이었습니다.) 펠리페 2세는 스페인의 왕으로 네덜란드를 통치했습니다. 그 결과 네덜란드는 스페인의 식민지적 성격을 지니게 되었습니다. 아버지 카를 5세와 달리 펠리페 2세는 스페인에서 태어났기 때문에 네덜란드 말도 하지 못했고 네덜란드에 대해 아는 것이 거의 없었습니다. 그는 네덜란드 국민의 형편과 정서를 완전히 무시하면서 네덜란드 국민들을 강압적으로 통치했습니다. 당시 스페인은 로마 가톨릭 교회의 수호자로 자처한 나라였기 때문에 개신교에 대한 종교적 자유를 전혀 인정할 수 없었습니다. 자유와 관용을 사랑한 네덜란드 국민들은 이런 강압적인 상황을 받아들일 수 없었고, 이에 길고도 험한 독립 운동의 길을 걷게 되었습니다.

이 책의 서두에서 언급했듯이 네덜란드는 상업과 무역이 중심 산업이었기 때문에 대단히 자유로운 곳이었습니다. 여러 사상이 쉽게 교류할 수 있었고 이에 따라 학문이 자유롭게 발달했습니다. 종교개혁 당시 에라스무스와 같은 인문주의 대가들이 활동한 곳이 네덜란드였습니다. 독일에서 일어난 루터파의 교리도 일찍 들어왔고, 재세례파들도 이곳에서 많은 지지자를 얻었습니다. 하지만 이곳에서 최종적으로 네덜란드 국민들의 지지를 받은 세력은 스위스에서 시작된 개혁파 전통이었습니다. 왜 이곳에서 개혁파가 자리를 잡게 되었는가에 대해서는 학자들마다 견해가 다르지만 가장 큰 이유는 개혁파의 민주적인 당회 정치가 네덜란드의 정치 형태와 유사했기 때문인 것 같습니다. 이것을 통해 볼 때, 교회는 그곳에 위치한 사회 및 문화와 무관하지 않은 것을 알 수 있습니다.

칼빈의 개혁파 전통을 따르는 무리가 점차 많아지자 곳곳에 개혁파 전통에 따른 교회들이 세워지기 시작했습니다. 벨직 신앙고백서가 작성된 이후에는 이 고백서가 네덜란드 개혁교회를 하나로 묶는 역할을 하기 시작했습니다. 이들은 스페인 왕이 자신들의 종교적 자유를 인정하면 왕을 잘 섬기면서 살아갈 준비가 되어 있었습니다. 실제로 네덜란드 출신이었던 카를 5세는 네덜란드 국민에게 큰 탄압을 하지 않았기 때문에 네덜란드 국민은 카를 5세에게 저항할 이유가 없었습니다. 하지만 그의 아들 펠리페 2세가 왕이 되자 상황은 완전히 바뀌었습니다. 그의 의도는 네덜란드를 스페인의 완전한 식민지로 만드는 것이었습니다. 처음에 펠리페는 이복 누이였던 파르마의 마르가레테Margarete를 네덜란드 지역의 총독으로 임명하여 다스리게 했습니다. 마르가레테는 비교적 온건하게 네덜란드를 잘 다스렸으나 개신교인들의 성상 파괴 운동이 광범위하게 진행되자 이들을 박멸하기 위해 당시 최고 군 지휘관이었던 알바레즈 공Fernando Alvarez de Toledo을 파견했습니다.

알바레즈 공작은 본국에서 직접 스페인 군대를 끌고 들어와서 통치하기 시작했습니다. 그의 통치는 그야말로 무력으로 말미암은 피의 정치였습니다. 그가 네덜란드에 도착했던 1573년부터 1576년까지 무려 만 명이 넘는 네덜란드 국민이 처형됐습니다. 특별히 모든 상품마다 십 퍼센트의 거래세를 아무 근거 없이 부과했습니다. 당연히 이런 강압 정치에 네덜란드 국민들은 강력하게 저항했습니다. 그중에서 가장 뛰어난 지도자는 오늘날 네덜란드의 국부國父로 존경받는 오라네Oranje의 공작이었던 빌럼Willem이었습니다. 영어식 이름은 윌리엄이기 때문에 많은 사람이 윌리엄 공으로 알고 있습니다.

빌럼은 군사적으로도 매우 뛰어났지만 외교적 감각도 대단히 뛰어났습니다. 그리하여 여러 주로 분산되었던 네덜란드를 하나로 강력하게 결집시켰고 그 힘으로 스페인 군대에 효과적으로 응전했습니다. 빌럼은 1568년에 네덜란드 밖에서 피신하면서 독립을 선언하고 80년간의 독립 전쟁을 주도하기 시작했습니다. (일제 시대 우리나라 임시정부와 유사합니다.) 사실 이때만 하더라도 조그만 네덜란드가 거대한 스페인과 전쟁을 해서 이길 수 있다고 생각한 사람은 그렇게 많지 않았습니다. 특히 오라네 공은 막대한 현상금을 노린 가톨릭 신자에게 암살까지 당하고 말았습니다(1584년). 하지만 네덜란드 국민들의 저항은 끈질기게 계속 이어졌습니다. 시간이 지날수록 불리하게 된 것은 스페인이었습니다. 더구나 스페인은 전선을 확대하여 영국과 프랑스와도 전쟁을 벌였습니다. 그리고 두 전쟁에서 모두 참패하고 말았습니다. 무적함대를 자랑했던 스페인도 더는 전쟁을 지속할 수 없었습니다. 그와 반대로 네덜란드는 오라네 공의 차남 나사우의 마우리츠 Prins van Oranje Maurits, Graaf van Nassau의 뛰어난 지휘 하에 내부적인 역량을 강화시켰습니다.

1598년 펠리페 2세가 사망하고 나서 스페인은 전쟁을 계속 이어갈 동력을 상실하고 말았습니다. 네덜란드도 지쳐 있어서 중간에 휴전을 하기도 했는데(1609년부터 1621년까지, 도르트 총회가 이 시기에 개최되었습니다), 이 시기부터 네덜란드는 실질적인 독립국이 되었습니다. 그러나 네덜란드는 휴전 말기에 유럽 대륙 전체를 휩쓸게 된 30년 종교 전쟁에 휘말리게 되었습니다. 네덜란드의 독립은 이 30년 전쟁을 종결지은 베스트팔렌 조약을 통해 공식적으로 모든 나라에게 인정을 받게 되었습니다(1648년).

오라녜의 공 빌럼과 그의 후예들

네덜란드 역사에 수많은 위대한 인물이 있지만 오라녜의 공 빌럼만큼 네덜란드인의 사랑과 존경을 받는 인물은 없을 것입니다. 네덜란드의 독립은 귀족들이 연합하여 스페인 왕에 대한 반란을 성공시켰기에 가능했습니다. 절대적인 왕정에 대항하여 귀족들이 연합하여 전쟁에서 이기는 것은 쉬운 일이 아니었습니다. 그들은 왕정에 대항하면서도 궁극적으로는 자신들의 이익을 챙기려고 했기 때문입니다. 귀족들 중에서 누가 보아도 인정을 받을 만한 탁월한 지도력을 가진 사람이 없었다면 네덜란드의 독립전쟁은 실패로 끝났을 것입니다.

빌럼은 윌리엄의 네덜란드식 표기이고 오라녜는 오렌지의 네덜란드식 표기입니다. 'van'은 전치사로 영어의 'of', 독일어로는 'von'에 해당합니다. 오렌지는 프랑스 남부의 한 지역 이름입니다. 따라서 원래 프랑스식으로 표기하면 오랑쥬가 됩니다. 프랑스 남부는 오렌지로 매우 유명한데, 심지어 오렌지를 전문적으로 연구하는 대학교가 이곳에 있을 정도입니다. 이 오렌지라는 지역은 1163년에 소규모 공국principality의 지위를 인정받게 되면서 18세기까지 유지되었습니다. 이쯤 되면 유럽 지리를 좀 안다는 분은 이상한 생각이 들 것입니다. 네덜란드는 프랑스 이북에 위치해 있고 오렌지는 프랑스 남부 지중해에 위치해 있기 때문에 두 지역 사이의 거리가 엄청나게 먼데 어떻게 오렌지의 공작이 네덜란드의 통치자가 되는 일이 가능할 수 있었을까요?

이것을 이해하기 위해 우리는 나사우Nassau라고 불리는 지역을 알아야 합니다. 그리고 빌럼이 처음부터 오렌지 가문 출신이 아니라는 것을 기억할 필요가 있습니다. 만약 빌럼이 오렌지 가문에만 한정되어 있었더라면 그는 프랑스의 한 자그마한 지역을 잘 다스리는 귀족으로 일생을 보냈을 것입니다. 빌럼은 원래 1533년에 나사우라는 백작 가문에서 출생했습니다. 나사우는 네덜란드 근처에 있는 독일 지역에 위치한 백장령입니다. 이 지역명이 너무 생소하신 분을 위해 재미있는 사실을 알려 드리겠습니다. 나사우 지역명은 모르시더라도 낫소라는 테니스 공은 다 아실 것입니다. 이 공을 만드는 낫소 회사를 많은 사람이 일본 회사나 외국 회사로 알고 있는데 사실은 한국 회사입니다. 좀 놀라셨지요? 원래 테니스 용품으로 유명한 윌슨이라는 큰 외국 회사를 위해 주문자 상표 부착 생산OEM을 했으나 독립하면서 이름을 낫소라고 했습니다. 원래 의미는 '(윌슨보다) 낫소'라는 의미였는데 영어 표기를 Nassau라고 하면서 그 의미가 다양하게 되었습니다. 한국어를 모르는 외국인들에게 낫소는 명망 있는 왕가의 이미지를 떠올리게 할 것입니다.

출신으로 볼 때 빌럼은 그렇게 대단한 가문 출신은 아니었습니다. 그러나 오렌지 가문의 마지막 후예가 자손이 없이 죽게 되자 가장 가까운 서열에 있었던 빌럼이 오렌지 가문을 잇게 되었습니다. 그때 빌럼의 나이가 열한 살이 되던 1544년이었습니다. 빌럼은 나사우와 오렌지 지역뿐만 아니라 네덜란드 지역의 여러 중요한 영토들도 상속을 받게 되면서 네덜란드에서 아주 중요한 위치를 차지하게 되었습니다. 그는 독일 출생이었기 때문에 원래 그의 신앙은 루터파였습니다. 하지만 프랑스의 오렌지 공국은 로마 가톨릭에 충실했습니다. 이와 같은 이유 때문에 빌럼은 로마 가톨릭 식으로 교육을 받는다는 조건으로 오렌지 공국의 가문을 이을 수 있게 되었습니다. 이 모든 것을 통해 우리는 이 시대가 여전히 중세 봉건제도에 따라 움직였다는 사실을 기억할 필요가 있습니다. 봉건제도에 익숙하지 않은 우리나라 사람들은 이런 관습이 이해가 가지 않을 것입니다. 우리나라 사람 중 일본의 한 현의 주지사가 우리나라의 경기도의 도지사를 겸하는 것이 가능하다고 생각하는 사람들은 거의 없을 것입니다. 성인이 된 빌럼은 스페인 왕 펠리페 2세의 충실한 신하였습니다. 하지만 점차 스페인의 지나친 간섭과 압제에 대해 분개하기 시작했습니다. 특히 자신의 백성이었던 신교도들을 잔혹하게 박해하는 것에 대해 단호하게 반대했습니다. 펠리페 왕은 가장 부유했던 네덜란드를 식민지화하여 유럽 전체를 지배하려는 야심을 품고 있었습니다. 처음에 네덜란드 국민들이 요구했던 것은 독립이 아니라 자치였습니다. 그러나 그것이 불가능하다는 것을 알게 되었을 때 독립을 위한 전쟁은 불가피했고 빌럼은 그들을 위한 지도자가 되었습니다.

자신의 충실한 신하였던 빌럼이 반란의 지도자가 되자 펠리페 2세는 빌럼을 살해하는 자를 위해 거액의 현상금을 내걸었습니다. 이 현상금을 노렸던 한 스페인 사람이 1582년에 빌럼을 저격하여 성공하지는 못했지만 목에 치명적인 상처를 입혔습니다. 그러나 빌럼은 두 번째 암살은 피해갈 수 없었습니다. 제라르Gerard라는 열렬한 프랑스 가톨릭 교도가 빌럼을 결국 암살하는 데 성공했기 때문입니다(1584년). 이 두 사건이 암시하듯이 빌럼의 별명이 침묵공이었습니다. 그만큼 그는 위태로운 삶을 살았기 때문에 주위 사람을 잘 신뢰하지 않았고, 자신의 생각을 공개적으로 이야기하지 않았던 것입니다.

빌럼은 죽었지만 그에게는 아주 유능한 두 아들이 있었습니다. 한 명은 마우리츠이고 다른 한 명은 프리드리히Friedrich였습니다. 그들은 네덜란드 연합 독립군을 주도했고 스페인과의 전투를 성공적으로 수행했습니다. 마우리츠는 1585에서 1625년까지 사십 년 가까이 총독stadhouder[12]으로 아버지를 이어 다스렸

---

[12] 슈타트하우더: 네덜란드 독립 전쟁의 역사를 이해하는 데 매우 중요한 용어입니다. "땅을 차지하고 있는 자"라는 의미인데, 신성로마 황제를 대신하여 네덜란드의 각 주를 통치하는 자를 뜻하며 중세 시대에 제정된 관직입니다. 어떤 경우에는 한 슈타트하우더가 여러 주를 맡기도 했는데 빌럼 가는 그중 가장 중요한 주들의 슈타트하우더가 되었고 그 때문에 독립군의 지도자가 될 수 있었습니다.

고, 막내였던 프리드리히도 1625년부터 1647년까지 네덜란드를 다스렸습니다. 이 프리드리히의 아들이 오라녜 2세였고 1647년부터 네덜란드를 이끌었습니다. 재미있는 것은 빌럼 2세는 영국 왕 찰스Charles 1세의 장녀와 결혼했다는 사실입니다. 이때부터 네덜란드와 영국은 친밀한 관계를 유지하기 시작했습니다. 두 나라는 모두 개신교 국가이기 때문에 거대한 로마 가톨릭 국가들에 맞서 서로 외교적으로 연합할 필요성이 있었습니다.

빌럼 2세는 아버지와는 달리 리더십에 뛰어나지 못했습니다. 그 결과 다른 공화파 지도자들과 대립관계를 유지했습니다. 하지만 총독에 임명된 지 삼 년 만에 천연두에 걸려 갑자기 사망했습니다(1650년). 그의 아들 빌럼 3세는 아버지가 죽은 지 얼마 되지 않아서 출생했습니다. 빌럼 2세와 대립했던 지도자들은 빌럼 2세의 자손들을 공직에서 몰아내려고 시도했으나 그런 역경에도 빌럼 3세는 최종적으로 아버지를 뒤이어 네덜란드를 이끄는 지도자가 되었습니다. 여기에는 그가 어려서부터 받은 교육의 힘이 컸습니다.

아버지 빌럼 2세가 찰스 1세의 딸 메리Mary와 결혼했다면, 아들 빌럼 3세는 찰스 1세의 둘째 아들이었던 제임스James 2세의 딸 메리Mary와 결혼했습니다. 아버지와 아들이 둘 다 메리라는 이름의 영국 여자와 결혼을 한 셈이지요. 결국 빌럼 3세는 이종사촌하고 결혼한 셈인데 이것 역시 당시 왕족들 사이의 보편적인 풍습이었습니다. 그러나 이 결혼이 영국 역사의 흐름을 결정짓는 역사적 사건이었습니다. 찰스 1세의 처형으로 시작된 영국 혁명은 1660년 왕정복고로 허무한 결말을 보게 되었습니다. 찰스 1세의 아들이었던 찰스 2세가 왕으로 복귀했고 그가 죽고 나서 그의 동생 제임스 2세가 왕위를 이었습니다. 이때가 1685년이었습니다. 제임스 2세가 왕위에 올랐을 때 그의 왕위는 확고한 것처럼 보였습니다. 그러나 그가 친 로마 가톨릭 정책을 노골적으로 취하면서 영국 국민의 민심은 점점 돌아서게 되었습니다. 그는 공개적으로 로마 가톨릭 신앙을 고백했고, 로마 가톨릭 신자를 아내로 맞이했습니다. 누가 보아도 영국을 로마 가톨릭 국가로 만들려는 것이 분명했습니다.

이와 같은 제임스 2세의 정책들을 영국 국민은 도저히 받아들일 수 없었습니다. 1534년 헨리Henry 8세가 로마 교회와 분리한 이후 영국 교회는 어떠한 외부의 간섭을 받지 않는 독립적인 교회가 되었기 때문입니다. 결국 의회를 중심으로 제임스에 반기를 들게 되었는데 이전과 같이 왕정을 폐지하는 혁명적 방법이 아니라 새로운 왕을 모시는 방법을 채택했습니다. 그 왕이 바로 제임스의 딸 메리였습니다. 메리는 빌럼 3세와 결혼하면서 개신교를 자신의 종교로 받아들였습니다. 영국 의회가 자신들의 결정을 시행하기 위해서는 네덜란드 군대의 도움도 필요했기 때문에 의회는 빌럼에게 왕위를 제안했고 빌럼 3세는 그 제안을 받아들였습니다. 국내에서 자신의 지지기반을 완전히 상실한 제임스는 네덜란드의 군대가 영국 땅에 상륙하자 대륙으로 피난할 수밖에 없었습니다. 결국 피 한 방울 흘리지 않고 왕이 바뀌게 되었습니다. 이것을 보통 명예혁명 혹은 영광스러운 혁명Glorious Revolution이라고 합니다. 이 명예혁명으로 영국 안에서 종교의 관용이 시행되었고 그동안 박해를 받은 청교도들이 예배의 자유를 획득할 수 있게 되었습니다.

빌럼 3세가 영국의 왕과 네덜란드의 총독이 되면서 개신교의 힘은 크게 확대되었습니다. 그는 당시 절대 군주로 떠오르고 있었던 프랑스의 루이Louis 14세와 대등한 관계를 가질 정도였습니다. 1700년에 스페인의 합스부르크 왕이었던 카를로스Carlos 2세가 죽으면서 루이 14세의 손자였던 앙주Anjou의 필리프Philippe에게 왕위를 양도하자 이제 스페인과 프랑스가 한 나라가 될 수 있는 상황이 벌어졌습니다. 이것은 유럽 세계에 거대한 제국이 탄생하는 것을 의미했고 영국과 독일로서는 도저히 받아들일 수 없는 일이었습니다. 그리하여 1701년부터 1714년까지 스페인 왕위 계승 전쟁이 벌어지게 되었고 이 전쟁에서 결국 영국이 승리하게 되었습니다. 이 전쟁의 결과 네덜란드에서 위트레흐트 조약이 체결되었고 이 조약으로 여러 강국들 사이에 힘의 균형이 이루어지게 되었습니다. 이 조약 이후에는 유럽에서 어떤 한 국가가 과도한 세력을 가지는 것이 매우 힘들게 되었습니다.

네덜란드 동인도 회사: 세계 최초의 주식회사

스페인의 지배로부터 독립을 얻게 된 17세기에 네덜란드는 그야말로 유럽에서 가장 부유한 나라가 되었습니다. 얼마 전까지 보잘것없었던 조그만 나라가 스페인은 물론이고 영국이나 프랑스와도 세계 곳곳에서 당당하게 맞서게 될 만큼 군사적으로도 강대한 나라가 되었습니다. 네덜란드가 이렇게 강성한 국가가 될 수 있도록 가능하게 한 것이 동인도 회사라고 불리는 막강한 경제기구였습니다.

세계사에 대한 책을 관심 있게 읽은 분들은 '동인도 회사'라는 말을 한번쯤 들어 보셨을 것입니다. 중세 말 유럽에 큰 영향을 미친 역사적 사건 중 '지리상의 발견'이라는 것이 있습니다. 사실 이 용어는 서구인들의 시각에서 만들어진 용어이기 때문에 오늘날에는 잘 사용되지 않습니다. 요즘에는 지리상의 발견을 가리켜 '유럽의 확장' 혹은 '대항해 시대'라는 용어를 사용합니다. 아메리카 대륙을 가장 처음 '발견'한 사람들은 유럽인들이 아니고 인디언이라고 불리는 원주민이었습니다. 유럽 사람들이 경제적으로 부유해지자 대상인들은 향신료를 비롯해 아시아에서 오는 귀하고 값비싼 물건들을 중간에 있는 아랍 상인을 거치지 않고 직접 수입하여 더 많은 이익을 확보하려고 했습니다. 육로를 통한 무역은 현실적으로 불가능했기에 그들은 해상을 통한 무역로를 개척하기 시작했습니다. 지구가 둥글기 때문에 대서양을 서쪽으로 돌게 되면 인도의 동쪽 지역에 이를 수 있을 것이므로 사람들은 동쪽이 아니라 서쪽으로 방향을 돌렸습니다. 그 결과 콜럼버스Christopher Columbus가 아메리카 대륙을 발견할 수 있었습니다. 그러나 콜럼버스는 자기가 도착한 땅이 인도의 동쪽 어디라고 생각했고 그렇기 때문에 이곳에 살던 원주민들도 인디언이라고 불렀습니다. '동인도 회사'라는 말도 인도의 동쪽 지역들을 가리키기 위해 생겨났습니다.

나중에 아메리카가 인도가 아니라는 것이 분명해지자 사람들은 남아프리카를 빙빙 돌아서 인도로 가는 해상 무역로를 개척하기 시작했습니다. 결국 이 개척이 성공했고 그 결과 유럽 상인들은 아랍인들의 중개 없이 직접 원주민들에게 향신료를 구입하여 막대한 이익을 챙겼습니다. 이것이 가능했던 이유는 상인들이 국왕의 윤허를 얻어서 철저하게 수입 물품에 대한 독점 판매를 보장받았기 때문입니다. 이 일에 처음으로 앞장 선 나라가 스페인과 포르투갈이었습니다. 영국은 그 뒤를 이었는데 후발 주자였기 때문에 처음에는 자신들이 직접 나서기보다 스페인과 포르투갈의 상선을 공격하여 물품을 탈취하는 일종의 해적질을 통해 힘을 키웠습니다. 그 이후로 유럽 국가들 간에 식민지 쟁탈을 위한 치열한 경쟁이 벌어지게 되었습니다. 이것은 물론 동남 아시아 국가들에게는 엄청난 수탈과 폭정을 의미했습니다.

네덜란드는 식민지 건설에 가장 늦게 참가한 후발 주자였습니다. 비록 늦게 이 사업에 뛰어들었지만 네덜란드는 얼마 지나지 않자 가장 선두에 위치하게 되었습니다. 동인도 회사가 바로 그 일을 가능하게 했습니다. 해상 무역은 일확천금을 상인에게 가져다주는 사업이었지만 문제는 비용이 너무 많이 들고 성공할 가능성이 상대적으로 적다는 것이었습니다. 당시는 아직 증기 기관이 발명되기 전이었기 때문에 배를 운항하기 위해 선원이 많이 필요했습니다. 수에즈 운하도 없었으므로 아프리카를 한 바퀴 도는 장거리 여행을 해야 했습니다. 많은 선원이 중간에 여러 질병으로 죽었고 중간에 해적이나 적국의 선박을 만나면 전투도 해야 했습니다.

 해상 무역을 하기 위해서는 엄청난 자금이 필요했으므로 처음에는 국가가 주도할 수밖에 없었습니다. 규모가 작은 네덜란드가 이 일을 수행하기에는 벅찬 일이었습니다. 그래서 그들이 고안해 낸 방법은 거대 상인들이 모여서 비용을 분담하는 방식이었습니다. 함께 투자를 한 뒤 무역이 성공하면 자신들이 출자한 금액에 비례해서 이익을 배당받는 것이었지요. 그런데 사업을 하다 보면 중간에 돈이 갑자기 필요한 경우도 있었기 때문에 출자한 증서는 다른 사람들에게 양도도 가능하게 했습니다. 더 나아가 출자금 모집을 일반 대중에게도 개방하기 시작했습니다. 이것이 오늘날 주식회사의 시작이라고 할 수 있습니다. 이것이 세계 최초의 주식회사가 네덜란드에서 생긴 배경입니다.

처음에 이 주식회사는 일회성에 지나지 않았습니다. 상인들이 중심이 되어서 자금을 모았고, 자금이 모이면 배와 선원을 준비하여 출항을 시켜서 무역을 하게 했습니다. 배가 귀항을 하면 상품을 팔고 남은 수익을 출자한 금액에 따라 나누어 주면 회사는 없어졌습니다. 이것이 아주 유망한 사업이라는 것이 판명나자 여러 회사가 난립을 하게 되었습니다. 경쟁은 심해졌고 수익은 떨어졌습니다. 이것을 막는 유일한 장치는 여러 회사를 하나로 모아서 독점 체제를 구축하는 길이었습니다. 이 일을 상인들 스스로 할 수는 없었기에 국가가 나서서 주도하게 되었는데 그 결과 생겨난 것이 거대한 동인도 회사였습니다. 일반 대중은 오직 이익 배당에만 관심을 두었기 때문에 동인도 회사를 실제적으로 주도한 사람들은 열일곱 명으로 구성된 위원회였습니다.

이 회사는 단지 장사만을 위한 무역업체는 아니었습니다. 앞에서 말씀드렸듯이 이들은 나가면 다른 나라와 전쟁도 해야 했습니다. 배 안에는 해군들과 무기도 비치되어 있었습니다. 식민지를 개척하기 위해서는 법령도 만들 수 있는 권한이 있어야 했고 상대방과 조약을 맺거나 취소할 수 있는 권한도 있어야 했습니다. 예를 들어 네덜란드 배가 영국의 배를 공격했다가 두 나라 사이에 큰 전쟁이 일어날 수도 있는 일이 아니겠습니까? 통신 시설이 발달하지 않은 시대에 이 모든 것을 본국의 허락을 받고 수행하는 것은 거의 불가능했습니다. 네덜란드 전국의회는 이 모든 권한을 동인도 회사에게 허락했습니다. 물론 동인도 회사는 국가에 큰 세금을 지불했습니다. 따라서 동인도 회사는 단순한 회사가 아니라 거의 국가 수준에 버금가는 역할을 하게 되었습니다.

동인도 회사가 설립될 수 있었던 것은 네덜란드가 당시 상업적으로 거대한 여유 자금이 있었고 동시에 배 만드는 우수한 기술과 해군력이 있었기 때문입니다. 이 회사는 대성공을 거두어서 17세기에 전 세계를 누리면서 세력을 키웠습니다. 특히 인도네시아의 특정한 섬에서만 재배되는 향신료를 독점으로 확보하면서 막대한 이익을 축적할 수 있었습니다. 네덜란드는 심지어 일본과도 교역을 하기 시작했는데 서방 국가들 중에서 유일하게 일본에서 무역을 허락받은 나라가 네덜란드였습니다. 당시 일본은 천주교의 확산에 두려움을 느끼면서 서방 국가에 문호를 닫고 있었는데 네덜란드는 선교에는 관심이 없고 무역에만 관심을 가졌기 때문에 일본이 네덜란드에 문호를 개방했습니다. 당시 일본에서 제1외국어는 영어가 아니라 화란어일 정도로 네덜란드와 일본은 가까운 관계를 유지했습니다.

동인도 회사가 얼마나 세계적인 회사였는지를 이야기하기 위해 우리나라 역사책에도 등장하는 박연(본명: 얀 야너스 벨테브레Jan Jansz Weltevree)과 하멜을 이야기하지 않을 수 없습니다. 박연은 우리나라 역사상 최초로 한반도에 소개된 서양인입니다. 그는 일본으로 항해 하던 중 땔감을 얻기 위해 제주도에 몰래 들렸다가 일행과 함께 붙잡혔습니다. 그때가 1627년이었습니다. 박연은 귀화하여 조선 여자와 결혼도 했고 무과시험에 합격하여 훈련도감에서 무기를 제조하는 역할을 했습니다. 나중에 하멜Hendrik Hamel 일행이 왔을 내 이들의 통역을 담당하기도 했습니다.

하멜은 동인도 회사의 선원이자 서기였는데 1653년 일본으로 가던 중 풍랑을 만나 좌초하여 일행들과 함께 제주도에 상륙했습니다. 이것이 조선이 서양인들과 최초로 접촉한 역사적 사건이었습니다. 하멜은 십사 년 동안 억류되어 있다가 일본으로 탈출했고 네덜란드로 귀국하고 나서는 그 유명한 『하멜 표류기』를 써서 서방 세계에 조선이라는 나라를 알렸습니다. 이 책을 계기로 네덜란드에서는 조선과도 교역을 하려고 시도했지만 이미 교역 관계를 가지고 있었던 일본의 반대로 무산되었습니다. 그렇지 않았더라면 조선은 더 일찍 네덜란드로부터 서양 문물을 받아들일 수도 있었을 것입니다.

일제 35년의 참혹한 식민지 생활을 생생하게 경험한 우리나라 사람들은 네덜란드를 비롯한 유럽 열강의 이런 침략의 역사에 대해 대단히 부정적인 생각을 가질 수밖에 없을 것입니다. 17세기의 이런 역사는 19세기에 더 사악한 형태로 발전되어서 세계 1, 2차 대전이라는 인류 최악의 전쟁으로 종말을 보게 됩니다. 사실, 일본이 우리나라에 행한 짓들은 일본이 열강들에게 당한 그대로 약자인 조선에게 저질렀다는 것을 역사는 보여 줍니다. 돈에 대한 탐욕은 수많은 약소민족에게 상처와 고통과 절망을 안겨다 주었습니다. 네덜란드도 다른 나라들과 크게 다르지 않았습니다. 하지만 이들에 대한 착취로 네덜란드 전체가 행복하게 된 것은 아니었습니다. 나라 자체는 부유하게 되었을지 모르지만 그 부가 일부에게 독점되었기 때문에 수많은 사람은 여전히 가난에 시달리는 삶을 살아야 했습니다. 오늘날 우리나라에 삼성과 같은 세계 거대 기업이 있어도 여전히 다수의 서민은 힘들게 사는 것과 마찬가지라고 할 수 있겠지요.

규모가 작은 네덜란드가 세계적 지배권을 오랫동안 행사하는 것은 점차 어렵게 되었습니다. 17세기 말이 되면 네덜란드가 차지하고 있던 기득권이 상당 부분 영국과 프랑스로 이양됩니다. 특히 프랑스 혁명 기간 중 네덜란드가 나폴레옹 Napoléon 의 통치를 받는 동안 영국은 해상권을 장악하면서 해가 지지 않는 나라로 변했습니다. 또한 무역 상품의 중심이 향신료에서 차로 바뀌면서 네덜란드가 점령하고 있던 기존의 식민지의 가치가 많이 떨어지게 되었습니다. 네덜란드가 잘못했다기보다는 주변 나라들이 너무 강성해졌기 때문에 18세기에 네덜란드의 경제력은 급격하게 하락하면서 네덜란드는 유럽의 중심 세력에서 밀려나게 되었습니다.

네덜란드의 식민 지배를 우리가 결코 미화할 수는 없지만 그럼에도 식민 지배를 통해 복음이 전파되었다는 사실을 기억할 필요는 있습니다. 네덜란드가 세계로 진출하면서 그들이 믿고 있는 개혁파 신앙도 같이 확산되었습니다. 그들이 처음 식민지를 건설한 곳은 남아프리카 공화국이었습니다. 이 남아프리카는 머나 먼 동인도 여행을 위한 중간 기착지 역할을 했습니다. 그런데 케이프타운을 중심으로 네덜란드 사람들이 이곳에 아예 정주하면서 살기 시작했습니다. 그들은 농사를 짓고 살았기 때문에 보어인이라고 불렸습니다. 보어는 네덜란드말로 농부라는 뜻입니다. 하지만 네덜란드의 국력이 약화되어 영국에 밀리면서 내륙으로 들어갔습니다. 그런데 내륙 지역에서 황금과 다이아몬드가 발견되면서 내륙도 다시 전쟁터가 되었습니다. 이것을 보어 전쟁(1880-1902년)이라고 하지요. 이 전쟁에서 네덜란드의 후손이었던 보어인들은 결사적으로 항전했지만 결국 패하고 말았습니다. 많은 사람이 포로가 되었는데 그중 이만 명이나 되는 사람들이 수용소에서 아사하는 끔찍한 일도 벌어졌습니다. 자신들이 약자들에게 행했던 그대로 더 강한 자에게 당한 것이지요. 하지만 영국은 자치권을 허락했고 그 결과 보어인들이 지배하는 남아프리카 공화국이 설립되었습니다. 이 자치권에는 흑인들은 포함되지 않았기 때문에 넬슨 만델라Nelson Mandela라는 위대한 지도자가 나오기까지 흑인들은 큰 차별과 불의 속에서 살아야 했습니다.

이와 같은 역사적 배경 때문에 남아프리카 공화국에는 네덜란드 개혁교회가 영국의 성공회와 더불어 오래전부터 뿌리 깊게 자리를 잡을 수 있게 되었습니다. 어떤 의미에서는 모국에 있는 개혁교회보다 더 보수적이고 철저한 신앙을 추구했다고 볼 수 있습니다. 오늘날 남아프리카 공화국에 있는 프레토리아 대학교Pretoria University, 스텔렌보쉬 대학교Stellenbosch University, 자유주립 대학교Free State University는 탁월한 신학 교육을 제공하고 있으며 여기서 교육받은 사람들이 남아프리카 개혁교회를 주도하고 있습니다. 우리나라의 여러 신학도들이 이곳 여러 대학에서 학위를 받아 귀국하여 조국 교회를 바로 세우는 데 큰 도움을 주고 있습니다.

인도네시아도 언급할 필요가 있습니다. 인도네시아는 원래 힌두교를 받아들였지만 이후에 이슬람교로 바뀌게 되었고 오늘날에는 인구수로 세계 최대 이슬람 국가가 되었습니다. 이 나라가 16세기에는 포르투갈의 지배를 받으면서 로마 가톨릭 선교가 본격적으로 시작되었고 네덜란드의 식민지가 되면서 화란 개혁교회가 조금씩 뿌리를 내리기 시작했습니다. 하지만 네덜란드는 선교보다는 경제에 더 많은 관심을 가졌기 때문에 인도네시아를 개혁파 신앙으로 개종하려는 의지는 거의 없었습니다. 네덜란드 자체가 종교적 관용을 추구한 나라였습니다. 인도네시아는 2차 세계대전 때는 일본의 식민지가 되었다가 독립이 되면서 이슬람 국가가 되었습니다. 하지만 적지 않은 기독교인들이 종종 무슬림들에게 박해를 당하면서도 신앙을 지키며 살아가고 있습니다. 오늘날 인도네시아는 복음주의 영향을 받은 여러 교단이 있지만 그 교회들이 개혁교회의 전통을 많이 가지고 있는 이유가 네덜란드의 지배를 받았기 때문입니다.

인도네시아를 비롯하여 동남 아시아 대부분의 나라가 서방 국가의 식민지를 경험했기 때문에 기독교에 대해 매우 적대적인 감정을 품고 있습니다. 쉽게 말해 우리나라 사람들이 일본 사람들이 믿고 있는 어떤 종교를 받아들이는 것이 얼마나 가능하겠습니까? 우리나라가 기독교에 대해 다른 나라들보다 그렇게 적대적이지 않은 이유 중 하나는 우리가 서방의 기독교 국가들이 아니라 비기독교 국가인 일본에 의한 식민지 통치를 받았기 때문입니다. 만약 네덜란드의 통치가 성경에 따른 공의의 정치였다면 오늘날 인도네시아는 세계 최대 개혁교회가 세워진 나라가 되었을지도 모릅니다. 네덜란드는 수백 년 동안 인도네시아를 통치했지만 복음을 그들에게 전하는 것에는 실패했습니다. 이 점에서 우리는 복음을 전하는 것도 중요하지만 복음에 따른 올바른 삶을 보여 주는 것이 선교에서 얼마나 중요한지를 보게 됩니다. 이와 같은 상황 속에서도 인도네시아에서 최근 개혁교회들이 조금씩 성장하고 있다는 것은 고무적인 일입니다.

마지막으로 미국 이야기를 하면서 이 단원을 정리하겠습니다. 동인도 회사가 성공하자 서인도 회사도 1621년에 설립되었습니다. 동인도 회사와 달리 서인도 회사는 아메리카 지역에 대한 관할권을 가지고 있으면서 식민지를 개척했습니다. 이 서인도 회사를 통해 네덜란드 사람들은 아메리카로 이주하기 시작했고 그 결과 아메리카에도 네덜란드 개혁교회가 형성되기 시작했습니다. 아메리카는 워낙 큰 지역이었기 때문에 유럽 여러 열강이 들어가서 서로 자신의 영역을 확장하고 있었습니다. 서인도 회사는 오늘날 뉴욕에 본거지를 두고 활동했는데 뉴욕New York의 원래 이름은 뉴 암스테르담이었습니다. 서인도 회사는 동인도 회사에 비해 역량이 현저하게 떨어졌기 때문에 영국에게 쉽게 항복하고 말았습니다. 그러나 영국의 통치 속에서 네덜란드인들은 자치권을 가질 수 있었고 자신들의 신앙에 따른 개혁교회를 설립할 수 있었습니다. 하지만 진정한 의미에서 개혁신앙에 따른 교회를 세우기 위해서는 영국 정부와 오랫동안 투쟁을 해야 했습니다. 미국의 개혁교회 신자들은 자신들의 교회를 이끌 지도자를 키우기 위해 뉴브런즈윅New Brunswick에 신학교를 설립했는데, 장로교 선교사로 최초로 한국 땅을 밟은 언더우드Horace Grant Underwood가 이 신학교에서 공부했습니다. 언더우드가 미국의 이 개혁신학교에서 얼마나 많은 영향을 받았는지는 모르지만 한국 장로교의 뿌리 중 네덜란드 개혁교회가 있다는 것을 기억하는 것은 한국 장로교회사를 이해하는 데 중요합니다.

17세기 동안 네덜란드는 비약적인 발전을 이루었고 축적된 자본과 기술 및 군사력으로 세계 곳곳에 자신의 식민지를 건설했습니다. 그에 따라 네덜란드 개혁교회도 곳곳에 세워졌습니다. 네덜란드는 여전히 개혁교회의 중심이었지만 더는 네덜란드 안에 있는 개혁교회만으로 개혁교회의 전체 역사를 서술하는 것은 불가능하게 되었습니다. 어떻게 보면 식민지에 있는 교회들이 본국에 있는 교회보다 국가의 간섭을 덜 받았기 때문에 개혁교회의 순수성을 더 잘 유지할 수 있었습니다. 비록 신앙고백과 신학에서는 본질적으로 같고, 더 나아가서 교회 회원들 안에 네덜란드의 피가 흐르고 있지만 수백 년이 지난 오늘날 각국의 개혁교회들은 자신이 처한 상황 속에서 여러 가지 방식으로 자신들만의 개혁주의 전통을 유지하고 발전시켜 오고 있습니다.

더 깊은 공부와 나눔을 위한 질문

1. 110-115쪽을 읽고, 네덜란드의 독립을 살펴보고, 말해 봅시다.

2. 116-122쪽을 읽고, 오라녜의 공 빌럼과 그의 후예들에 대해 알아보고, 말해 봅시다.

3. 123-128쪽을 읽고, 네덜란드 동인도 회사에 대해 알아보고 나눠 봅시다.

4. 129-130쪽을 읽고, 네덜란드가 세계로 진출하면서 그들이 믿고 있는 개혁파 신앙도 같이 확산되었습니다. 남아프리카 공화국과 그곳에 세워진 개혁교회에 대해 말해 봅시다.

5   131-132쪽을 보면, 네덜란드는 수백 년 동안 인도네시아를 통치했지만 복음을 그들에게 전하는 것에는 실패했음을 알 수 있습니다. 이를 통해 우리가 하고 있는 전도나 선교를 돌아보고 나눠 봅시다.

6   133-134쪽을 읽고, 아메리카에 세워진 네덜란드 개혁교회에 대해 말해 봅시다.

⟨5장 '네덜란드 역사' 이야기⟩를 읽으면서 하나님께서 깨닫게 해 주신 것과 베풀어 주신 은혜를 생각하며 감사합시다. 또 깨달아 배우고 확신한 일에 거할 수 있게 해 달라고 기도합시다.

6장
네덜란드 '개혁교회 역사' 이야기

네덜란드 개혁교회의 형성

스페인의 가혹한 박해 속에서 네덜란드에 있는 성도들은 흩어진 교회들로 존재할 수밖에 없었습니다. 각 지역 교회들은 숨어서 부정기적인 모임을 할 수밖에 없었고, 교회와 교회는 서로 연락이 잘 이루어지지 않았기 때문에 교회의 통일성을 제대로 유지하는 것은 매우 힘든 일이었습니다. 그들은 자신들을 "십자가 아래에 있는 교회"라고 불렀습니다. 박해를 피하기 위해 많은 사람이 신앙의 자유를 찾아서 사랑하는 고국을 떠나기도 했습니다. 그래서 네덜란드 밖에서 개혁교회의 신조에 따른 피난민 교회들이 많이 생기게 되었습니다. 그중 중요한 도시를 언급하자면 여러분이 잘 아는 영국의 수도 런던London, 독일의 프랑크푸르트Frankfurt, 그리고 잘 알려지지 않은 엠덴과 같은 도시입니다. 교회가 점점 증가하자 개혁교회의 지도자들은 제대로 된 교회 조직을 갖추어야 할 필요성을 절감했습니다.

하나 된 개혁교회를 이루기 위해 뜻있는 교회 지도자들과 성도들이 처음으로 베젤Wesel이라는 곳에서 모였습니다(1568년). 이 모임에 참석한 사람들은 교회의 공식 대표로 참석한 것은 아니었기 때문에 총회라기보다는 총회를 구성하기 위한 준비 모임의 성격이 짙었습니다. 이 모임에 참석한 사람들은 교회의 연합을 위해 하루 속히 네덜란드 교회 전체를 아우를 수 있는 합법적인 총회가 개최되어야 할 것에 동의했습니다. 이 모임에서 교회 조직의 원칙에 대한 몇 가지 중요한 합의가 있었지만, 이 합의는 교회적인 권위를 가진 것은 아니었고 공식 인준을 위한 잠정적 합의 사항이었습니다.

베젤 모임의 소망은 마침내 1571년 10월 4일 엠덴에서 이루어지게 되었습니다. 이 도시는 독일에 속한 지역으로 네덜란드 피난민 교회의 중심 역할을 하고 있었습니다. 이 모임에는 각 교회가 공식 파송한 대표들로 구성되었기 때문에 명실상부한 최초의 네덜란드 개혁교회의 총회라고 할 수 있으며, 비록 네덜란드 밖이라고 할지라도 네덜란드 개혁교회가 이때 처음으로 설립되었다고 할 수 있습니다. 비록 여기에 참석한 사람들이 겨우 스물아홉 명에 지나지 않았기 때문에 과연 국가 총회National Synod라고 할 수 있겠는가라는 의문도 생기지만 이 엠덴 총회는 이후에 모든 네덜란드 개혁교회가 이 총회의 정통성을 인정하고 있다는 점에서 네덜란드 개혁교회의 최초의 총회라고 할 수 있습니다.

이 엠덴 총회는 공식적으로 벨직 신앙고백서를 네덜란드 개혁교회의 신조로 채택했습니다. 그리고 화란어를 사용하는 신자들을 위해서는 하이델베르크 교리문답을, 불어를 사용하는 신자들을 위해서는 칼빈이 작성했던 제네바 교리문답을 사용하도록 결정했습니다. 신조와 교리문답을 확정한 이후 엠덴 총회는 교회 조직에 대한 원칙들을 제정했습니다. 이것은 총 53개의 항목으로 구성되어 있는데 이것들을 여기서 일일이 다 살필 수는 없을 것입니다. 하지만 적어도 첫 항목에 대해서는 한번 숙지할 필요가 있으리라 생각합니다.

> 어떤 교회(즉 개체 교회)도 다른 교회 위에, 어떤 말씀의 봉사자도, 어떤 장로나 집사도 다른 직분자들 위에 지배권을 행사해서는 안 된다. 지배하려는 모든 불신과 미혹 대신에 동등함이 주어진다.

이 첫 항목은 교회 조직에서 네덜란드 개혁교회가 지향하는 바가 무엇인지 분명하게 제시합니다. 그것은 바로 직분 간의 평등성입니다. 이것은 정확하게 로마 가톨릭 교회의 계서적 직분관을 정면으로 거부하는 것입니다. 더 나아가 엠덴 총회는 당회와 노회, 총회를 조직했는데 이것 역시 교회는 로마 교회처럼 한 사람이 아니라 회會로 말미암아 다스려져야 함을 분명히 했습니다. 이와 같은 교회 정치는 엠덴 총회의 참석자들이 독창적으로 만든 것은 아니고 제네바와 프랑스 개혁교회의 교회 정치를 참고하여 작성한 것입니다. 어쨌든 엠덴에서 작성된 교회법은 오늘날까지도 네덜란드 개혁교회의 교회법의 근간을 이룹니다.

여기서 우리는 개혁교회의 직분관의 원리를 한번 살펴볼 필요가 있습니다. 첫 항목에 나타난 중요한 원리는 직분의 구별과 직분 간의 동등성입니다. 개혁교회는 직분 간의 구별을 대단히 중요하게 생각합니다. 따라서 목사가 할 일, 장로가 할 일, 집사가 할 일이 명확하게 구분됩니다. 목사의 고유한 일은 말씀을 선포하는 일이고, 장로의 고유한 일은 교회를 다스리는 것이고, 집사가 하는 일은 가난한 자를 돕는 것입니다. 목사가 할 일을 장로가 하거나 집사가 할 일에 장로가 간여하지 않습니다. 여기에 대한 구체적인 예를 들어 보겠습니다. 개혁교회에서는 목사만이 설교할 수 있습니다. 목사가 없는 경우에는 주로 은퇴 목사나 신학 교수를 초청하여 설교를 하게 하지만 이것도 불가능하면 장로들이 설교하는 것이 아니라 이런 상황을 위해 노회의 목사들이 이미 작성한 여러 설교문 중 하나를 선택하여 장로들이 설교 시간에 그대로 읽습니다. 구제에 관한 일도 마찬가지입니다. 구제는 전적으로 집사회가 책임을 집니다. 목사와 장로들이 심방을 통해 구제할 사람을 알게 되면 집사회에 그 사실을 알려만 줄 뿐입니다. 그다음에는 집사회가 모든 책임을 지고 수행합니다.

개혁교회에서 모든 직분자는 그리스도의 직접적인 종이기 때문에 이들은 협력하여서 그리스도께 순종해야 합니다. 아마 우리나라의 경우 대부분의 성도가 장로가 집사보다 높고, 목사가 장로보다 높다는 생각을 가지고 있을 것입니다. 실제로 숫자도 집사가 가장 많고, 그다음에 장로가 많고, 한 명의 담임 목사와 소수의 부목사가 있을 뿐입니다. 이와 같은 상황 속에서 성도들은 피라미드형의 직분관을 가지지 않을 수 없습니다. 이와 대조적으로 개혁교회는 장로와 집사의 수가 같거나 오히려 집사들이 더 적은 경우가 많습니다. 집사가 할 일이 생각보다 많지 않은 반면, 장로가 할 일은 심방을 비롯해서 성도들을 섬겨야 할 일이 대단히 많기 때문이지요.

엠덴 총회의 결정에 따라 네덜란드 안에서도 곳곳에서 노회들이 구성되기 시작했습니다. 마침 독립 전쟁의 상황도 개혁교회에 유리하게 전개되었습니다. 엠덴 총회 이후 7년이 되는 1578년에 도르트에서 총회가 개최되었습니다. (이 총회는 아르미니우스주의에 대한 논쟁으로 유명한 도르트 총회와는 구분됩니다.) 제2회 총회이지만 도르트 총회는 네덜란드 지역 내에서는 처음으로 개최된 총회로서 의미가 있습니다. 이 총회에는 엠덴 총회에서 결정된 중요한 사항이 재확인되었는데, 특이한 사항은 각 회會 사이의 관계가 분명하게 규정되었다는 것입니다. 개 교회의 당회와 노회의 관계는 소小회와 대大회로 호칭되었는데 이것은 장로교회에서 이해하듯이 상上회와 하下회의 구분은 아니었습니다. 각 회는 각자가 최고 권위를 지니고 있고 각 회 스스로 해결하지 못하는 것이나 각 회들이 서로 공동의 관심사가 있는 의제들만 더 큰 대회에서 다루어지도록 규정했습니다. 큰 회가 작은 회의 자유나 권리에 간섭하는 것은 엄격하게 금지되었습니다. 이와 같이 교회 정치에서 각 회의 동등성은 직분의 동등성과 더불어 네덜란드 개혁교회의 아주 중요한 특징이 되었습니다. 물론 이와 같은 교회 정치는 교회 지도자들이 상당한 신학적 안목과 탁월한 인격과 경건을 갖추어야만 실제적으로 잘 운영될 수 있습니다.

후속 종교개혁 Nadere Reformatie, Further Reformation, 17세기

16세기 중반에 네덜란드 독립 운동과 연결되었던 종교개혁은 17세기에 들어오면서 후속 종교개혁이라고 불리는 또 하나의 개혁운동으로 현저하게 발전되었습니다. 이 운동은 '나데러 레포르마시'Nadere Reformatie라고 부르는데 '나데러'는 '가깝다'는 의미가 있습니다. 16세기 종교개혁에 가장 가까운 종교개혁이라는 뜻으로 이해하면 되겠습니다. 이 단어를 번역하기가 쉽지는 않은데 '후속 종교개혁'이라는 말이 가장 원래의 의미를 반영하지 않나 생각합니다.

후속 종교개혁은 16세기 종교개혁에 기반을 둔 17세기의 교회 개혁 운동입니다. 어떤 사람들은 종교개혁과 후속 종교개혁을 서로 대립적인 것으로 이해하고 있는데 적어도 후속 종교개혁을 주도했던 사람들은 그렇게 생각하지 않았습니다. 오히려 그들은 종교개혁의 전통과 열매를 그대로 받아들이면서 그것을 더욱 발전시키고자 했습니다. 이 말은 17세기 교회 지도자들이 종교개혁을 더는 개혁이 필요 없을 정도로 완벽한 개혁으로 보지 않았음을 의미합니다. 누가 보더라도 루터와 칼빈이 주도했던 16세기는 위대한 종교개혁의 시기였습니다. 하지만 이제 빛나는 별과 같은 인물들은 다 하나님의 품에 안기게 되었고 교회 개혁의 운동은 후배들이 이어 가야 했습니다.

이런 후속 종교개혁의 운동은 거의 비슷한 시기에 여러 나라에서 일어났습니다. 독일에서는 경건주의 운동이 일어나서 독일 교회를 한번 더 새롭게 했고, 영국에서는 영국 교회를 정화시키려는 청교도 운동이 일어났습니다. 네덜란드의 후속 종교개혁, 독일의 경건주의, 영국의 청교도 운동의 지도자들은 이미 정립되었던 종교개혁의 정신을 신자들의 삶 속에 구체적으로 적용하는 것에 관심을 가졌습니다. 물론 이들 사이에 차이점도 있었습니다. 독일의 경건주의 운동과 네덜란드의 후속 종교개혁이 현상적으로 비슷해 보였지만 완전히 동일한 운동은 아니었습니다. 독일 경건주의는 일반적으로 개인적이고 내면적인 경건을 추구했다면 후속 종교개혁은 그것에 기초하여 네덜란드 사회 전체를 개혁하기를 소망했습니다. 또한 스콜라 정통주의를 멀리한 경건주의와는 달리 후속 종교개혁가들은 일반적으로 스콜라 정통주의에 충실하여 경건에서 이성의 중요성을 도외시하지 않았습니다.

종교개혁 이후의 시기에는 이전과 같이 교리적인 논쟁이 치열하지 않았습니다. 개혁교회는 로마 가톨릭 교회의 오류에서 개혁된 교회였습니다. 여기서 개혁되었다는 말은 기본적으로 교리적 개혁을 의미합니다. 그러나 교리적 개혁만으로는 부족했습니다. 그 교리가 성도들의 삶 속에 구체적으로 실천되지 않는다면 무슨 유익이 있겠습니까? 이와 같은 상황 속에서 '개혁된 교회는 항상 개혁되어야 한다'Ecclesia reformata semper reformanda est라는 유명한 구호가 나오게 되었습니다. 이 구호를 잘못 해석하는 사람들은 오늘날에도 잘못된 교리를 찾아서 개혁하는 것이 종교개혁의 정신이라고 생각하기도 하는데, 이 구호를 전혀 잘못 이해한 것입니다. 네덜란드 개혁교회는 로마 가톨릭 교회의 거짓된 교리에서 이미 개혁된 교회입니다. 따라서 교리적으로 이제 개혁할 것은 없습니다. 그러나 성도들의 삶과 체제는 아직 개혁된 교리와 동떨어져 있습니다. 그렇다면 성도들이 개혁할 대상은 교리가 아니고 자신들의 삶이었습니다. 그렇기 때문에 후속 종교개혁가들은 무엇보다도 신자들의 순결한 삶을 강조했습니다.

이 운동을 처음 주도한 사람은 빌럼 테일링크Willem Teelinck 목사였는데 나중에 히스베르튀스 푸티위스Gisbertus Voetius라는 위대한 신학자가 크게 발전시켰습니다. 또한 영국에서 박해를 피해 네덜란드로 피난을 왔던 위대한 청교도 신학자 윌리엄 에임스William Ames도 네덜란드의 후속 종교개혁에 큰 영향을 주었습니다. 대표적 예로 에임스는 개혁주의 신학교에서 오랫동안 교의학 교과서로 쓰였던 『신학의 정수』(크리스챤다이제스트)라는 책에서 신학을 '하나님을 향한 삶의 교리'라고 정의했습니다. 신학을 삶으로 보는 신학에 대한 이 정의는 그 이후의 많은 사람에게 큰 영향을 미쳤습니다. 이전에는 신학을 주로 지성적 작업으로 이해했다면 이제는 지성뿐만이 아니라 마음의 작업도 포함하는 것으로 이해하게 된 것입니다.[13]

이들이 이렇게 신앙의 실천적인 면을 이전보다 더 강조한 것은 이유가 있었습니다. 당시 유럽 모든 나라는 정교일치의 정책을 취하고 있었습니다. 쉽게 말하면 시민과 교인의 구별이 없었습니다. 종교는 하나의 문화생활에 가까웠습니다. 종교의 자유는 존재하지 않았고 모든 시민은 자신의 의지와 상관없이 국가가 정한 교회에 출석해야 했습니다. 적어도 국가가 인정한 종교

---

13) 참고로 중세 최고 신학자였던 토마스 아퀴나스는 『신학대전』에서 신학은 근본적으로 실천적이 아니라 사유적이라고 생각했습니다.

를 가져야 고위 공직자가 되거나 부자가 될 수 있었습니다. 따라서 많은 사람이 비신앙적인 이유로 교회의 회원이 되었습니다. 더 나아가서 유아세례는 수많은 명목상의 신자를 양산했습니다. 부모가 신자면 그 부모에게서 태어나는 아이도 자동적으로 그 교회의 신자가 되었습니다. 따라서 교회는 참된 혹은 거듭난 신자와 그렇지 않은 신자로 뒤섞이게 되었습니다.

네덜란드도 이와 비슷한 경험을 하게 되었습니다. 네덜란드가 스페인과 독립 전쟁을 하면서 칼빈주의를 받아들였지만 독립 운동 초기에 칼빈주의자들은 소수에 불과했습니다. 전 인구의 겨우 십 퍼센트 정도를 유지하고 있었습니다. 이때만 하더라도 개혁교회는 진실된 신자들로 구성되어 있었습니다. 개혁교회의 신자가 된다는 것은 순교를 각오한다는 것을 의미했기 때문입니다. 시간이 지나고 스페인에서 영구적인 독립이 확실하게 되자 그동안 주저하고 있었던 많은 사람이 개혁교회의 회원이 되었습니다. 물론 이들이 개혁교회의 가르침이나 교리에 철저하게 헌신된 자들은 아니었습니다.

이와 같은 상황에서 교회는 세상과 거의 구별하기가 힘들게 되었고 교회의 거룩성을 찾는 것은 거의 불가능하게 되었습니다. 누가 보아도 교인이라고 보기에는 악한 사람들이 교회 안에서 활개를 치게 되었습니다. 그들이 부유하거나 높은 직위에 있으면 제어하는 것이 거의 불가능했습니다. 이 문제를 해결하는 방법은 여러 가지가 있었습니다. 예를 들어 재세례파는 아예 유아세례를 인정하지 않고 오직 참된 신앙을 고백하는 사람들만으로 교회를 구성했습니다. 하지만 개혁교회는 유아들도 교회의 회원으로 간주했기 때문에 유아세례는 매우 중요한 성례로 간주되었습니다. 따라서 후속 종교개혁가들이 선택한 방법은 회심하지 않은 자들에게 강력한 복음을 전하여 그들을 중생하게 하는 것이었습니다. 따라서 후속 종교개혁가들은 이전보다 더 열정적으로 복음을 전하여 성경의 교리가 회심하지 않은 자들의 마음속에 적용되게끔 노력했습니다.

더 쉽게 말해 이전의 선배 종교개혁가들이 교회를 순수한 교리를 통해 개혁하기를 원했다면 후속 종교개혁가들은 개혁된 교회 안에 있는 성도들을 변화시키기를 원했습니다. 어떻게 보면 교리를 개혁하는 것보다 사람을 변화시키는 것이 더욱 힘든 일이었을 것입니다. 이를 위해 후속 종교개혁가들은 구체적으로 여러 방면으로 노력했습니다. 먼저 실천적 지식을 강조했습니다. 많은 설교가 신자들의 회심에 초점을 맞추었습니다. 종교개혁가들이 오직 믿음으로 말미암은 칭의를 강조했다면 이들은 이신칭의의 가르침을 그대로 유지하면서 행함으로 증명되는 믿음을 강조했습니다.

이들이 성도들을 변화시키는 또 하나의 방법은 가정에 대한 강조였습니다. 이들은 가정이 작은 교회가 되기를 원했습니다.

가정이야말로 경건한 자녀들을 훈련시키는 가장 중요한 현장이었기 때문에 후속 종교개혁가들은 가정에서 자녀 교육을 매우 강조했습니다. 혼인, 자녀, 가정예배에 관한 엄청난 양의 탁월한 저술들이 이 시기에 쏟아져 나왔습니다. 이 시대에 생겨났던 여러 관습은 오늘날에도 개혁교회 성도들에게 많은 영향을 주고 있습니다. 대표적인 예로 오늘날 네덜란드 개혁교회 교인들은 자녀들과 식사를 끝낸 뒤에 아버지가 성경을 읽고 기도하는 시간을 갖습니다.

개인 경건생활에 대한 강조도 후속 종교개혁의 중요한 특징이었습니다. 우리나라 식으로 표현하자면 큐티와 유사합니다. 선배 종교개혁가들이 주로 설교, 주석, 신학 논문에 관심을 두었다면, 후속 종교개혁가들은 개인 기도, 묵상, 자기반성을 돕기 위한 여러 지침서나 소책자를 많이 출판했습니다. 이런 서적들을 통해 많은 신자가 경건에 큰 도전을 받게 되었고 실제로 많은 이가 변화받았습니다. 그 결과 수준 높은 개인 경건생활은 네덜란드 개혁교회의 중요한 특징이 되었습니다. 이 점에서 우리나라 교인들과 한번 비교해 볼 필요가 있습니다. 우리나라 신자들의 경건생활은 주로 교회에서 이루어지지만, 네덜란드 개혁교회의 신자들은 가정 중심의 경건생활을 추구합니다.

개혁파 경건주의

후속 종교개혁은 독일 내에 개혁파 경건주의가 잉태하는 것에 큰 공헌을 했습니다. 보통 경건주의라고 하면 독일의 루터파 경건주의만을 생각하는 경우가 많은데 네덜란드에서도 독자적인 경건주의가 발생했다는 것을 기억할 필요가 있습니다.[14] 루터파 경건주의는 야콥 슈페너Philipp Jakob Spener라는 사람이 1670년경에 창시했고, 헤르만 프랑케August Hermann Francke와 친첸도르프Nikolaus Ludwig, Graf von Zinzendorf를 통해 발전되었습니다. 특히 할레 대학교Halle University는 경건주의 운동을 유럽 전 지역에 확산시키는 선교 센터 역할을 했습니다.

여기서 경건주의를 모두 다룰 수는 없을 것입니다. 몇 가지 중요한 특징만 살펴보려고 합니다. 이들은 교리를 적용하는 것에 관심이 많았습니다. 따라서 일반적으로 교리에 대해 적대적이거나 무관심한 부흥 운동과 경건주의는 구별되어야 합니다. 경건주의자들의 주관심은 도덕적으로 나태하고 방종에 이르는 성도들의 삶을 변화시키는 것이었습니다. 이전에 전통적인 목회자들과 신학자들은 주로 설교나 성례를 통해 그 일을 하려고 했습니

---

14) 개혁파 경건주의에 대해서는 다음 책을 많이 참고했습니다. 주도홍, 『개혁교회 경건주의』 (서울: 도서출판 대서, 2011).

다. 하지만 경건주의자들은 그와 같은 설교만으로 성도들의 삶이 변할 수 없다고 보았습니다.

경건한 삶을 실제로 실천하기 위해 경건주의자들이 고안한 방식은 소그룹 모임이었습니다. 경건주의자들은 예배를 마치고 따로 소그룹으로 모여서 경건 서적을 읽고 토론하면서 서로 권면하여 경건한 삶을 유지하려고 했습니다. 그래서 경건주의자들은 소위 '교회 속의 작은 교회'Ecclesiola in Ecclesia를 지향했습니다. 이 용어에서 알 수 있듯이 그들은 자신들의 모임을 교회 안에 두기를 원했습니다. 그들은 적어도 루터파 교리에 충실하려고 노력했기 때문에 루터파 교회와 구분된 다른 교회를 설립하려고 하지 않았습니다. 비록 그들의 모임은 교회는 아니었지만 그렇다고 해서 오늘날 구역 모임 정도는 아니었습니다. 그들은 자신들의 모임을 기반으로 하여 교회 전체를 개혁하려고 했습니다. 하지만 당시 당국의 허가를 받지 않고 이런 모임을 지속적으로 운영하는 것은 그렇게 쉬운 일이 아니었습니다. 그럼에도 이런 모임에 사람들이 많이 몰려든 것은 당시 상당수의 교회가 참된 경건에서 멀어졌기 때문입니다.

어쨌든 이 경건주의 운동이야말로 오늘날로 치면 제자훈련의 효시라고 할 수 있겠습니다. 그때와 달리 오늘날에는 교회마다 소그룹 모임이 없는 곳이 없으며, 담임 목사가 직접 혹은 감독 하에 소그룹 모임이 운영된다는 것이 그때와 다른 점입니다. 이렇게 경건주의 운동이 활발하게 진행되면서 성직자 중심적이었던 교회가 성직자와 평신도가 함께 동역하는 교회로 점차 변하게 되었습니다. 경건주의자들은 특히 고아원이나 기독교 학교를 많이 설립해서 더 좋은 사회를 만들려고 노력했습니다. 성서공회와 같은 기독교 기관들이 생기기 시작한 것도 경건주의의 영향 때문이었습니다. 무엇보다 경건주의 운동을 통해 진정한 의미에서 세계 선교가 활발하게 이루어졌습니다.

흥미로운 것은 개혁파 경건주의가 루터파 경건주의보다 조금 더 앞서 시작되었다는 사실입니다. 이 운동을 시작한 사람은 테오도어 운데어아익Theodor Undereyck이라는 목사였습니다. 운데어아익은 독일의 뒤스부르크Duisburg 근처에서 태어나서 네덜란드에서 신학을 공부했습니다. 당시 후속 종교개혁을 주도했던 당대 최고 신학자인 푸티위스와 코케이위스에게 신학 수업을 받으면서 그들에게 큰 영향을 받았습니다. 신학을 마치고 뮐하임Mülheim이라는 곳에서 경건주의적 목회를 했고 나중에는 브레멘Bremen이라는 곳에서 경건주의 운동을 추진했습니다. 루터파가 지배적인 독일에서 개혁파 교회를 추구하는 것은 굉장히 힘든 일이었지만 운데어아익 목사는 지속적으로 그 일을 추진했습니다.

경건 모임을 주관하는 것은 당시 기준에서 볼 때 매우 이상한 것으로 간주되었습니다. 예배 이외에 특별한 모임이 필요하다는 주장에 일반 목사들은 매우 부정적이었습니다. 경건 모임에 참석하지 않으면 신앙이 낮은 것으로 비칠 수 있다는 생각에 평신도들 중에도 경건주의 운동을 부담스러워하는 사람들이 있었습니다. 더 나아가 이 모임에는 다른 교회 신자들도 참석할 수 있었는데 어떤 교인이 다른 교회의 담임 목사의 가르침을 받는 것도 당시에는 전혀 이해가 될 수 없었습니다. 브레멘에서 특이한 점은 운데어아익 목사의 부인 마가레타도 경건 모임을 주관했다는 것입니다. 오늘날에야 목사의 부인이 여성들의 모임을 인도하는 것이 아주 자연스러운 일이지만 당시에는 굉장히 생소한 것이었고 사람들이 용납하기 어려운 일이었습니다.

결국 경건 모임은 시의회에서 안건으로 다루어졌고 최종적으로 경건 모임은 허락되었습니다. 특히 마가레타가 인도하는 경건 모임이 공식적으로 인정되었다는 것은 교회사적으로도 매우 중요한 의미가 있는 사건이라고 할 수 있습니다. 운데어아익은 경건주의 운동을 더 발전시키기 위해 학교를 세우기로 결심하고 추진했습니다. 거대한 후원금도 모금되었지만 브레멘 시의회가 지나친 간섭을 하면서 그 꿈을 이루지는 못했습니다. 더 안타까운 것은 원인을 알 수 없는 고열로 갑자기 쓰러지면서 1693년 정월 초하루에 생애를 마감했다는 것입니다. 그러나 그가 저술한 『할렐루야』Hallelujah와 『그리스도의 신부』Christi Braut unter den Töchtern zu Laodicaea는 많은 사람에게 애독되면서 그가 죽은 이후에도 그의 개혁파 경건주의는 독일 교회 전체에 지울 수 없는 영향을 남겼습니다.

계몽주의

네덜란드가 스페인의 영향을 벗어나 17세기에 큰 번영을 이룩하면서 교회도 많은 변화를 겪게 되었습니다. 이 시기는 앞에서 언급했듯이 후속 종교개혁을 통해 개혁주의 신학이 집대성되는 시기이기도 했지만 동시에 교회가 계몽주의의 영향으로 합리주의의 거대한 물결에 휩쓸린 시기이기도 합니다. 후속 종교개혁이나 개신교 정통주의도 이런 합리주의에서부터 교회를 지키기 위해 생겨난 운동이라고 할 수 있습니다. 결론적으로 말하면 이 계몽주의의 영향으로 교회는 전반적으로 큰 쇠락을 길을 걷게 되었고 이 영향은 오늘날에도 남아 있습니다.

계몽주의를 한마디로 정의하는 것은 쉽지 않겠지만 가장 기본적인 사실을 중심으로 설명해 보겠습니다. 계몽주의는 독일어로 아우프클레룽Aufklarung이라고 하는데 '밝게 하다' 혹은 '빛을 비추다'는 뜻입니다. 이전 시대는 어둠의 시대였지만 이제는 인간의 이성을 통해 밝은 세계가 되었다는 의미를 담고 있습니다. 그렇다면 이전 시대는 어떤 시대였을까요? 그 시대는 권위의 시대였습니다. 이 시대에는 누가 말했는가가 중요합니다. 만약 하나님

혹은 성경이 어떤 말을 했다고 하면 그 말은 절대 진리로 간주되었습니다. 하지만 계몽주의 시대는 인간의 이성이 최고 권위를 갖게 되었습니다. 누가 말했는가가 중요한 것이 아니라 그 말이 이성적으로 맞느냐 그렇지 않느냐가 중요하게 되었습니다.

네덜란드는 이런 계몽주의가 발전할 수 있는 토양을 잘 갖추고 있었습니다. 기본적으로 관용 정신이 발달해 있었기 때문에 새로운 사상들이 쉽게 들어올 수 있었습니다. 사실 이 이유 때문에 종교개혁 시기에 개혁파 신앙이 자리를 잡을 수 있었던 것이지요. 그러나 이 관용 정신은 또한 얼마든지 이단 사상에게도 자리를 내줄 수 있었습니다. 데카르트와 같은 철학자가 자신의 사상을 마음껏 전파할 수 있었던 곳이 네덜란드였습니다. "나는 생각한다. 고로 존재한다"라는 유명한 명제를 여러분은 한번쯤은 들어 보았을 것입니다. 이 말은 모든 판단이 의심할 수 없는 자명한 진리에서 출발해야 한다는 의미를 담고 있습니다.

합리주의자들은 자명하다고 간주되었던 모든 진리에 대해 이성의 이름으로 도전을 했습니다. 대표적인 예로 그들은 하나님의 존재도 이성으로 검증을 받아야 한다고 생각했습니다. 성경도 하나님의 말씀이라는 것을 검증하기 위해 그 안에 기록된 사실들을 하나씩 다른 역사적 문헌들과 비교해야 한다고 생각했습니다. 그리고 성경 안에 있는 사실들도 서로 비교해 보아서 이성적으로 맞지 않으면 거부해야 한다는 생각이 점차 보편적으로 사람들의 사고 속에 자리를 잡았습니다. 심지어 스피노자와 같은 철학자들은 성경의 메시지는 인간의 이성과 다를 바가 전혀 없다고 주장했습니다. 이전에는 이성을 사용하여 성경 속에서 진리를 찾으려고 했다면 이제는 성경의 내용을 이성의 잣대로 판가름하기 시작한 것입니다.

계몽주의가 전 유럽을 휩쓸자 교회는 큰 타격을 입었습니다. 사람들은 이제 계시나 종교와 같은 초월적인 것에 관심을 두지 않았습니다. 성경에 나오는 기적을 더는 무오한 계시로 받아들이지 않고, 신앙생활은 하나의 문화가 되어 버리고 말았습니다. 네덜란드 개혁교회의 목사가 되기 위해 세 개의 신조에 서약을 하는 것도 지극히 형식적인 절차가 되어 버렸습니다. 설교에 확신이 결여 되었으니 교회에 정기적으로 출석하는 인원들이 크게 줄었습니다. 무신론자들이 급격하게 늘었을 뿐 아니라 그들이 대학의 교수나 사회 지도자의 위치에 서는 것도 크게 문제가 되지 않았습니다. 도르트 총회가 열린 17세기 초만 하더라도 종교적인 논쟁은 국민 전체의 관심이었지만 이제는 그런 중요한 신학적 논쟁 자체가 없었을 뿐 아니라 사람들이 그런 논쟁 자체에 별 관심을 두지 않았습니다. 종교적인 문제를 각자 개인이 이성에 따라서 결정할 사적인 문제로 간주했습니다. 교회 역시 점차 공공의 영역에서 물러나서 종교적인 일에 자신의 사명을 한정했습니다. 이로 말미암아 사회 전체가 급격하게 세속화되었습니다.

18세기에 네덜란드 개혁교회는 점차 활력을 잃고 침체기에 들어갔습니다. 영국이나 미국에서는 웨슬리 형제나 휫필드George Whitefield에 의한 감리교 운동, 그리고 조나단 에드워즈Jonathan Edwards를 중심으로 한 대각성 운동을 통해 교회가 재도약을 할 수 있는 발판을 마련했으나 네덜란드에서는 그런 움직임이 거의 없었습니다. 17세기에 도르트 총회를 주관하여 유럽의 다른 개혁교회들에게 큰 영향력을 행사했던 이전의 원동력은 이제 찾을 수 없게 되었습니다. 계몽주의 영향을 받은 목사들은 설교 시간에 도덕적인 교훈을 잘 가르쳐서 더 교양 있고 착한 삶을 살게 만드는 것을 설교의 주목적으로 삼았습니다. 더 나아가서 교회가 국가에 너무 많은 것을 의존하고 있었고 국가도 교회를 적당한 선에서 통제하려고 했기 때문에 강단에서 능력 있는 하나님의 말씀이 선포되는 것이 쉽지 않았습니다. 무엇보다 대학에서 개혁주의 신학과 전통이 가르쳐지지 않았고 그것을 제대로 가르치는 교수도 없었기 때문에 개혁주의 전통에 걸맞은 목사들이 배출될 수가 없었습니다. 결국 18세기 동안 네덜란드 개혁교회는 이름뿐인 개혁주의 교회로 점차 변모해 갔습니다.

18세기 말 유럽은 또한 혁명의 시기였습니다. '그 혁명'이라고 불리는 프랑스 대혁명이 일어난 해가 1789년이었습니다. 미국이 영국에 대항하여 독립 전쟁을 수행한 시기도 이 시기였습니다. 이 두 혁명으로 천 년이나 넘게 유지되어 왔던 왕정체제가 무너지고 말았습니다. 그 전에도 왕에 대한 반란은 매우 많았으나 그 반란은 또 다른 왕에 의한 교체를 의미했을 뿐입니다. 아무도 왕에 의한 통치 자체를 반대하지는 않았습니다. 당시 대부분의 사람은 왕정이야말로 가장 안전한 통치체제라고 믿었습니다. 물론 이런 생각에 근본적인 도전을 시도한 사람들은 계몽주의의 영향을 받은 철학가나 정치가들이었습니다. 왕권신수설에 의문을 제기하면서 이들은 사회계약설에 기초하여 모든 권력은 인민에게서 나온다고 주장했습니다. 네덜란드는 스페인에게서 독립한 이후 공화국을 이루었으나 오라녜 가문은 사실상 왕의 역할을 했고 법적으로는 합스부르크 왕가의 총독이었습니다.

혁명을 성공시킨 프랑스 혁명가들은 이성에 따른 통치를 주위 나라에도 강압적으로 전파하려고 했습니다. 가장 가까이에 있으면서 작은 국가였던 네덜란드를 프랑스 군이 쉽게 점령했습니다(1795년). 혁명군들은 이성에 맞지 않는 7일 단위의 일주일 제도를 폐지하고 10일을 한 주로 바꾸고 제10일에 예배를 드리도록 했습니다. 설교 강단은 자유, 평등, 박애라는 혁명정신을 전파하는 도구로 전락하고 말았습니다. 프랑스 혁명 뒤에 나타난 나폴레옹은 처음에는 동생 루이를 통해 네덜란드를 대리 통치하다가 결국은 프랑스와 네덜란드를 병합하고 말았습니다(1810년). 나폴레옹과 그의 추종자들이 계속 권좌에 남아 있었다면 네덜란드 개혁교회는 이성을 숭배하는 이교로 변했을지도 모릅니다.

하지만 절대 무너질 수 없을 것처럼 보였던 나폴레옹의 권좌는 결국 몰락했고 네덜란드는 다시 독립을 찾았습니다(1813년 12월). 네덜란드 국민들은 프랑스 혁명으로 말미암은 혼란, 공포 정치, 독재 등을 보았기 때문에 공화정에 대한 염증을 느꼈습니다. 그 결과 스스로 자랑스럽게 생각했던 공화정을 버리고 왕정체제를 받아들이기로 했습니다. 네덜란드 국민들은 빌럼 5세의 아들을 국왕으로 선언하면서 왕위에 즉위하도록 했습니다. 그는 왕으로서 빌럼 1세가 되었는데 건국의 아버지 빌럼 1세와는 구별해야 합니다. 오라녜의 빌럼은 왕이 아니라 슈타트하우더로 네덜란드를 통치했을 뿐입니다. 이후의 네덜란드 국왕들은 신자가 아니라 왕으로서 교회를 다스리기를 원했습니다. 이것은 곧 교회에 대한 국가의 통제를 의미했습니다. 하지만 교회에 대한 국가의 지나친 간섭은 교회 안에서 경건한 자들의 반발을 불러일으켰고 결국 네덜란드 교회가 여러 개의 교회로 분리되는 계기가 되었습니다.

두 번의 교회개혁 운동: 분리와 애통

분리: 국가로부터의 자유 & 개혁신조로의 복귀

19세기가 되면 종교개혁 이후 줄곧 하나의 교회를 이루었던 네덜란드 개혁교회가 분리의 아픔을 경험하게 됩니다. 하나는 분리Aufscheiding라고 불리는 교회개혁 운동으로 1834년에 일어났고 다른 하나는 애통Doleantie이라고 불리는 교회개혁 운동으로 1886년에 일어났습니다. 이런 역사적 사건들 때문에 19세기 이후의 네덜란드 교회의 역사는 객관적인 입장에서 서술하는 것이 매우 힘들게 되었습니다. 분리와 애통을 어떻게 보는가에 따라서 네덜란드 개혁교회를 보는 입장이 달라지기 때문입니다. 원래 교회에 소속된 사람들은 상대방을 분리주의라고 공격했고, 반대로 분리한 사람들은 상대방을 말씀에서 벗어난 자들이라고 공격했습니다. 그렇다면 이런 일련의 움직임들이 어떻게 진행되었는지 살펴보겠습니다.

오라네 왕가의 통치로 네덜란드 개혁교회는 크게 두 가지 측면에서 원래의 정신에서 이탈하기 시작했는데 하나는 신조(특히 도르트 신조)로부터의 이탈이고 다른 하나는 직분 간의 동등성을 주장하는 교회정치 원리로부터의 이탈이었습니다. 1816년에 반포된 새로운 교회 헌법에 따르면 총회장을 왕이 임명하게 되어 있습니다. 그 외에 서기와 회계와 같은 주요 임원들도 왕이 임명하도록 했습니다. 이것은 교회의 권세보다 왕이 더 높다는 것을 의미했습니다. 더 나아가 네덜란드 교회는 총회와 노회, 개체 교회의 관계를 피라미드형의 계서제로 개편했습니다. 이렇게 바꾼 이유는 왕이 교회를 훨씬 효율적으로 통제할 수 있기 때문이었습니다. 이전에는 개체 교회는 노회에, 노회는 총회에 대해 상당한 자율권을 가졌으나 이제는 총회가 최고의 교권을 행사하는 기관이 되었습니다. 이것은 평등성을 강조하는 원래의 개혁교회 정신과는 상당히 동떨어진 결정이었습니다.

   1816년의 새 교회법 속에 내포된 더 큰 문제점은 네덜란드 개혁교회의 표지라고 할 수 있는 신앙고백이 매우 느슨하게 이해되었다는 점입니다. 새 헌법의 가장 중요한 목표는 교회를 강력한 왕권 하에 두겠다는 것이었기 때문에 교리적 차이점들이 있음에도 여러 분파가 국가 교회 안에서 자기 목소리를 낼 수 있었습니다. 새로 개정된 목사의 임직 서약문에 따르면 목사 후보생이 신앙고백서에 서약하지 않아도 목사로 임직할 수 있는 일이 가능하게 되었습니다. 즉 목사가 더는 개혁주의 신조에 따라 말씀을 가르칠 필요가 없는 시대가 된 것입니다. 이전에는 세 개의 개혁교회 신조 자체에 서명을 해야 목사 안수를 받을 수 있었지만 이제는 신조의 기본 정신에만 동의를 하여도 목사 안수를 받을 수 있게 되었습니다. 따라서 신조의 내용 중에서 일부분을 받아들이지 않더라도 큰 문제가 되지 않았으며 무엇을 받아들일 것인지 아니면 거부할 것인지는 순전히 목사 개인의 사적인 문제가 되었습니다. 어떻게 보면 일면 타당한 면도 있는 것 같습니다. 만약 신조가 성경이 아니라면 성경과 같이 절대 무오할 수 없고 따라서 성경으로 점검을 받아야 합니다. 그러나 이 말은 정말 조심스럽게 이해되어야 합니다. 국교회주의자들이 정말로 성경을 제대로 이해했다면 오히려 개혁교회 신조야말로 성경에 가장 일치한다는 사실을 더욱더 굳게 확립시켰어야 합니다. 안타깝게도 실제로는 국교회주의자들은 신조를 성경이 아니라 이성과 경험의 관점에서 판단했고 그 결과 비성경적인 교리들이 교회 안에 들어오게 되었습니다. 교회 역사를 볼 때 신조에 대한 무관심은 항상 성경에 대한 무관심으로 이어졌다는 것을 명심할 필요가 있습니다.

신앙고백에 대한 무관심은 교회생활에서 실제적인 문제를 일으켰습니다. 예를 들어 부모들이 자신의 신앙을 고백하지 않더라도 교회는 그들의 어린 유아들에게 세례를 주는 것을 금하지 않았습니다. 유아세례가 하나의 문화가 되어 버린 셈입니다. 당연히 부모들은 자신들의 자녀들을 개혁주의 신앙고백에 따라 양육하는 것을 완전히 포기하고 말았고, 그 결과 교회 안에는 이름뿐인 신자들이 점점 더 늘어 가게 되었습니다. 교회는 하나님 나라의 거룩한 공동체가 아니라 출생, 혼인, 사망 신고와 같은 사회적 기능을 수행하는 국가 기관의 일부로 전락하고 말았습니다. 신자와 시민은 구분되지 않았고 교회당은 사교적인 모임을 증진하기 위한 문화센터가 되었습니다.

이런 조치에 대해 반대하는 그룹들이 있었습니다. 이들은 네덜란드 교회의 여러 조치에 항거하면서 자신들이 목회하는 교회를 개혁주의 신조에 기초를 둔 교회로 세워 가려고 했습니다. 따라서 처음에는 이 교회들이 기존 교회에서 분리할 생각은 전혀 없었습니다. 그런데 이 그룹 중에서 가장 단호하게 네덜란드 교회를 비판한 목사가 있었는데 그 이름은 헨드릭 드 콕Hendrick de Cock이었습니다. 드 콕 목사는 원래 개혁주의 전통에 충실하지 않은 목사였는데 윌륌Ulrum이라는 작은 교회에서 목회를 하던 중 경건한 성도 한 명이 전해 준 도르트 신조를 읽고 칼빈의 『기독교 강요』를 읽으면서 개혁신학에 헌신하게 되었습니다. 그의 설교는 많은 사람에게 감화를 주었고 심지어 다른 교회의 성도들에게까지 영향을 주었습니다. 그들 중 어떤 이들은 자신의 자녀들이 현대주의에 물든 목사들에게 세례 받는 것을 거부하고 드 콕 목사에게 세례를 받게 했습니다. 드 콕 목사는 그들의 요구를 들어 주었고, 드 콕 목사의 이런 활동은 국교회로부터 심한 반대에 부딪혔습니다. 드 콕은 개혁주의를 강력하게 옹호하면서 그 전통에 충실하지 않은 다른 목회자들을 비판하는 책자를 출판했고, 이것 때문에 결국 면직을 당하고 말았습니다. 드 콕 목사의 면직이 부당하다고 생각한 소수의 무리들은 그와 행보를 같이했습니다. 1834년 10월 14일에 드 콕 목사는 '분리 또는 복귀'를 선언하면서 네덜란드 교회와 분리했습니다. 이제부터 이 교회들을 서로 구별할 필요가 있는데 기존 교회를 네덜란드 국교회라고 부르겠습니다.

보통 이 사건을 '분리'라고 하는데 역사적으로 좀 더 정확하게 살펴볼 필요가 있습니다. 이 사건을 '개혁'이나 '재건'이라고 하지 않고 '분리'라고 하는 이유는 드 콕 목사가 분리할 때 발표한 선언문의 제목 때문이었습니다. 드 콕 목사가 발표한 선언문은 '분리 혹은 복귀'라고 되어 있었는데 시간이 흐르면서 복귀라는 단어는 약화되고 분리라는 단어만 강조되다 보니 이 사건을 분리라고 부르게 되었습니다. 하지만 드 콕 목사의 의도는 네덜란드 개혁교회에서 분리하려는 것이 아니었습니다. 분리는 수단이었고 복귀가 그 목적이었습니다.

드 콕 목사의 관점에서 보았을 때, 오히려 기존의 화란 개혁교회가 국가의 통제를 받으면서 말씀과 신조에서 벗어남으로 스스로 개혁교회의 전통에서 분리했습니다. 따라서 선언문에서 말하는 분리는 교회로부터의 분리가 아니라 국가로부터의 분리를 의미하며, 분리의 핵심 개념은 자유였습니다. 따라서 드 콕 목사는 기존 교회가 다시 신조로 돌아오면 얼마든지 복귀하겠다는 의지를 선언문에서 밝혔습니다. 이 헌장은 대단한 영향력이 있었기 때문에 많은 이들이 드 콕 목사를 따라 나섰고, 1836년에 '십자가를 멘 개혁교회'라고 칭했습니다. 이 말은 종교개혁 당시의 '십자가 아래에 있는 교회'라는 구호를 연상시켰을 것입니다. 이 명칭은 1839년에 '분리개혁교회'로 바뀌었고 1869년에 최종적으로 기독개혁교회 Christliche Gereformeerde Kerk라는 이름이 채택되어 오늘에까지 이르고 있습니다. 드 콕 목사와 함께 길을 가는 것은 결코 쉬운 일이 아니었습니다. 무엇보다 그 교회의 목사들은 국가에서 제공되는 넉넉한 생활비를 포기해야 했습니다. 교회당 건물도 국가 재산이었기 때문에 그대로 두고 나와야 했습니다. 심지어 실정법을 어겼다는 이유로 투옥을 당하기도 했습니다. 이들은 자신들을 따르기로 결정한 성도들과 함께 기약도 없이 하나님에 대한 믿음만으로 국교회를 떠났습니다. 그들은 세속 국가의 부당한 간섭 없이 오직 전통적인 개혁주의 신조에 충실한 순수한 교회를 세우기를 열망했습니다.

이 사건을 어떻게 바라보아야 할까요? 만약 교회가 신조보다 우선한다면 드 콕은 분리주의자라는 비난을 피할 길이 없을 것입니다. 그러나 신조가 교회보다 우선한다면 드 콕 목사가 아니라 네덜란드 개혁교회가 분리주의 교회라고 할 수 있겠지요. 여기서 중요한 것은 신조와 성경의 관계입니다. 두 그룹 모두 로마 가톨릭 교회와는 달리 성경이 최고 권위라는 것을 인정했습니다. 따라서 분리에 대한 절대 기준은 성경이라고 할 수 있지요. 그런데 드 콕 목사는 도르트 신조가 성경의 가르침에 정확하게 일치하기 때문에 비록 성경과 동등한 권위를 가질 수는 없지만 그것에 준하는 권위를 가진다고 보았습니다. 네덜란드 개혁교회가 도르트 신조를 포기한 것은 드 콕 목사의 입장에서는 성경의 가르침에서 벗어난 것이나 다를 바가 없었습니다. 반대로 네덜란드 개혁교회는 도르트 신조가 성경이 아니기 때문에 그리고 신조가 작성된 지 이백 년이나 되는 시간이 흘렀기 때문에 이 신조가 없다고 하더라도 교회의 하나 됨을 유지하는 것에는 큰 지장이 없다고 생각했습니다.

복귀를 위한 수단이 꼭 분리 외에는 없었는가라는 것도 생각해 볼 문제입니다. 기존 교회에 속한 사람들 중 적지 않은 이들이 지상의 교회는 완전하지 못하기 때문에 신앙의 동지들을 규합하여 때를 기다리는 것이 좋다고 생각한 사람들도 있었습니다. 만약 교회로부터 분리하게 되면 기존 교회가 개혁되는 것은 불가능하다고 보았습니다. 실제로 이 분리 사건 이후에 네덜란드 국교회는 점점 더 개혁주의 신조에서 멀어지게 되었습니다. 하지만 강제로 분리된 이들은 국교회를 떠나는 것이야말로 교회를 개혁하는 가장 효과적인 방법이라고 생각했습니다. 만약 국교회 안에 머물면 결국 나중에는 전 교회가 하나님의 말씀에서 떠날 수밖에 없다고 생각했습니다.

드 콕 목사는 많은 지지자를 얻게 되었고 첫 두 해 동안에 120개가 넘는 교회들이 국교회에서 분리했습니다. 물론 국교회 전체로 보았을 때는 아주 미미한 규모의 분리였을 뿐입니다. 이런 움직임이 있음에도 국교회는 스스로 개혁을 하거나 개혁 그룹과 타협하기보다는 이들의 설교권을 박탈하거나 면직시킴으로 기독개혁교회를 분리시키고 말았습니다. 보통 분리주의라고 하면 기존 교회에서 스스로 나오는 것만을 생각하는 경우가 많은데 이것은 다수의 입장만을 반영한 치우친 견해입니다. 교회 역사에서 또 다른 형태의 위험한 분리주의는 다수가 부당한 이유로 (대표적인 예로 이단으로 정죄하고) 소수를 쫓아내어 교회를 나누는 분리주의였습니다. 이들은 신조보다는 교권을 숭상하면서 자신의 견해를 따르지 않는 반대편을 강제로 분리시켰습니다. 어떻게 보면 '분리시키는 분리주의'야말로 교회 안에 있는 교권주의자들이 쉽게 저지르는 만행이며 분리주의의 온상이라고 할 수 있습니다.

애통

1834년 이후 네덜란드 개혁교회는 다수의 국교회와 소수의 기독 개혁교회로 나뉘어졌습니다. 이런 분리의 아픔이 있음에도 국교회는 자신들의 기존 정책을 포기하지 않고 더욱더 국가 중심적인 교회를 추구했습니다. 교회는 점점 더 국가에 예속되었습니다. 오십 년 정도 뒤에 국교회 안에서는 또 하나의 교회 분열이 일어났는데 이것을 애통이라고 부릅니다. 이 분리 운동에 가담한 이들은 국교회의 교리적이고 신학적인 변질을 애통해했기 때문에 애통이라고 불렸습니다. 이 애통 운동을 아브라함 카이퍼Abraham Kuyper라는 위대한 인물이 주도했는데 그는 나중에 수상에 선출될 정도로 네덜란드 전체에서 영향력 있는 인물이었습니다.

아브라함 카이퍼는 19세기 중반 이후 칼빈주의의 부흥을 주도하여 신칼빈주의를 잉태시킨 주역입니다. 그는 열 개의 머리와 백 개의 손을 가진 사람이라고 불릴 정도로 지성적으로 탁월했을 뿐만 아니라 자신의 신념을 현실로 만드는 것에도 탁월한 재능이 있었습니다. 이력을 보면 어느 하나로 규정해서 말하기가 쉽지 않을 정도입니다. 목회자이자 신학자였고, 언론인이자 정치인이었고, 대학을 설립한 사람이었고, 정당의 수장이었다가 마침내 수상이 되었습니다. '한 치라도 주님의 것'이라는 구호가 암시하듯이 카이퍼는 모든 영역이 그리스도의 통치 아래에 있도록 하는 데 온 생애를 바쳤고, 그의 영향력은 네덜란드를 넘어 세계 모든 기독 지성인들에게 미쳤습니다. 특별히 미국 프린스턴신학대학교Princeton Theological Seminary의 그 유명한 스톤 특강 Stone Lecture에서 행한 일련의 강의는 책으로 출판되어 칼빈주의의 고전이 되었습니다.[15] 따라서 19세기 이후 개혁교회를 이야기할 때 아브라함 카이퍼를 빼고 이야기하는 것은 불가능하기 때문에 카이퍼에 대해 잠시 소개하고자 합니다. 카이퍼에 대해서는 여러 좋은 책들이 많이 나와 있기 때문에 네덜란드 개혁교회 역사에 큰 영향을 끼친 부분을 중심으로 서술하겠습니다.

카이퍼는 1837년 마슬롸이스Maasluis라는 네덜란드의 작은 마을에서 목사의 아들로 태어났습니다. 카이퍼의 아버지는 얼마 후 레이던으로 목회지를 옮기게 되었는데 카이퍼는 그곳에 있던

---

15) 『칼빈주의 강연』, 김기찬 옮김 (고양시: 크리스챤다이제스트, 1996).

최고 명문대학인 레이던 대학교에서 신학을 배웠습니다. 당시는 프랑스 혁명 이후 근대정신이 휩쓸던 시기였기 때문에 카이퍼도 이 대학에서 근대정신에 따른 신학 교육을 받았습니다. 물론 이 대학에서 칼빈에 대해 배우기도 했고, 칼빈에 대한 논문을 써서 대상을 받을 정도로 종교개혁을 깊이 연구하기도 했지만 그것은 어디까지나 과거의 한 역사에 대한 탐구에 지나지 않았습니다. 근대정신에 따르면 과거의 역사보다 더 중요한 것이 현재와 미래였습니다. 옛날의 전통은 낡은 유산에 지나지 않았습니다. 하나님께서 카이퍼에게 특별한 역사를 하지 않았더라면 그는 오늘날 네덜란드에서 가장 뛰어난 자유주의 신학자로 기억되었을지도 모릅니다.

카이퍼는 박사학위를 취득하고 베이스트Beesd라는 작은 마을의 교회에서 청빙을 받아 목회를 시작했습니다. 그 교회에는 전통적인 개혁신학에 충실한 경건한 신앙인들이 남아 있었습니다. 그들 중 피에트로넬라 발튀스Pietronella Baltus라는 결혼하지 않은 삼십대 여인이 있었는데 카이퍼는 이 여인과 대화를 나누면서 전통적인 개혁신학에 영향을 받기 시작했습니다. 그녀와의 대화는 카이퍼로 하여금 깊은 영적 고민을 하게 만들었고 그 결과 카이퍼는 전적으로 변화되어 그동안 낡은 시대정신이라고 간주했던 칼빈주의를 전파하는 데 전 생애를 바치게 되었습니다. 하나님께서 그루터기로 남겨 두신 한 여인을 통해 위대한 개혁주의 신학자가 탄생하게 된 것입니다. 정말로 놀랍지 않습니까?

카이퍼가 목회할 당시 네덜란드 국교회에는 큰 변화가 진행 중이었습니다. 그것은 바로 이웃 프랑스에서 일어났던 1848년 2월 혁명의 영향 때문이었습니다. 프랑스에서 시작된 이 혁명은 유럽 전체에 영향을 미쳤는데 그 결과 민주주의가 보편적 가치로 받아들여지기 시작했습니다. 네덜란드도 이 영향에서 자유로울 수 없었는데 교회가 더 민주적으로 운영되기를 원하는 목소리가 커졌습니다. 더는 국왕이 교회를 독재적으로 통제할 수 없는 상황이 되었습니다. 그 결과 1852년에 선포된 새 교회 헌법은 신자들이 자신들에게 말씀을 전할 목사를 선임할 수 있는 길을 열어 놓았고, 1867년에는 새 헌법에 따라 담임 목사 청빙을 위한 실제적인 투표가 시행되었습니다. 투표 결과는 예상 외로 진보주의의 패배였습니다. 상당수의 성도들이 전통적인 개혁신학에 가까운 목회자들을 선택했습니다.

1867년의 선거 결과로 전통주의자들이 승리했지만 압도적인 다수를 이루지는 못했습니다. 교회 안에서 전통주의와 근대주의의 충돌은 피할 수 없게 되었습니다. 카이퍼는 1867년의 승리를 바탕으로 국교회를 원래의 개혁교회로 회복시키기 위해 온 힘을 기울였습니다. 이때 카이퍼는 위트레흐트 교회에서 청빙을 받았는데 카이퍼는 자신이 속한 교회부터 말씀에 따라 개혁하려고 했습니다. 그 시발점 중 하나는 세례였습니다. 자유주의가 지배적이었을 때는 목사들 중 전통적인 삼위일체 교리마저 암묵적으로 거부하는 이들이 많았습니다. 심지어 세례를 줄 때 "믿음과 소망과 사랑으로" 세례를 주기도 했을 정도입니다. 위트레흐트 당회는 "성부와 성자와 성령의 이름으로" 시행되지 않는 모든 세례는 거부한다고 선포하면서 동조자들을 전국적으로 끌어모으기 시작했습니다. 카이퍼의 목표는 당회의 지지를 기반으로 총회를 개혁하는 것에 있었습니다.

1870년부터 카이퍼는 네덜란드의 수도에 위치한 암스테르담 교회로 임지를 옮기면서 개혁신학을 위한 투쟁을 훨씬 광범위하게 진행했습니다. 이 교회는 당시 가장 큰 교회로 28명의 목사와 136명의 당회원, 그리고 16만 명이 넘는 회원을 가진 거대한 교회였습니다. (우리나라와 같이 한 목사가 담임하는 교회는 아니었습니다.) 예배 처소도 도시 전역에 여러 군데에 있었습니다. 카이퍼의 청빙 이후 그동안 자유주의 설교를 묵인해 왔던 장로들이 자신들의 목소리를 내기 시작했습니다. 한 예로, 그들은 그리스도의 육체적 부활을 부인하는 설교를 하는 목사들을 면직시켜야 한다고 요구했습니다. 심지어 근대적인 설교를 하는 예배에 참석하지 않겠다는 선언을 하기도 했습니다. 아쉽게도 이런 개혁의 요구는 노회나 총회를 장악하고 있는 교권주의자들에게 받아들여지지 않았습니다. 그러자 카이퍼와 그를 따르는 장로들은 신앙의 동지들을 모아 협의체를 구성하여 집단적으로 대응하기 시작했습니다.

카이퍼는 암스테르담에 있으면서 당시 영향력 있는 주간지와 일간지의 편집장이 되면서 자신의 영향력을 전국적으로 확대시 켰습니다. 많은 사람이 카이퍼의 글을 읽었고 그 글에 많은 감화를 받았습니다. 그는 설교를 통해 청중을 감동시켰고, 칼럼을 통해 독자들을 사로잡았습니다. 이런 영향력으로 카이퍼는 마침내 국회의원으로 당선되었습니다. 목사에서 언론인, 언론인에서 정치인으로 바뀌게 된 것입니다. 물론 국회의원으로 활동하기 위해서는 목사직을 내려놓아야 했습니다. 국회의원으로서 카이퍼는 사회적, 외교적, 경제적 문제에 대해 기독교적 통찰들을 제시했습니다. 특히 자본주의의 핵심 개념인 자유방임 체제가 얼마나 노동자들을 착취하고 있는지를 전국에 고발했습니다.

아쉽게도 카이퍼는 왕성한 활동으로 말미암아 너무 쇠약해져서 건강 회복을 위해 일 년 이상 네덜란드를 떠나서 휴식을 취해야 했습니다. 당연히 국회의원직도 사임해야 했습니다. 그러나 카이퍼가 건강을 회복하고 다시 고국에 돌아왔을 때 그는 새로운 개혁 운동에 뛰어들었는데 그것이 바로 기독교 학교를 설립하는 것이었습니다. 하지만 당시 입장에서 보았을 때 정말 무모한 시도가 아닐 수 없었습니다. 왜냐하면 그때는 네덜란드 전역에 걸쳐서 겨우 대학이 세 개만 있었기 때문입니다. 국가의 지원 없이 독자적으로 대학을 세워서 운영한다는 것을 상상조차 할 수 없던 시절입니다.

    카이퍼의 구상을 이해하기 위해서는 당시 네덜란드 교육 상황을 이해할 필요가 있습니다. 1848년 2월 혁명 이후 근대 민주주의가 교육에도 영향을 미치기 시작했습니다. 학교에서 어느 특정 종교를 가르치는 것은 이제 허용되지 않았습니다. 주기도문이나 십계명을 가르쳤다는 이유로 교사들이 해고되기 시작했습니다. 대학 역시 학문의 자유라는 이름으로 세속화되기 시작했습니다. 1876년 고등교육에 관한 법이 통과되면서 신학부는 더는 교의학과 같은 신학적 과목은 가르칠 수 없고 '종교학'을 가르쳐야만 했습니다. 그렇다면 그곳에서 배운 사람이 앞으로 교회의 목사가 될 수밖에 없는데, 이것은 전통적인 개혁신앙을 고백하는 자들의 분노를 일으킬 수밖에 없었습니다.

    이와 같이 보편화된 시대적 상황을 이전 시대로 돌리는 것은 불가능한 일이었습니다. 그렇다면 유일하게 남은 길은 기독교적 세계관에 근거한 제대로 된 대학을 세우는 것이었고 카이퍼는 그 길을 선택했습니다. 모두가 이 선택이 비현실적이고 무모한 일이라고 생각했지만 카이퍼는 많은 지지자를 설득했고 1880년 10월 20일에 자유 대학교를 설립했습니다. 처음에 겨우 교수 다섯 명과 학생 다섯 명으로 출발한 자유 대학교는 정말 보잘것없는 학교로 앞날이 불투명했습니다. 십 년이 지났어도 학생 수는 구십 명 선에 지나지 않았습니다. 그럼에도 자유 대학교는 많은 사람에게 지속적으로 신뢰를 주었고 오늘날 세계적인 명문 대학으로 성장하게 되었습니다. 카이퍼는 개교 취임 강연에서 "만유의 주권자이신 그리스도가 '내 것'이라고 주장하지 않는 영역은 인간의 삶에서 한 치도 없다"고 선언했는데, '한 치라도 주님의 것' 그리고 '왕을 위하여'Pro Rege는 카이퍼의 사상을 집약한 것이고 자유 대학교가 앞으로 나아갈 방향을 제시한 것이라고 할 수 있습니다. 카이퍼는 이 대학에서 교수로 활동하면서 방대한 신학적 작품들을 남겼습니다. 특히 자유주의 신학과 현대의 성경 비평학에 대해 신랄하게 비판하면서 성경의 권위를 변증했습니다.

그러나 자유 대학교의 설립은 그 자체로 교회 분열의 씨앗을 안고 있었습니다. 자유 대학교 안에도 신학부가 있었는데 이 신학부의 졸업자들을 어떻게 대우해야 할 것인가가 문제가 될 수밖에 없었습니다. 그 전에는 레이던을 포함한 세 개의 국립대학교에서 졸업한 자들만 목사가 될 수 있었습니다. 이제 사립대학교인 자유 대학교에서 신학을 공부한 자를 목사로 청빙할 수 있는가에 대해 논란이 일어났습니다. 당연히 교권주의자들은 그들을 받아서는 안 된다고 생각했고 개혁주의 전통을 따르는 그룹은 받아야 한다고 주장했습니다. 결국 한 지역 교회가 국교회의 허락 없이 자유 대학교 졸업생 중 한 명을 목사로 청빙하고 말았습니다. 국교회의 입장에서 보았을 때 이것은 사실상 국교회로부터 분리를 의미하는 사건이었습니다. 물론 카이퍼 지지자들의 입장에서 보았을 때 이 목사 청빙은 지역 교회가 당연히 행사해야 할 권리라고 보았습니다.

자유 대학교를 두고 이와 같이 서로 간의 긴장이 계속 되는 상황 속에서 자녀들의 교회 회원 가입 문제로 결국 두 세력은 1886년에 둘로 갈라지게 되었습니다. 이 분리의 과정 자체는 상당히 복잡하게 진행되었기 때문에 핵심만 간단히 요약하겠습니다. 앞에서도 언급했듯이 암스테르담 교회는 여러 명의 목사가 동역하고 있는 거대한 교회였습니다. 그중에는 자유주의의 영향을 받은 목사들도 있었습니다. 그들은 당연히 개혁주의 신조를 받아들이지도 않았고 그것들을 자녀들에게 가르치지도 않았습니다. 당회원들은 교리교육을 제대로 받지 않은 자녀에게 교회의 회원권을 거부했습니다. 우리나라 식으로 이야기하자면 입교식을 허락하지 않은 것입니다. 그러자 그들의 부모들은 지역 노회에 상소를 했습니다. 지역 노회는 국교회의 관할에 있었기 때문에 암스테르담 교회에 그 자녀들을 회원으로 받아들일 것을 명령했습니다. 카이퍼와 그를 따르는 사람들은 그 명령을 거부했고, 지역 노회는 면직이나 정직으로 단호하게 대응했습니다. 노회의 결정을 따를 수 없었던 카이퍼는 국교회를 떠날 수밖에 없었습니다. 국교회를 떠난 뒤 카이퍼와 그의 지지자들은 자신들의 교회를 설립했고 스스로를 '애통의 교회'라고 부르기 시작했습니다. 이백여 개의 교회와 십만이 넘는 신자들이 카이퍼와 함께했습니다.

숫자 그 자체로 보았을 때 애통은 그다지 큰 분리가 아니었지만 1834년의 분리에 비해 상당히 큰 규모의 분리였습니다.

애통 측이 국교회에서 분리되자 자연스럽게 분리 측과의 통합 논의가 진행되었습니다. 그리고 이것은 교단 합동으로 이어지게 되었습니다. 분리 측과 애통 측 모두 개혁파 신조뿐만 아니라 도르트 교회 정치에 동의할 뿐만 아니라 국가로부터의 교회의 독립을 추구했기 때문에 연합을 하지 못할 이유가 없었습니다. 이 두 교단의 합동에 큰 공헌을 한 사람들 중 헤르만 바빙크 Herman Bavinck라고 하는 또 한 명의 위대한 개혁파 신학자가 있었습니다.

분리 측은 1834년 이후 지속적으로 성장했습니다. 처음에는 각 교회의 목사들이 도제식으로 신학 수업을 하다가 1854년 캄펀 Kampen[16)]이라는 곳에서 신학교도 자체적으로 설립했습니다. 분리 측에서도 여러 분파가 존재하고 있었는데 이 신학교의 설립을 통해 교단 정체성이 훨씬 강화되었습니다. 바빙크는 이 분리 측의 목사 아들로 태어났는데 더 깊은 학문을 위해 캄펀 신학교를 중퇴하고 현대주의의 아성인 레이던 대학에서 신학을 공부했습니다. 그

---

16) 캄펀은 인구 오만 명에 불과한 아주 작은 도시입니다. 나중에 스힐더를 중심으로 캄펀에 세워진 또 다른 신학교와는 구별될 필요가 있습니다. 오늘날 처음에 세워진 캄펀 신학교는 다른 대학에 통합되었고, 나중에 세워진 신학교는 오늘날에도 그대로 유지되고 있습니다.

를 위하는 많은 사람의 걱정과는 달리 바빙크는 레이던에 있으면서 현대주의에 물들지 않고 오히려 자신이 배운 것들을 비평적으로 소화하여 전통적인 개혁주의를 훨씬 정교하게 변증할 수 있게 되었습니다. 그가 저술한 4권의 『개혁교의학』(부흥과개혁사)은 오늘날까지도 개혁주의 신학의 고전으로 인정받고 있습니다. 그 책을 읽게 되면 누구나 그의 학문적 깊이에 대해 탄복하지 않을 수 없을 것입니다. 바빙크는 누구나 인정하는 학자였기 때문에 비록 자신이 졸업하지는 않았지만 캄펀 신학교의 교수로 임용되었으며 분리 측의 지도자가 되었습니다. 그리고 교단 합동 이후에는 자유 대학교로 임지를 옮겨 신학을 가르쳤습니다. 나중에 상원의원으로 활동할 정도로 많은 사람의 신임을 얻었습니다.

바빙크는 분리 측의 지도자로 양 교단의 합동에 열정적으로 참여했습니다. 그의 노력과 열정으로 (물론 다른 이들의 노력도 많았습니다) 1892년에 분리 측과 애통 측은 교단을 합동하고 네덜란드 개혁교회[17]라고 명명했습니다. 이름이 기존 교회와 너무 유사하기 때문에 앞으로 이 교회를 지칭할 때는 화란 개혁교회라고 부르겠습니다. 이 합동의 결과 사십만 명의 회원을 가진 새로

---

17) De Gereformeerde Kerken in Nederland. 보통 약자로 GKN이라고 표기됩니다. 최초의 개혁교회는 Nederlandse Hervormde Kerk라고 불리며 NHK라는 약자로 표기되는데 화란어로는 서로 구별되지만 영어나 한국어로는 거의 구별되지 않습니다.

운 교회가 설립되었습니다. 분리 측에 속한 모든 사람이 교단 연합에 참여한 것은 아니었습니다. 분리 측 중 소수파는 카이퍼의 사상 중 몇몇 교리적인 문제점들을 지적하면서 그대로 남았습니다. 교단이 합동되자 소수파는 1894년에 아펠도른Apeldoorn이라는 곳에 신학교를 세우고 오늘날까지 그대로 남아 있습니다. 최근에는 여러 한국 신학도들이 이 학교에서 공부를 하고 귀국하여 곳곳에서 좋은 영향력을 미치고 있습니다.

20세기 이후

20세기가 되면서 네덜란드도 세계사의 격랑에 휩쓸리게 됩니다. 20세기 초에 일어났던 두 번의 세계 대전은 정치적인 상황뿐만 아니라 사람들의 의식 구조도 바꾸어 놓았습니다. 전쟁은 인간이 어디까지 악할 수 있는지를 확실하게 보여 주었습니다. 이성에 따라 살면 이 세상은 낙원으로 바뀔 것이라는 낙관주의적 진보주의는 이제 설자리가 없게 되었습니다. 이와 같은 시대의 흐름에 따라 인간에 대한 신뢰에 근거한 자유주의 신학은 그 입지가 현저하게 줄어들었습니다. 20세기 네덜란드 교회 역시 이와 같은 시대 흐름에서 벗어날 수 없었습니다.

1886년 이후 네덜란드 국교회는 점점 더 이름만의 개혁교회로 바뀌게 되었고 진정한 의미의 개혁신학은 아브라함 카이퍼를 중심으로 형성된 화란 개혁교회를 통해 전수되었습니다. 화란 개혁교회는 시간이 지나면서 지나치게 카이퍼의 영향력이 강화되었습니다. 이렇게 된 중요한 이유는 카이퍼가 설립한 자유 대학교에서 교육 받은 사람들이 목사가 되어 교회를 담임하게 되었기 때문입니다. 아무리 카이퍼가 뛰어난 신학자라고 하지만 그와 함께했던 모든 사람이 그의 모든 신학을 따랐던 것은 아닙니다. 따라서 카이퍼를 절대적으로 추종하는 사람들과 그렇지 않은 사람들 사이에 긴장과 갈등이 조성되었습니다. 안타깝게도 이 갈등은 새롭게 설립된 교회 내에서 해결되지 못하고 결국 또 하나의 분열로 이어지게 되었습니다. 이 분열은 세계 대전이 아직 진행 중에 있었던 1944년에 일어났습니다.

이 교회 분열의 중심에 서 있었던 인물이 클라스 스힐더Klaas Schilder라고 불리는 신학자이자 목사였습니다. 스힐더는 네덜란드어로 화가란 뜻입니다. 그는 1890년에 캄펀에서 태어났는데, 이곳은 앞에서 언급한 대로 분리 측이 설립했던 신학교가 있었던 곳입니다. 스힐더가 태어났을 때는 자유 대학교와 더불어 캄펀 신학교는 화란 개혁교회의 목회자를 양성하는 기관으로 자리 잡고 있었습니다. 스힐더는 자신의 고향에 위치한 캄펀 신학교에서 신학 공부를 했고 자유 대학교가 아닌 독일 에어랑엔Erlangen 대학교에서 박사학위를 취득했는데, 이것은 스힐더가 카이퍼의 영향을 직접 받지 않고 그에게 비판적인 입장을 가지게 된 중요한 배경이 되었습니다.

스힐더는 누가 보아도 지성에서 탁월성을 보여 주었고 많은 사람에게 인정받는 사람이었습니다. 그는 박사학위를 취득한 그다음 해인 1934년에 모교에서 신학 교수로 취임을 하게 되었습니다. 신학 교수로 봉직하면서 스힐더는 전통적인 개혁신학을 변증하는 데 모든 힘을 쏟았습니다. 특별히 당시에 네덜란드 교회에도 소개되어 점점 더 영향력을 행사하고 있던 칼 바르트Karl Barth의 신학에 대해 비판적인 입장을 취했습니다. 정치적으로는 네덜란드 젊은이들의 마음을 현혹하는 나치즘에 대해 신랄하게 비판했습니다. 스힐더는 이 모든 일을 「레포르마시」(종교개혁)라는 신학 주간지를 통해 수행했습니다. 네덜란드 젊은이들이 나치즘에 현혹된 이유는 당시 남아프리카에서 보어전쟁(화란 이민자들과 영국 사이에 일어난 전쟁)으로 말미암아 영국에 대해 적대감을 가졌기 때문입니다. 이와 같은 이유로 독일 군대가 네덜란드에 들어왔을 때 스힐더는 감옥에 갇혀야 했고 풀려나서도 한동안 은둔 생활을 해야만 했습니다.

스힐더가 자신이 속한 교회를 떠나게 된 최종 이유는 신학적인 이유였습니다. 카이퍼는 전통적인 개혁신학자였지만 그럼에도 그가 제시한 몇몇 교리들은 적지 않은 사람들에게 비판을 받았습니다. 대표적인 예를 들면 가정적 중생Presumptive

Regeneration, 일반 은혜Common Grace, 영원 칭의Eternal Justification 와 같은 교리들이었습니다. 이것과 관련된 논쟁들은 너무 복잡하기 때문에 일반 신자들이 이해하기에는 너무나 어려울 것입니다. 그래도 기본적인 사항은 한번 알아 두면 네덜란드 개혁교회를 이해하는 데 도움이 되리라 생각합니다. 더 나아가 이 논쟁들은 나중에 미국 개혁교회에서도 거의 그대로 재현되었기 때문에 현대 개혁교회들의 특징들을 이해하는 데 매우 중요합니다. 미국 개혁교회는 네덜란드 이민자들로 구성되었기 때문에 네덜란드 교회와 결코 무관할 수 없었습니다.

가정적 중생 교리에 따르면 언약 자손들은 그들의 행위와 고백이 명백하게 잘못된 것이라고 드러날 때까지 하나님의 약속의 능력으로 그리스도 안에서 중생했고 성화되었다고 봅니다. 이 교리를 통해 전달하려고 한 카이퍼의 의도는 하나님의 주권적 능력을 강조하는 것이었지만 과연 유아들이 실제로 중생이 되었는가 그리고 그 중생에 근거하여 유아들에게 세례를 주는 것인가는 성경적으로 입증하기가 쉽지 않습니다. 반대자들은 이 교리들이 부모들로 하여금 자녀들에 대한 신앙 교육의 책임을 현저하게 약화시킨다고 보았습니다.

한국에서는 주로 '일반 은총'이라고 번역되는 일반 은혜는 구원받은 사람들에게 베풀어지는 특별 은혜와 달리 모든 세상 사람에게 미치는 은혜를 의미합니다. 이 교리를 주창한 사람들의 의도는 세상의 전 영역에 미치는 하나님의 주권을 강조하는 것이었습니다. 이 교리는 신자들로 하여금 세상을 더 긍정적으로 바라보게 하면서 이 세상에서 책임 있는 하나님의 백성으로 살아가게 하려는 의도를 담고 있습니다. 이 개념에 따라 세상 변혁을 위한 여러 기독교 운동이 활발하게 일어나기도 했습니다. 하지만 반대자들은 이 용어가 성경에 명시적으로 나타나 있지 않기 때문에 주의해야 하며, 일반 은혜가 세상과 교회의 구분을 너무 무시한다고 생각했습니다. 그들은 성경에서 말하는 은혜는 항상 그리스도 안에 있는 은혜이며 그리스도 밖에는 은혜가 없다고 단호하게 주장했습니다. 하나님께서 원수들에게 비를 내리는 호의는 은혜가 아니라 하나님의 일반 섭리로 이해되어야 하며 이 섭리를 은혜와 혼동해서는 안 된다고 생각했습니다. 실제로 일반 은혜의 교리를 따랐던 많은 교회가 세상을 변혁시키기보다는 세상의 문화를 교회 안에 많이 들어오게 하여 세속화를 촉진시키는 우를 범하기도 했습니다.

'영원 칭의' 역시 하나님의 주권 사상을 표현하기를 원했던 카이퍼의 중요한 교리입니다. 이 교리에 따르면 하나님의 칭의는 이미 영원 전에 부분적으로 일어났고 시간 속에서는 신자가 믿음으로 영원 전에 일어났던 칭의를 받아들이는 것입니다. 겉으로 보기에 이 교리는 신자들의 칭의의 불변성을 강조하고 예정의 교리를 더 강화하는 것처럼 보입니다. 하지만 이것은 전통적 개혁교회의 교리인 '믿음으로 의롭게 된다'는 이신칭의 교리를 위태롭게 할 수 있습니다. 아무리 하나님의 주권을 강조한다고 하지만 개혁신학은 믿음의 중요성을 간과한 적이 한 번도 없습니다. 이와 같은 이유 때문에 스힐더를 비롯한 많은 이들이 카이퍼주의자들을 비판했습니다.

하지만 이미 화란 개혁교회에서 카이퍼주의자들은 다수를 차지하고 있었고 그들이 화란 개혁교회의 실권을 장악하고 있었습니다. 스힐더와 카이퍼주의자들의 싸움은 불가피해졌습니다. 문제는 카이퍼주의자들이 자신들이 믿고 있는 교리들을 총회에서 최종적으로 확정하여 교회에 소속된 모든 목사에게 서명하도록 강요하기 시작했다는 것입니다. 당연히 반카이퍼주의자들은 상대방이 불필요한, 더 나아가서 비성경적인 교리들을 강요한다고 생각했습니다. 그들은 오직 성경과 개혁주의 신조들만이 자신들에게 구속력이 있으며 총회의 결정이 무조건적으로 개체 교회의 위에 절대 권위를 행사할 수 없다고 생각했습니다. 특히 그들은 도르트 교회법 31조에 호소했는데 그 법에 따르면 총회의 결정은 하나님의 말씀에 위배되지 않는 한 구속력을 가집니다. 그렇기 때문에 이들이 정죄되어서 추방되었을 때 새롭게 설립된 교회를 31조파라고 부르기도 했습니다.

전쟁의 와중에서도 총회는 모든 목사에게 가정적 중생 교리에 서명하라고 통지했고 피신 중에 있었던 스힐더는 서면으로 그 교리에 서명할 수 없다는 입장을 분명히 했습니다. 총회는 그에게 충분한 소명의 기회를 주기보다는 그를 면직시킴으로 문제를 쉽게 해결하는 길을 선택했습니다. 결국 1944년에 스힐더와 그들을 따르던 무리들은 화란 개혁교회에서 쫓겨나서 자신들의 교회를 설립했습니다. 그들은 그 교회를 '해방'이라고 불렀습니다. 카이퍼는 국가로부터의 교회의 자유를 확보하기 위해 쫓겨났다면, 스힐더는 부당한 교권으로부터 개교회의 자율권을 확보하기 위해 쫓겨났다고 할 수 있습니다.

총회에서 제명된 이후 스힐더는 캄펀 신학교를 떠날 수밖에 없었고 또 다른 신학교를 세웠습니다. 이때 학교 이름을 기존 신학교와 동일하게 했습니다. 이것을 통해 스힐더는 여전히 기존 교회로부터 분리하지 않고 자신이 원래의 신학 전통에 서 있다는 것을 보여 주기를 원했던 것 같습니다. 그 결과 아주 조그만 도시에 똑같은 이름의 신학교가 두 개나 설립되었습니다. 스힐더가 세운 캄펀 신학교는 나중에 한국에 있는 장로교회 중 고신 교회와 자매 관계를 맺게 되었는데, 일제의 강요에 맞서 진리를 수호하기 위한 운동에 앞장 선 고신 교회와 깊은 공감이 있었기 때문입니다. 이들은 거액의 헌금을 모아서 고려신학교(당시에 부산, 현재는 천안에 있습니다)의 건물을 건축하는 것을 지원했고 심지어 교수 선교사를 파송하여 부족한 교수 요원을 충족시켜 주기도 했습니다. 더 나아가 고려신학교를 졸업한 학생 중 우수한 학생들이 캄펀에서 공부할 수 있게 재정을 지원했습니다. 그 학생들은 졸업하고 나서 고려신학대학원을 비롯하여 여러 곳에서 한국 교회를 섬기고 있습니다.

시간이 지나면서 스힐더와 그와 함께했던 자들이 우려했던 것들이 현실이 되었습니다. 기독교 학교로서 큰 명성을 가졌던 자유 대학교는 이전의 개혁주의적 이상이 거의 사라져서 일반 세속 대학과 큰 차이가 없게 되었습니다. 카이퍼의 이상은 사라지고 그의 부작용들이 점차적으로 더 큰 영향력을 행사했습니다. 화란 개혁교회는 세속화가 급속하게 진행되었고 그 결과 신조에 대한 무관심은 말할 것도 없고 여성 안수를 받아들이고, 동성애를 받아들이고, 더 나아가서 동성애자들을 목회자로 수용했습니다. 그래서 교회가 목사를 청빙하기 전에 "사모님이 여자입니까?"라고 질문을 해서 청빙 예정인 목사가 동성애자인지를 청빙 위원들이 확인하기도 합니다. 점점 더 화란 개혁교회와 원래의 국교회와 별 다른 차이점들이 존재하지 않게 되었습니다. 실제로 20세기에 들어오면서 국가가 교회에 간섭하는 일은 거의 없게 되자, 카이퍼가 교회를 떠나야 했던 가장 중요한 이유가 해소되어 버렸습니다. 그래서 마침내 2004년도에 이 두 교회와 네덜란드 복음주의 루터 교회가 연합하여 하나의 교회를 이루었습니다. 이름도 '개혁'이라는 말을 빼 버리고 '개신'Protestant교회라고 명명했습니다. 역사와 전통을 자랑하던 캄펀 신학교도 2012년에 문을 닫고 말았습니다. 적어도 이름만 놓고 보았을 때 네덜란드에서 오랫동안 존재했던 개혁교회는 역사 속에서 사라지게 된 것입니다. 16세기에 세워졌던 개혁교회의 전통은 오늘날 스힐더가 세운 해방파 그리고 교단 연합에 참여하지 않고 남았던 소수의 애통파 그리고 2004년 교회 연합에 참여하지 않았던 소수의 복구파들이 힘겹게 명맥을 이어 가고 있습니다.

미국의 네덜란드 개혁교회

미국에서 어떻게 개혁교회가 시작되었는지에 대해서는 앞에서 잠시 언급했습니다. 서인도 회사의 활동으로 많은 네덜란드인들이 미국에 이민을 오자 1628년 뉴욕(당시에는 뉴 암스테르담)에 처음으로 이들을 위한 네덜란드 교회가 설립되었습니다. 얼마 뒤 네덜란드가 영국에 주도권을 빼앗겼지만, 그 이후에도 네덜란드 신자들은 영국의 통치 아래에서 비교적 자율적으로 개혁교회를 지속적으로 설립했습니다. 이 교회들은 네덜란드 국가 교회의 일부였습니다. 쉽게 말해 네덜란드 교회의 미국 지부로 이해하면 될 것입니다. 그곳에 모인 사람들은 모두 다 네덜란드 사람들이었고, 예배도 네덜란드어로 드렸고 담임을 하는 목사들도 네덜란드에서 신학 훈련을 받은 사람들이었습니다.

하지만 시간이 지나면서 본국과의 연대가 느슨해질 수밖에 없었습니다. 본국과 거리가 너무 멀었기 때문에 소통하기가 쉽지 않았습니다. 세대가 지남에 따라 어린 자녀들은 네덜란드어보다는 영어에 익숙해졌습니다. 마침내 1754년에 본국 교회의 허락을 받아 독립적인 개혁교회를 설립했습니다. 그리고 뉴브런즈윅에 목사 후보생 교육을 위한 신학교도 설립했습니다(1784년). 더는 목사가 되기 위해 네덜란드에 꼭 가야 할 이유가 없어졌습니다. 이 교회에 속한 사람들은 자신들의 이름을 최종적으로 미국 개혁교회Reformed Church in America, RCA라고 지었습니다.

1840년대 네덜란드에 큰 흉년이 들어서 또 한 번의 대규모 이민자들이 미국에 몰려들었습니다. 이들은 주로 미시간주 서부에 정착을 하게 되었는데 그들은 자신들이 정착한 곳의 이름을 홀랜드라고 불렀습니다. 이 이민을 최초로 주도했던 지도자는 알베르튀스 판 랄터Albertus van Raalte라는 사람이었습니다. 그는 원래 네덜란드에서 분리 측에 속한 사람으로 종교적 박해를 피해 미국으로 건너왔습니다. 이와 같은 이유 때문에 홀랜드에 세워진 초기 개혁교회들은 기본적으로 분리 측의 배경을 가지고 있었습니다. 하지만 황무지를 개간하여 삶의 새로운 터전을 만드는 것은 결코 쉬운 일이 아니었습니다. 판 랄터는 동부에 있는 네덜란드 교회의 도움을 얻기 원했습니다. 비록 그는 분리 측이었지만 미국에 와서까지 교회가 나뉘어져 있을 필요는 없다고 생각했습니다. 그래서 동부의 기존 교회들과 서부의 교회들이 합쳐 하나의 교회가 되었습니다.

시간이 지나면서 홀랜드는 미국에서 가장 네덜란드적인 도시가 되었습니다. 이 도시는 오늘날에도 튤립 축제가 대규모로 개최되고 있고 네덜란드 전통과 문화를 유지하고 있습니다. 최근에 이곳에 한국의 엘지LG 화학공장이 건설되고 나서 한국에도 조금씩 알려지고 있습니다. 지속적인 이민의 증가로 홀랜드와 서부 미시간은 미국 개혁교회의 새로운 중심지가 되었습니다. 그들은 소망대학Hope College을 설립했고 그곳 졸업생들을 위한 신학교도 설립하여 이름을 서부 신학교Western Theological Seminary라고 했습니다. 뉴욕의 신학교와는 달리 이 신학교는 지방 소도시에 위치해 있기 때문에 뉴브런즈윅 신학교에 비하여 상대적으로 보수적인 정서와 문화를 가지고 있습니다.

서부와 동부의 교회들이 합쳐지는 것에 반대하는 소수의 그룹들이 있었습니다. 그들은 더 보수적인 신자들이었는데 전통적인 개혁교회에 충실하기를 원했을 뿐만 아니라 네덜란드 고유의 문화와 전통을 유지하기를 원했습니다. 그들은 동부에 있는 교회들이 지나치게 미국화되었다고 생각했습니다. 그들이 보기에 영어를 사용하는 목사들은 교리를 소홀히 하고 세속적 삶을 살았습니다. 결국 1857년에 네 개 교회가 연합에서 분리하여 독자적인 모임을 구성했습니다. 이것이 오늘날 기독개혁교회Christian

Reformed Church, CRC의 시작입니다. 처음에는 겨우 네 개의 교회에 불과했지만 시간이 지나면서 더 많은 교회가 기독개혁교회에 참가했습니다. 네덜란드의 분리 측과 애통 측 교인들이 이 교회에 출석하면서 기존의 미국 개혁교회와 대등한 규모의 교회로 성장했습니다. 이들은 홀랜드에서 얼마 떨어지지 않은 그랜드래피즈란 도시에 신학 교육을 위한 칼빈 대학Calvin College 및 칼빈 신학교를 설립했습니다.

미국의 네덜란드 개혁교회는 이민자들로 구성되었기 때문에 본국의 영향을 받지 않을 수 없었습니다. 미국 내에 신학교가 설립되었지만 여전히 적지 않은 유능한 신학생들이 네덜란드에서 유학을 했고 그들이 돌아와서 신학 교수가 되어 신학교에서 가르쳤습니다. 아브라함 카이퍼가 자유 대학교를 설립한 이후 칼빈 대학은 카이퍼로부터 엄청난 영향을 받게 되었고 이 학교는 기독교 세계관으로 대변되는 카이퍼주의의 산실이 되었습니다. 칼빈 대학은 단지 미션 스쿨이 아니라 각 분야에 최상의 기독교 학문을 추구하는 기독교 학교로 변모하게 되었습니다.

안타깝게도 기독개혁교회 안에서도 네덜란드에서 일어났던 일과 거의 동일한 교회 분열이 발생하게 되었습니다. 사실, 역사적인 순서로 보면 네덜란드보다 미국에서 앞서 일어났습니다. 기독개혁교회에서 카이퍼의 주장에 반대하는 사람들이 점차 등장했습니다. 카이퍼에 대한 반대 운동을 주도한 사람은 헤르만 훅

세마Herman Hoeksema였고 핵심 논쟁은 일반 은혜에 관한 것이었습니다. 일반 은혜에 관한 논쟁은 너무 복잡하고 난해해서 이해하기가 참으로 쉽지는 않습니다. 하지만 이 교리는 단지 사변적인 지적 작업이 아니라 세상과 불신자를 바라보는 태도를 결정하기 때문에 개혁교회의 신자라면 잘 이해할 필요가 있습니다.

간단히 요약하면 1924년에 기독개혁교회는 다음 세 가지 항목을 결정하고 여기에 동의하지 않는 목사들은 면직이나 정직을 하기로 결정했습니다. 이 세 가지 항목을 요약하면 다음과 같습니다.

1. 하나님께서는 악인에게 구원의 은혜는 아니지만 일반적인 은혜들을 (악인에게도 햇빛과 비를 주시듯이) 베푸신다.

2. 하나님께서는 성령의 일반적 사역으로 불신자들의 죄를 억제하신다.

3. 불신자들은 구원을 위한 선은 할 수 없지만 시민적 선은 행할 수 있으며 하나님께서는 이것을 기뻐하신다.

아마도 처음 보기에는 다 맞는 말처럼 보일 것입니다. 그러나 혹세마와 그를 따르던 사람들은 이런 조항들이 성경적 은혜의 개념을 너무 흐리게 했다고 비판했습니다. 과연 하나님께서 악인에게 비를 주시는 이유가 그를 사랑하기 때문일까요? 하나님께서 죄를 억제하시지만 성령의 일반적 사역을 통해 그 일을 하실까요? 불신자도 시민적 선을 행할 수 있지만 하나님께서 그 행위를 기뻐하실까요? 이 질문에 대해 예라고 답을 하는가 아니면 아니요라고 하는가에 따라 여러분의 삶이 달라질 것입니다. 일반 은혜에 반대한 사람들은 이 교리가 성경의 확실한 증거가 없기 때문에 이 모든 질문에 '아니요!'라고 대답을 했고 기독개혁교회 총회는 이들을 면직시키는 것으로 응답했습니다. 그래서 혹세마를 중심으로 개신개혁교회Protestant Reformed Church, PRC가 형성되었습니다. 오늘날 31개 교회로 구성된 조그만 교단을 형성하고 있으나 굉장히 보수적인 교회이기 때문에 개혁교회의 옛 전통들을 아주 잘 간직하고 있습니다.

더 깊은 공부와 나눔을 위한 질문

1. 140-143쪽을 읽고, 네덜란드 개혁교회의 직분관의 원리 아래 조국 교회 직분제의 이해와 현실을 생각해 봅시다. 조국 교회가 앞으로 지향해야 할 방향성에 대해서도 나눠 봅시다.

2. 143-149쪽을 읽고, 후속 종교개혁은 종교개혁과 어떤 관계에 있습니까? 후속 종교개혁은 무엇을 하려고 했습니까? 특징을 설명해 봅시다.

3. 150-153쪽을 읽고, 개혁파 경건주의의 특징은 무엇인지 말해 봅시다.

4. 154-159쪽을 읽고, 계몽주의가 네덜란드 교회에 어떻게 영향을 미쳤는지 나눠 봅시다.

5. 159-178쪽을 읽고, 분리와 애통이 일어난 이유(배경)는 무엇인지 각각 말해 봅시다. 우리가 배울 수 있는 교훈(도전과 위로, 주의)은 무엇입니까?

6   178-186쪽을 읽고, 해방파는 어떻게 나타났는지 말해 봅시다. 두 편으로 나누어 서로 변론해 봅시다.

7   186-191쪽을 읽고, 네덜란드 개혁교회는 미국에 어떻게 정착했는지 말해 봅시다.

〈6장 네덜란드 '개혁교회 역사' 이야기〉를 읽으면서 하나님께서 깨닫게 해 주신 것과 베풀어 주신 은혜를 생각하며 감사합시다. 또 깨달아 배우고 확신한 일에 거할 수 있게 해 달라고 기도합시다.

7장
개혁교회 신자들의 '생활' 이야기

이제 주제를 바꾸어서 개혁교회 신자들의 삶에 대해 이야기를 전개하고자 합니다. 앞에서 언급했듯이 네덜란드 개혁교회는 오늘날 다양한 형태로 존재합니다. 어떤 교회는 이름만 개혁교회이지 실제로는 전혀 개혁주의 전통과 상관없는 교회도 있습니다. 동일한 교회라고 하더라도 예전 모습과 오늘날 모습은 사뭇 다른 점이 많습니다. 신자들의 삶이라는 것은 시대와 장소에 따라 달리 나타날 수밖에 없습니다. 따라서 "이것이 개혁주의적인 삶이다"라고 말하는 것은 사실상 거의 불가능합니다. 그럼에도 개혁주의 교회의 신자들의 삶에 공통점이 없느냐 하면 그렇지도 않습니다. 무엇보다도 그들은 세 개의 일치 신조를 가지고 있고 어떻게 보면 이것이야말로 네덜란드 개혁교회의 특유성을 규정하는 유일한 요소입니다.

이 책의 서두에서도 밝혔지만 필자는 네덜란드에서 살아 본 경험이 없습니다. 그래서 그들의 삶에 대해 말하는 것이 쉽지는 않습니다. 하지만 저는 미국에서 아주 전통적인 개혁교회에 출석했고 그들에게서 네덜란드 개혁교회에 대해 적지 않은 것을 배웠습니다. 그들은 거의 모두 네덜란드 이민들의 후손이었고 네덜란드 개혁교회의 옛 전통을 잘 간직하고 있었습니다. 이 책에서 그들의 모든 삶을 다 이야기하는 것은 독자들에게 큰 의미가 없으리라 생각합니다. 독자들이 흥미를 가질 만한 요소를 중심으로 이야기를 풀어 나가겠습니다.

예배

아마 독자들은 이들이 어떻게 예배를 드리는지에 대해 가장 궁금하게 생각할 것입니다. 여기서 우리는 전통적인 개혁교회와 현대적인 개혁교회를 구분할 필요가 있습니다. 개혁주의 교회들 중에서도 상당수는 오늘날 현대 복음주의의 영향을 받고 있습니다. 그런 교회에 가 보면 개혁주의 교회라는 것을 전혀 느낄 수 없을 것입니다. 그들은 개혁주의 신조는 유지하면서 예배와 같은 삶에서 현대 흐름과 타협했습니다. 이렇게 된 가장 큰 이유는 현대 사회가 세속화되면서 교회도 영향을 받았기 때문입니다. 그들 중 어떤 교회가 큰 부흥을 이루기 시작했고 그런 부흥은 다른 교회에도 영향을 미치기 시작했습니다. 따라서 여기서 말하고자 하는 개혁주의 예배는 예전의 전통을 잘 유지하고 있는 개혁교회의 예배를 가리킵니다.

예배 순서를 보면 전통적인 한국의 장로교회의 예배와 그다지 큰 차이를 보이지 않습니다. 이것은 장로교회와 개혁교회가 그 뿌리를 같이하고 있기 때문일 것입니다. 그리고 예배 순서는 같은 교단에 속해 있으면 어디에 가든지 거의 똑같습니다. 우리나라에서는 같은 교단이라고 하더라도 담임 목사에 따라 예배 분위기가 크게 다른 경우가 많은데 보수적인 개혁교회에서는 그렇지 않습니다. 그들은 신앙의 일치뿐만 아니라 예배의 형식에서도 상당한 일치를 추구합니다. 그 결과 개혁교회의 신자들은 출장이나 기타 사정 때문에 다른 개혁교회에 출석하더라도 전혀 생소하지 않게 본 교회에 출석할 때와 똑같은 기분으로 예배를 드릴 수 있습니다. 원칙적인 측면에서 몇 가지 흥미로운 요소가 눈에 띕니다. 그리고 이런 요소들이 모여서 개혁교회의 특유한 성격을 나타냅니다.

개혁교회 신자들은 주일 예배 중심의 삶을 살아갑니다. 그들에게는 우리나라 교회처럼 주중 예배 혹은 집회 모임이 전혀 없습니다. 물론 소그룹 모임은 개설이 되지만 수요 기도회와 같은 교인 전체를 상대로 한 모임은 없습니다. 주일에 드려지는 예배가 모든 신앙생활의 중심입니다. 주일에도 오전 예배와 오후 예배 외에는 아무 행사도 없습니다. 예배 뒤 성도들끼리 오랫동안 나누는 담소가 행사라면 유일한 행사라고 할 수 있습니다. 평일에는 자기 일에 힘쓰고 주일에는 예배를 드림으로 진정한 영적 안식을 누려야 한다고 생각합니다.

이들은 주일에 예배에만 집중하기 때문에 전혀 분주하지 않습니다. 주일 학교나 성가대도 없기 때문에 아주 한가하고 여유로운 상태에서 예배에 참석합니다. 그러므로 담임 목사도 토요일에 전혀 바쁘지 않습니다. 필자가 유학 시절에 영어 설교에 아직 익숙하지 않은 아내를 위해 설교 원고를 받으러 목사님 사택에 토요일마다 들렀는데, 처음에는 토요일이 아주 바쁠 거라 생각하여 목사님을 방문하는 것을 대단히 부담스러워했으나 알고 보니 전혀 그럴 필요가 없었습니다. 목사님도 주중에 설교 준비를 다 끝내 놓고 가족과 함께 한가한 주말을 보내고 있었기 때문입니다. 이 점에서 조국 교회도 주일이 안식하는 날이라는 것을 다시 한 번 기억할 필요가 있다고 생각합니다.

주일 예배는 오전 9시 30분에 시작되는 오전 예배와 5시쯤에 시작되는 저녁 예배로 구분됩니다. 오전 예배와 저녁 예배는 순서에서 거의 차이가 없습니다. 차이가 있다면 오전에는 십계명을 낭독하고 오후에는 사도신경을 고백하는 것 정도입니다. 심지어 예배에 참석하는 숫자도 거의 동일합니다. 여든이 넘어서 거동이 불편한 노인들 외에는 거의 백 퍼센트 저녁 예배에 참석합니다. 가끔 빠지는 분들이 있기는 한데 그것은 그들이 친척집에 들렀다가 그들과 함께 다른 교회의 예배에 참석했기 때문입니다. 출타와 같은 특별한 일이 없는 한 주일 저녁 예배에 빠지는 경우는 거의 없습니다. 물론 이것은 보수적인 교회일수록 그렇고 그렇지 않은 교회는 점점 오후 예배 참석 숫자가 줄어들고 있습니다.

개혁교회의 예배는 단순합니다. 예배의 필수 요소 외에는 아무것도 사용하지 않습니다. 그래서 개혁교회의 예배에 참석하면 오직 예배의 대상이신 삼위 하나님께 집중하게 됩니다. 성가대도 없고 어린이를 대상으로 한 주일학교도 없습니다. 그래서 개혁교회의 예배당은 아주 깔끔합니다. 우리나라 교회처럼 교회당 전면에 대형 스크린도 없고, 찬양팀을 위한 마이크, 앰프, 음향시설, 보면대 등 비품이 없습니다. 악기는 오르간과 피아노가 전부입니다. 오르간과 피아노 반주는 연주할 수 있는 여러 성도가 서로 돌아가면서 봉사합니다.

예배당 안의 구조는 주로 방주 형태입니다. 그래서 교회당의 예배실 안에 들어가면 노아의 방주에 들어갔다는 느낌이 듭니다. 정면을 주시하면 가장 먼저 눈에 띄는 것이 중앙에 있는 강대상과 좌우에 있는 성찬 식탁과 세례단입니다. 이것이야말로 개혁교회의 건물이 가지는 가장 중요한 특징이라고 할 수 있습니다. 개혁교회는 순수한 말씀의 선포와 그 말씀에 따른 성례의 시행이 참 교회의 표지라고 주장했습니다. 이것은 단순히 말에 그치지 않고 교회당 비품 설치에도 그대로 영향을 주었습니다. 오늘날 조국 교회에서 '교회는 건물이 아니다'라는 말이 지나치게 강조되어서 교회당 안이 창고 비슷하게 바뀌는 것은 반성해 볼 필요가 있습니다. 교회는 건물이 아니지만 그렇다고 해서 예배 처소를 아무렇지도 않게 생각해서는 안 될 것입니다. 참고로 개혁교회에서는 성찬식은 일 년에 네 번 정도 실시하며 방법은 교회마다 차이가 나지만 우리나라의 방식과 그다지 큰 차이는 없습니다. 세례식은 특별한 절기에 모아서 하기보다는 필요할 때마다 자주 시행됩니다. 개혁교회에서 세례식이라고 하면 주로 유아세례식이라고 보면 됩니다. 십 년이 넘도록 한 번도 성인 세례식을 베푼 적이 없는 목사도 적지 않습니다. 개혁교회가 자녀 교육에 전념하는 것은 바람직하지만, 불신자 전도에 힘쓰지 않는 경향을 보이는 것은 큰 문제라고 할 수 있습니다.

예배당에 들어가면 자기가 앉고 싶은 대로 앉는 것이 아니라 안내 위원들의 안내를 받아 좌석에 앉습니다. 어떤 교회에는 가족의 지정석이 있는 경우도 있고 장로들을 위한 좌석이 따로 지정된 곳도 있기 때문에 아무 곳에나 앉아서는 안 됩니다. 대부분 가족이 함께 좌석에 앉고 홀로된 노인 분들은 그분들끼리 같이 자리를 합니다. 만 세 살 이상이 되면 어린이들도 예배에 참석하는데 어린아이들은 부모 사이에 앉기 때문에 예배 중 서로 이야기하거나 장난치는 것이 원천적으로 불가능합니다. 설교를 알아듣기 힘든 어린아이들을 위해 부모가 종이와 연필을 준비하여 그림을 그리게 하기도 합니다.

예배 시작 3분 정도가 되면 목사와 장로들이 함께 예배실에 입장합니다. 목사는 강단 위의 좌석에 앉고 장로들은 회중석 중 지정석에 앉습니다. 이런 모습이 우리 눈에는 상당히 권위주의적으로 보이지만 그들은 전혀 그렇게 생각하지 않습니다. 오히려 그들을 말씀을 맡은 봉사자로 인식할 뿐입니다. 그들은 주로 예배 시간 전에 함께 당회실에 모여 예배와 회중을 위해 기도합니다. 이것은 개혁교회가 로마 가톨릭 교회의 박해를 받던 시절에 생긴 관습입니다. 당시 그들은 산이나 들에서 예배를 드렸는데 함께 모여 예배드리는 시간이야말로 가장 위험한 시간이었기 때문에 목사와 장로들은 예배 시간 전에 함께 모여 주님의 양 떼들을 보호해 달라고 하나님께 간절히 기도드렸습니다. 이 전통이 오늘날에도 그대로 이어지는 것입니다.

개혁교회에서 예배의 중심은 단연코 설교입니다. 설교는 그야말로 하나님의 말씀이기 때문에 모든 사람이 매우 중요하게 생각합니다. 교회마다 다르겠지만 설교 시간이 사십 분을 넘는 경우가 많습니다. 설교에 집중하기 위해 설교가 시작되기 전에 졸음을 방지하는 사탕을 서로 나누어 먹는 성도들이 많은데 우리나라 사람들에게는 매우 생소한 광경일 것입니다. 설교는 철저하게 본문 중심적이고 사람을 즐겁게 하는 예화나 유머를 거의 사용하지 않습니다. 목사는 특별히 자신의 설교가 개혁교회의 교리에 충실하게끔 매우 주의합니다. 두 예배 중 한 번은 하이델베르크 교리문답에 따라서 설교를 하기 때문에 개혁교회에 오랫동안 출석한 성도들은 성경의 중요한 교리를 충분히 숙지하게 됩니다.

시편 찬송은 개혁교회 예배의 또 다른 중요한 특징입니다. 16세기에 만들어진 제네바 시편 찬송을 아직도 사용하는 교회도 있지만 더 현대적인 시편 찬송을 사용하는 교회도 있습니다. 어떤 교회는 시편 찬송만 사용하는 교회도 있지만 어떤 교회는 시편 찬송과 더불어 다른 찬송가도 병행하는 교회도 있습니다. 이 같은 이유 때문에 개혁교회에서 시편은 신자들의 찬송과 기도 생활에 가장 중요한 요소입니다. 이들은 어려서부터 시편 찬송을 배우기 때문에 뛰어난 자질이 있는 사람들은 성인이 되었을 때 시편 전체를 암송하기도 합니다. 시편 찬송은 선율이 단순하고 가사를 성경에서 따온 것이므로 부르는 성도들에게 큰 감화를 줍니다. 필자도 처음에는 시편 찬송이 생소했으나 계속 부르다 보니 그 찬송이 몸에 체화되었고 나중에는 기존의 한국 찬송가가 너무 가볍다고 느껴졌습니다.

예배는 목사의 축도로 마치는데 축도하기 전에 일어서서 송영을 부르기 때문에 축도가 마치고 나서도 모든 사람이 서 있습니다. 축도를 마친 목사는 단상에서 내려와서 장로들과 일일이 악수합니다. 이것은 단순히 목사의 설교에 대한 감사의 표시가 아니라 선포한 말씀을 교회가 받아들였다는 것을 보여 줍니다. 이것을 교제의 악수라고 할 수 있는데 갈라디아서 2장 9절에 가장 잘 나타나 있습니다. 악수를 마치고 나서 장로들과 목사가 먼저 퇴실하고 문에서 성도들을 기다립니다. 이것은 조국 교회와 큰 차이가 없지만 모든 성도가 다 참여한다는 점에서 좀 다른 것 같습니다. 문이 여러 개인 경우 두 명씩 짝을 지어서 문 앞에 서 있다가 퇴실하는 성도들과 악수로 인사를 나눕니다.

목사와 장로들이 나가면 앞자리에 앉은 사람부터 퇴실을 하는데 아무도 뒷자리에 있다가 먼저 나가는 사람이 없습니다. 앞자리에 앉은 사람은 퇴실하면서 서 있는 사람들과 눈인사를 하는 경우가 많지요. 이 같은 습관이 있기 때문에 예배에 참석한 사람들은 모두 다른 성도들의 예배 참석 여부를 잘 알 수 있습니다. 이런 절차가 없다면 앞자리에 앉은 사람들은 뒷자리에 있다가 그냥 먼저 가 버린 성도들에 대해서는 전혀 알 수 없을 것입니다. 따라서 개혁교회에서는 앞자리에 앉으라고 광고할 필요가 없습니다. 먼저 나가고 싶은 사람들은 앞자리에 앉으면 되니까요.

가정

개혁교회에서 가정은 대단히 중요합니다. 가정의 가장 기본 단위는 부부라고 할 수 있습니다. 이 부부는 혼인이라는 언약을 통해 두 사람이 하나가 됩니다. 혼인을 언약으로 보는 관점은 개혁교회에서 매우 강조되는 점입니다. 일반적으로 보수적인 개혁교회는 혼인의 하나 됨을 대단히 강조하기 때문에 이혼과 재혼에 대해 상당히 부정적 태도를 보입니다. 심지어 어떤 교회는 재혼을 인정하지 않기도 합니다. 그 이유는 하나님께서 짝지어 주신 것을 사람이 나누지 못한다는 것, 그리고 누구든지 버린 여자에게 장가드는 것이 음행이라고 하신 주님의 말씀을 그대로 받아야 한다고 생각하기 때문입니다. 즉 이혼은 사람으로 말미암은 법적인 분리일 뿐이지 실제로 두 사람이 나누어지지 않았기 때문에 여전히 부부입니다.[18] 이런 견해가 성경적으로 옳은가라는 것은 논외로 하더라도 이혼율과 재혼율이 급격하게 증가하고 있는 오늘날 우리는 이들의 견해를 주의 깊게 경청할 필요가 있다고 생각합니다.

자녀는 혼인을 한 부부에게 주시는 하나님의 선물입니다. 개혁교회의 신자들은 언약의 자녀들을 하나님의 큰 복이라고 생각합니다. 이렇게 말하면 자녀들을 복이라고 생각하지 않는 신자도 있는가라고 반문할 수 있을 것입니다. 그러나 이 문제를 좀 진지하게 생각해 봅시다. 정말로 자녀들을 복이라고 생각한다

---

18) 여기에 대해서는 필자가 번역한 책을 참고하세요. 데이비드 엥겔스마, 『결혼, 그리스도와 교회의 신비』 (가제, 그 책의 사람들, 2015년 출간 예정).

면 자녀들을 많이 낳아야 하지 않을까요? 이 점에서 보수적인 개혁교회 신자와 그렇지 않은 신자는 확연하게 구분됩니다. 보수적인 개혁교회 신자들은 대부분 자녀를 많이 낳습니다. 다섯 명 이상의 자녀는 보통입니다. 필자가 한번은 어떤 목사님 집에 저녁 초대를 받은 적이 있습니다. 아이들이 하도 많아서 그날 무슨 파티가 있는 줄 알았습니다. 알고 보니 그 목사님의 자녀가 열한 명이었습니다. 솔직히 저는 그 목사님보다는 사모님이 훨씬 존경스러워보였습니다. 그분은 하나님의 말씀대로 사는 것이 무엇인지를 삶으로 보여 주었습니다. 나중에 열 명 정도의 자녀를 두는 것은 개혁교회에서 그렇게 드문 일이 아니라는 것을 알게 되었습니다.

개혁교회는 유아세례의 의미를 성경적으로 분명하게 가르칩니다. 로마 가톨릭 교회와 달리 유아들에게 세례를 주는 것은 유아들에게 있는 원죄를 용서받기 위한 것이 아닙니다. 그렇다고 해서 아이들에게 믿음이 없기 때문에 세례를 주지 말아야 한다는 침례교회의 가르침도 개혁교회는 거부합니다. 하이델베르크 교리문답은 유아에게 세례를 주는 이유를 분명하게 밝힙니다. 신자의 가정에서 태어난 아이들은 불신자의 아이들과 구별되기 때문에 그 표로 개혁교회는 세례를 베풉니다. 그렇기 때문에 유아세례를 아주 중요하게 생각합니다. 우리나라로 치면 유아세례의 분위기는 백일잔치와 비슷하다고 생각하면 됩니다. 보통 부모가 새로 태어난 아기와 함께 처음 오는 날에 세례를 시행합니다. 아이들을 많이 낳기 때문에 유아세례식은 자주 거행되는 편입니다. 일 년에 한두 차례 정도 유아세례식을 몰아서 시행하는 조국 교회와는 차이가 있습니다. 유아세례가 있는 날 부모는 아기에게 아주 예쁜 드레스를 입힙니다. 예배당에 도착하면 보는 성도들마다 그 아기를 처음 보고 기뻐합니다. 그때는 멀리 있는 자신들의 친척들도 예배에 참석하는 경우가 많습니다. 예배를 마치고 나면 아이의 부모들이 장만한 다과를 같이 나누면서 모든 성도와 함께 언약의 자녀가 태어난 기쁨을 함께 누립니다.

많은 자녀를 키우는 것은 보통 힘든 일이 아닙니다. 그러나 그렇기 때문에 개혁교회의 신자들은 자녀들을 잘 키우는 노하우가 저마다 있습니다. 처음 두 명의 자녀까지는 어머니가 돌볼 수밖에 없지만 셋째부터는 오히려 아이들을 키우기가 편한 측면도 있습니다. 아이가 조금만 커도 부모님의 웬만한 잔심부름을 다 합니다. 그래서 어머니는 셋째 갓난아이만 돌보면 되지요. 조금 큰 아이들은 자기 동생들을 돌보고 놀아 주는 것을 아주 자연스럽게 잘 하지요. 그리고 연령이 별로 차이가 나지 않기 때문에 어려서부터 서로 같이 노는 것이 습관이 되어 있습니다. 요즘 우리나라 어머니들은 하나밖에 낳지 않기 때문에 중학생이 될 때까지 놀아 주어야 하는 것과는 정말 비교됩니다.

가정예배는 가정생활의 중심입니다. 개혁교회 신자들은 가정예배를 통해 가정을 튼튼히 세워 갑니다. 특별히 식탁은 자녀들의 경건을 훈련시키는 현장입니다. 우리나라 식으로 표현하면 밥상머리 교육입니다. 가정마다 조금 다르지만 이들은 식사가 끝나면 모두 함께 가정예배를 간단히 드립니다. 항상 아버지가 주도하기 때문에 아버지가 가정에서 차지하는 권위는 대단합니다. 특히 주일 저녁에는 아버지가 자녀들에게 예배 시간에 들은 설교에 대해 질문하기도 합니다. 그래서 자녀들은 어려서부터 설교 시간에 집중하는 것을 자연스럽게 배우기도 하지요. 한번은 제가 저녁 식사에 초대받았는데 그때 일을 아직도 잊을 수 없습니다. 식사가 끝난 뒤 항상 그렇듯이 아버지가 만 네 살 정도의 딸에게 다음과 같이 물었습니다. 간단한 말이니 영어로 쓰겠습니다.

> father: "How do you speak to God?"
> daughter: "prayer"
> father: "How then does God speak to you?"
> daughter: "preaching"

정말 대단하지 않습니까? 아마 웬만한 신학생들에게 물어도 제대로 답을 하지 못할 질문에 대해 네 살짜리 꼬마가 아무렇지도 않게 대답하는 것을 보고 개혁교회가 가진 힘에 탄복하지 않을 수 없었습니다.

어린 자녀들이 이렇게 신앙의 중요한 질문에 답할 수 있는 것은 어려서부터 교리문답 교육을 잘 받았기 때문입니다. 하이델베르크 교리문답을 기본적으로 잘 배우기 때문에, 이들은 어려서부터 묻고 답하는 훈련이 매우 잘 되어 있습니다. 부모는 아이들을 평일 저녁 예배당에서 모이는 교리문답 교실에 반드시 참여시켜야 합니다. 이 교리문답 교육은 일반 교사가 하지 않고 목사와 장로들이 담당합니다. 이 교육을 마치면 최종적으로 성인 입교식을 통해 교회의 정회원이 되게 합니다. 정회원이 되면 그야말로 다른 모든 성인 회원과 동등한 지위를 가지게 됩니다. 그것을 가장 확실하게 보여 주는 것이 공동의회의 참석입니다. 부모는 자녀들을 데리고 공동의회에 참석하여 교회의 중요한 결정 사항에 참여하여 투표권을 행사하게끔 교육을 시킵니다. 이 모든 과정을 비교적 어려서부터 경험하기 때문에 이들은 곧 다음 세대의 교회를 이끌어 가는 주역으로 성장하게 됩니다.

기독교 학교

개혁주의 교회의 신자들은 자녀들을 공립학교에 보내지 않습니다. 기독교 학교에 보낼 여력이 없는 신자들은 집에서 자녀들에게 홈스쿨링을 실시합니다. 그들의 이런 삶의 방식은 유아세례식에서 그들이 하나님과 교회 앞에서 서약한 내용 때문입니다. 부모는 유아세례식에서 자녀들을 주의 교양과 훈계로 양육할 것을 엄숙하게 서약합니다. 따라서 그들은 자신들의 자녀들이 공립학교에서 반기독교적인 내용으로 교육받는 것에 반대합니다. 예를 들어 오늘날 대부분의 공립학교에서 동성애는 죄가 아니며 하나의 성적인 취향일 뿐이라고 가르칩니다. 신자의 자녀들이 그런 학교에 다니면 말씀대로 자라나는 것은 거의 불가능하다고 보아야 합니다. 그래서 아무리 작은 교회라고 하더라도 부모가 기독교 학교를 설립하여 자녀들을 교육시키는 데 힘쓰고 있습니다.

이런 정신 때문에 개혁교회의 신자들은 자녀들의 신앙교육은 부모가 져야 한다는 강한 확신을 가지고 있습니다. 그래서 개혁교회에는 주일날 어린이를 위한 예배가 따로 없고 우리나라처럼 자녀들의 신앙교육을 교육 전도사에게 맡기지도 않으며 맡길 수도 없습니다. 목사와 장로들이 교리문답 교육을 학생들에게 제공하지만 그것은 어디까지나 보조 역할일 뿐이며 궁극적인 책임은 부모가 자녀 교육을 감당해야 한다고 생각합니다. 하지만 자녀들을 기독교 사립학교에 보내는 것은 쉬운 일이 아닙니다. 자녀를 많이 둔 신자들에게 엄청난 부담입니다. 무엇보다 재정적으로 큰 부담입니다. 사립학교에 지불해야 하는 등록금이 매우 높은 편입니다. 그렇기 때문에 교회의 지원이 없이는 기독교

학교가 제대로 운영되는 것은 불가능합니다. 그렇다고 교회가 학교를 직접 운영하지는 않습니다. 그 일은 매우 중요하기는 하지만 교회의 본래 사명은 아니라고 보기 때문입니다. 교회는 재정 지원만 할 뿐 운영은 전적으로 학부모들이 책임지고 운영합니다. 목사도 학부모인 경우에는 학부모로서 감당해야 할 일을 해야 합니다.

교회는 여러모로 기독교 학교가 제대로 운영이 되게끔 돕습니다. 학교를 위해 기도하는 것은 가장 기본적인 일에 속할 것입니다. 교회 건물을 학교를 위해 제공하거나 싼 값에 임대를 주기도 합니다. 정기적으로 예배 시간에 기독교 학교를 위한 목적 헌금을 거두어서 재정적으로 돕습니다. 나이가 들어서 죽을 때 유산의 상당액을 기독교 학교를 위해 기부하는 경우도 많습니다. 무엇보다 당회는 성도들을 심방할 때마다 '부모들로 하여금 최선의 노력을 다하여 교육이 하나님의 말씀에 일치하는 학교에 그들의 자녀들을 참석하게 하도록' 독려합니다. 집사회는 교인들 중 재정 형편이 좋지 않아서 기독교 학교에 보내지 못하는 가정을 위해 등록금을 지원하기도 합니다.

기독교 학교의 교사들에게 지급되는 월급은 그다지 높은 편이 아닙니다. 그럼에도 기독교 학교의 교사들은 교육 수준이 높을 뿐 아니라 사명감도 높은 편입니다. 부모의 관심, 좋은 가정 교육을 받은 아이들, 헌신된 교사, 교회의 지원에 힘입어 기독교

학교의 교육 환경은 우리나라와 비교할 수 없을 정도로 좋은 편에 속합니다. 더구나 이들의 교육 목표는 좋은 대학에 가는 것이 아닙니다. 만약 미국에 있는 한국 교인들의 자녀가 하버드 대학교나 예일 대학교에 합격한다면 많은 사람의 부러움을 받을 것입니다. 그러나 이 이야기를 개혁교회의 신자들에게 말한다면 "어떻게 신자가 그와 같은 세속적인 대학에 자녀들을 보내는가?"라고 말하면서 이상한 눈초리로 쳐다볼지 모릅니다.

필자가 한번은 노회에 참석한 적이 있습니다. 그런데 이상하게 백 명이 넘는 고등학교 학생이 방청객으로 주위에 참석하고 있는 것입니다. 그들은 회의에 조용히 귀를 기울이면서 중요한 사항을 메모하고 있었습니다. 알고 보니까 그 교회 소속 기독교 학교 학생들이 견학을 온 것입니다. 저는 그때 우리나라의 노회와 총회를 떠올렸습니다. '과연 우리나라에서 고등부 학생들이 노회에 참석하면 무엇을 배울까?' 개혁교회의 자녀들은 청소년 시절부터 기독교 학교를 통해 교회를 세워 가는 법을 익힙니다. 이런 교육은 기독교 학교에서만 실현 가능한 교육입니다.

교육과 관련해서 신학교를 언급하지 않을 수 없습니다. 기독교 학교와 달리 신학교는 교회가 직접 경영합니다. 그 이유는 목사 후보생을 교육하는 것은 교회의 책임이라고 보기 때문입니다. 기독교 학교에 대한 헌금은 자발적인 경우가 많지만 신학교 지원은 의무적으로 이루어집니다. 신학교 재정 지원을 위해 개인

당 혹은 교회별로 할당된 일정 금액이 있으며 특별한 일이 없는 한 그 금액을 내야 합니다. 이 같은 재정 지원이 있기 때문에 신학생들은 돈 걱정을 하지 않고 학업에만 전념할 수 있습니다. 개혁교회에는 주말에 교회에서 봉사하는 전도사 제도 자체가 아예 없습니다. 예배 말고는 교회 행사가 거의 없고 부모들이 함께 예배를 드리기 때문에 주일학교 담당 전도사 자체가 필요 없지요.

일반적으로 개혁교회는 매우 수준 높은 교육을 목사 후보생에게 시킵니다. 개혁신학을 제대로 이해해서 목회하는 것은 결코 쉬운 일이 아닙니다. 탁월한 신학적 안목과 경건이 입증되어야 개혁신학에 따른 목회를 할 수 있습니다. 무엇보다 일반 성도들의 수준이 대단히 높기 때문에 목사들의 수준도 그들보다 높지 않으면 제대로 목회를 할 수가 없습니다. 교회의 정서가 이렇기 때문에 개혁교회의 목사들은 대부분 상향평준화되어 있습니다. 그렇기 때문에 개혁교회 성도들이 소위 설교 잘하는 목사를 찾아 이 교회나 저 교회를 헤매는 일은 찾아볼 수 없습니다.

목사 청빙

개혁교회에서 목사의 중요성은 말할 필요가 없을 것입니다. 앞에서도 말했듯이 개혁교회는 일반적으로 목회자가 부족한 경우가 많습니다. 신학교를 지원하는 수가 적은 것도 원인이지만 신학교를 지원하더라도 노회에서 철저하게 심사하기 때문이지요. 또한 노회 역시 목회자 수급을 면밀하게 예상하면서 조절하기 때문에 우리나라처럼 목회자가 과잉 공급되는 일은 없습니다. 목사를 청빙하기가 쉽지 않으니 목사의 권위가 대단히 높은 편입니다.

개혁교회는 대단히 안정적인 교회이기 때문에 목사가 없더라도 목사를 결코 서둘러 청빙하지 않습니다. 어떤 경우에는 2-3년이 걸리기도 합니다. 장로들과 집사들이 교회의 웬만한 일을 능히 다 처리하고 설교는 은퇴 목사나 신학 교수들이 와서 감당하면 담임 목사가 없더라도 성도들이 큰 불편을 느끼지 못합니다. 담임 목사가 없으면 성도들이 너무 불안해하는 조국 교회와 큰 대조를 이룹니다. 그만큼 조국 교회의 목사 의존도는 심한 편입니다. 개혁교회는 말씀에 의지하지 목사에 의지하는 것이 아닙니다.

개혁교회 역시 여러 이유로 목사가 사임을 합니다. 개혁교회 역시 완벽한 교회는 아니므로 목사와 교회의 갈등 때문에 목사가 사임을 하는 경우도 있습니다. 하지만 목사가 사임하는 대표적인 경우는 은퇴입니다. 목사가 공석이 되면 당회가 중심이 되어서 새로운 목사를 청빙하는 절차에 들어갑니다. 여기에서 우리에게 아주 낯선 것은 모든 청빙 절차를 투명하게 진행한다는 것입니다. 목회자의 청빙 과정 전체를 거의 비밀에 붙이는 조국 교회와는 전혀 다른 모습입니다.

 예전에 조국 교회는 장로들이 여러 교회를 다니면서 목사를 청빙하는 수고를 아끼지 않았으나 요즘에는 신문에 공고를 내서 모집하는 경우가 많습니다. 이것은 사실상 청빙이 아니라 채용이라고 할 수 있습니다. 개혁교회는 철저하게 청빙이라는 원칙에 충실합니다. 일단 여러 사람에게서 추천을 받습니다. 교회는 추천받은 사람 중에서 여러 과정을 거쳐서 청빙할 목사를 결정합니다. 목사를 청빙하기로 결정하면 그 결정 사항을 주로 교단 소식지에 공고합니다. 그런데 그 목사는 대부분 이미 담임 목회를 하고 있는 경우가 많습니다. 청빙을 받은 목사는 주로 한 달간 여유를 가지고 기도에 들어갑니다. 기도가 끝난 뒤 청빙에 대한 수락 여부를 역시 공개합니다. 그 목사가 청빙을 수락하면 새로운 시무 교회를 향해 떠나게 됩니다. 개혁교회의 교단 신문에는 목사 청빙과 관련한 소식이 계속 실립니다. 청빙 모집 광고가 많은 우리나라와는 아주 다르지요.

 여기서 우리는 아주 중요한 개혁교회의 원리를 배웁니다. 교회에는 어떤 목사라도 청빙할 수 있는 권리가 있습니다. 예를 들어 아주 시골 교회라 할지라도 큰 교회 목사를 청빙할 수 있다는 말입니다. 물론 개혁교회의 크기는 대부분 비슷합니다. 이 교회의 부르심을 우리는 외적 소명이라고 하지요. 이것도 하나님의 부르심의 일종이라고 할 수 있습니다. 목사는 이 부르심을 결코 소홀히 여기지 않습니다. 그래서 일정 기간 기도 시간을 가지면서 자신의 소명을 확신하게 됩니다. 이것을 개혁교회에서는 내적 소명이라고 하는데 내적 소명이 외적 소명에 우선하는 것을 보게 됩니다. 즉 교회를 정하는 데 가장 궁극적인 요소는 목사의 내적 소명입니다. 정말로 하나님께서 그 교회로 부르셨다는 목사의 확신이 가장 중요하다는 것이지요. 여러분은 어떻게 생각하십니까? 우리나라의 경우 만약 어떤 교회가 다른 교회 담임 목사를 공개적으로 청빙을 하게 되면 두 교회의 교인들끼리 서로 얼굴을 붉히고 싸우는 일이 일어날 가능성이 크지 않겠습니까?

목사를 청빙하면 교회는 청빙서를 보냅니다. 이 청빙서는 매우 자세하고 구체적으로 목사가 해야 할 일과 그 일에 대한 보상을 기술하고 있습니다. 예를 들어 이런 식입니다. "당신이 목사 청빙을 수락한다면 일주일에 설교 두 편을 해야 하고 학생들에게 교리문답을 가르쳐야 하고 병자들을 심방해야 하고 당회와 함께 교회를 치리해야 하고 복음에 필수적인 일들을 해야 한다. 이런 일을 성실히 수행할 때 본 교회는 봉급은 얼마, 의료보험비 얼마(미국의 경우 보험료가 대단히 비쌉니다), 휴가는 며칠……." 우리나라 장로교회의 경우 생활비에 대한 규정 외에는 다른 조항들이 거의 없다고 할 수 있습니다. 그것도 처음 청빙될 때의 금액이고 앞으로 어떻게 지불하겠다는 것은 고려의 대상도 아닙니다. 그러나 개혁교회의 청빙서에는 그런 것까지 명시되어 있습니다. 주로 교단의 봉급 인상률을 참조해서 지급하겠다는 내용이 들어 있습니다. 심지어 이사 비용도 어느 정도까지 지불하겠다는 내용도 들어 있습니다. 우리나라 목사의 경우 대부분 이런 일들에 대해 '교회에서 알아서 해 주겠지' 정도로 생각합니다. 그리고 나서 교회가 해 주지 않으면 섭섭하게 생각하지요. 목사가 그런 것들을 밝히면 사명감이 없다고 성도들이 생각하기 쉬울 것입니다. 물론 문화적 차이라고 볼 수 있습니다. 그러나 개혁교회의 청빙서는 그것을 읽는 자에게 감동을 주기에 충분합니다. '개혁교회 성도들은 목사를 정말 책임 있게 청빙하려고 노력하는구나!'

직분자 선출

조국 교회 성도만큼 직분자 선출에 관심이 많은 교회도 드물 것입니다. 직분자 선출로 말미암아 교회가 시험을 당하는 경우가 비일비재하지요. 더 큰 문제는 자격 없는 사람이 직분자가 되는 경우입니다. 그렇게 되는 가장 큰 이유는 때가 되면 교회가 알아서 직분자로 세워 주기 때문일 것입니다. 직분자 선거에 떨어져도 큰 문제가 없습니다. 다른 교회로 옮기면 되지요. 너무 많은 직분자를 세우는 것도 문제입니다. 그래서 어떤 교회에는 성도보다 직분자가 더 많기도 합니다. 조국 교회의 직분 문제는 어디에서 손을 대야 할지 모를 정도로 심각합니다. 가장 심각한 문제는 선거 운동이 교회 안에 일어나고 있다는 것입니다. 직분자로 세워지고 나서 드리는 소위 직분 감사 헌금은 성직매매나 다를 바 없습니다.

개혁교회에는 직분자 선거로 교회가 시험당하는 경우가 거의 없습니다. 직분자는 문자 그대로 성도를 섬기는 자들이기 때문이지요. 아주 당연한 말이지만 이들은 실제로 그렇게 생각합니다. 섬기는 일이 쉽지 않다는 사실은 해 본 사람은 다 알 것입니다. 정말로 직분자들이 열심히 힘들게 봉사하기 때문에 개혁교회에서는 임기제(보통 2년이나 4년)를 실시합니다. 임기를 마친 장로에게 기분이 어떠냐고 물었던 적이 있는데 그분은 "I am so happy!"라고 대답했습니다. 큰 짐에서 벗어났다는 해방감을 그 말에서 느낄 수 있었습니다.

직분자 수도 그렇게 많지 않을 뿐만 아니라 비율도 우리나라 교회와 다릅니다. 조국 교회의 경우 서리 집사, 안수 집사, 장로, 목사(부목사)로 올라가면서 피라미드 구조로 되어 있습니다. 그러다 보니 집사보다는 장로가 높다는 생각을 많이 하게 되지요. 그러나 개혁교회는 일반적으로 장로의 수가 집사의 수보다 많습니다. 장로가 해야 할 일이 훨씬 많기 때문에 많은 수의 장로를 두는 것입니다. 실제로 우리나라의 경우 집사로 세워 놓았지만 명목상으로 세운 경우가 적지 않지요. 개혁교회는 철저하게 필요한 만큼의 직분자를 세웁니다. 일을 하지 않는 명목상의 직분자는 존재할 수 없고 일 자체를 하지 않아도 되는 명예 직분(명예권사나 장로)은 생각도 할 수 없습니다.

그렇다면 이들 직분자는 어떻게 선출할까요? 앞에서도 말했듯이 이들은 필요에 따라 선출합니다. 선출하기 전에 몇 명이 필요한가를 먼저 정해 놓고 시작합니다. 예를 들어 장로 두 명을 선출해야 한다고 가정합시다. 그러면 당회가 공고를 내어서 교인들에게 추천을 받습니다. 그중에서 두 명 이상의 추천을 받은 사람은 당회에서 검토합니다. 당회는 자격을 간단히 심사한 뒤 무자격자들을 걸러 냅니다. 그리고 나서 여러 의견을 나눈 다음 한 명 한 명에 대해 각각 투표를 실시합니다. 투표 결과 3분의 2 이상을 받은 사람만 공동의회에 추천합니다. 다섯 명을 공동의회에 추천했다고 가정합시다. 공동의회 역시 개개인에 대해 찬반 투표를 실시합니다. 다섯 명 중에서 한 명이나 두 명이 3분의 2가 넘었을 경우에는 모든 선거는 종료됩니다. 문제는 3분의 2가 넘은 사람이 세 명 이상이 될 경우입니다. 여러분은 여기에서 어떻게 결정하시겠습니까? 아마 사람들 대부분은 그중에서 가장 투표수가 많은 사람을 선출해야 한다고 생각할 것입니다. 물론 그것도 하나의 방법입니다. 그러나 개혁교회는 이 경우에 제비뽑기를 실시합니다. 저는 이 제도가 정말 절묘한 제도라고 생각합니다. 최종 선출된 세 명은 모두 두 명 이상의 교인에게서 신실하다는 증거를 얻은 사람입니다. 3분의 2 이상의 당회의 인정도 받았습니다. 더 나아가 교인들에게서 3분의 2 이상을 얻었습니다. 이것은 무슨 말입니까? 세 명 모두 직분자가 되기에 적합하다는 말입니다. 여기에서 다수결로 정하는 것이 옳은 일일까요? 개혁교회 교인들은 이 지점에서 제비를 통해 하나님의 뜻을 묻는 방식을 취합니다.

우리는 직분과 관직을 구분해야 합니다. 관직은 인간들끼리 서로 경쟁해서 쟁취하는 것이라면 직분은 하나님에게서 오는 선물입니다. 직분의 주어짐을 거부하는 모든 행위는 교회에서 근절되어야 합니다. 개혁교회에서 선거는 자신의 뜻을 관철시키는 수단이 아닙니다. 오히려 하나님의 뜻을 확인하려는 절차입니다. 따라서 직분자 선거에서 떨어졌다고 얼굴을 붉히는 이들은 신앙의 기본이 안 된 자라고 할 수 있습니다. 그 낙선자는 사람이 아니라 하나님께 대드는 일을 하고 있기 때문입니다.

직분자가 선출이 되면 정해진 날에 임명을 합니다. 장로교회에서는 주로 안수를 통해 직분자를 세우지만 개혁교회에서는 간단한 서약을 통해 직분자로 세웁니다. 조국 교회처럼 임직식이라고 해서 성대한 잔치를 벌이는 경우는 없습니다. 왜냐하면 임직식은 주일날 예배 시간 안에 거행되기 때문이지요. 예배 뒤에 간단하게 말로 축하하는 것이 거의 전부라고 할 수 있지요. 개혁교회에서 임직식은 철저하게 그 교회의 행사라고 할 수 있습니다. 그렇기 때문에 모든 교인이 모일 수 있는 주일에 임직식을 합니다.

더 깊은 공부와 나눔을 위한 질문

1. 197-204쪽을 읽고, 개혁교회의 예배와 조국 교회의 예배를 비교해 봅시다. 배울 점이나 좋은 아이디어가 있다면 나눠 봅시다. 부족하거나 잘못하고 있는 부분이 있다면 무엇이 문제인지 생각해 보고 어떻게 해결할 수 있는지 이야기하며 공부합시다.

2. 204-209쪽을 읽고, 개혁교회의 가정과 조국 교회의 가정을 비교해 봅시다. 배울 점이나 좋은 아이디어가 있다면 나눠 봅시다. 부족하거나 잘못하고 있는 부분이 있다면 무엇이 문제인지 생각해 보고 어떻게 해결할 수 있는지 이야기하며 공부합시다.

3. 209-213쪽을 읽고, 개혁교회 기독교 학교의 특징은 무엇인지 말해 봅시다. 개혁교회의 교회와 가정의 관계가 우리에게 주는 통찰을 나눠 봅시다.

4 213-221쪽을 읽고, 개혁교회의 목사 청빙과 직분자 선출 부분을 정리하면서 조국 교회가 배울 점을 나눠 봅시다.

우리에게 더 나은 방법이나 제도가 있다면 함께 이야기해 봅시다.

〈7장 개혁교회 신자들의 '생활' 이야기〉를 읽으면서 하나님께서 깨닫게 해 주신 것과 베풀어 주신 은혜를 생각하며 감사합시다. 또 깨달아 배우고 확신한 일에 거할 수 있게 해 달라고 기도합시다.

8장
도전과 응전

앞에서 살펴보았듯이 네덜란드 개혁교회는 하루아침에 이루어지지 않았습니다. 이 교회가 설립될 초기에는 로마 가톨릭 국가였던 스페인으로부터 상상할 수 없는 박해를 받았습니다. 수많은 순교자의 피 위에 세워진 교회가 바로 네덜란드 개혁교회입니다. 자유를 얻고 나서도 이 교회는 안팎에서 도전을 많이 받았습니다. 이 도전에 대해 어떤 경우에는 승리하기도 하고 어떤 경우에는 타협하기도 했습니다. 새 시대는 교회에 항상 새로운 사명을 주었습니다. 이 책의 마지막 장에서 그들이 구체적으로 그런 도전에 어떻게 응전했는지 다루려고 합니다. 모든 인물을 다 살펴보는 것은 불가능하기에 몇몇 중요한 인물과 주제들을 중심으로 살펴보려고 합니다.

피터 다테인: 개혁교회 예전의 창시자[19]

루터파 교회의 창시자는 단연코 루터라고 할 수 있지만 네덜란드 개혁교회의 창시자가 누구냐고 물으면 답하기가 쉽지 않습니다. 왜냐하면 네덜란드 개혁교회는 어떤 한 사람이 주도하여 세워진 교회가 아니기 때문입니다. 물론 이 교회의 신앙고백서를 작성한 귀도 드 브레의 공헌은 인정받아야 하겠지만 안타깝게도 그는 젊은 나이에 일찍 순교하고 말았습니다. 따라서 네덜란드 교회를 세우는 데 그 이상의 역할을 할 수는 없었습니다. 비록 초기에 네덜란드 교회에는 탁월한 지도자가 없다고 하더라도 이름을 알 수 없는 수많은 신실한 성도로 말미암아 든든히 세워져 갔습니다.

이 같은 사실에도 네덜란드 교회가 설립될 초기에 기억할 만한 인물로 피터 다테인Peter Datheen을 꼽을 수 있습니다. 그는 1531년경 오늘날 벨기에 지역의 카셀Cassel이라는 곳에서 출생했습니다. 어린 시절을 잘 알 수 없지만 아주 경건한 신앙인으로 자랐던 것 같습니다. 십대 시절에 갈멜 수도원에 들어가서 수도사로 살았다는 것이 그 증거가 될 수 있을 것입니다.

---

19) 다테인에 대해서는 다음 책을 많이 참고했습니다. Herman Hanko, *Portraits of Faithful Saints* (Grandville: Refomed Free Publishing Association, 1999).

갈멜 수도원은 그 이름이 갈멜산에서 왔습니다. 갈멜산은 엘리야와 바알 선지자가 한판 붙었던 그 유명한 산입니다. 따라서 원래 이 수도원은 갈멜산에서 시작되었습니다. 좀 이상하다는 생각이 들 것입니다. 어떻게 갈멜 수도원이 네덜란드 지역에 있을까요? 이야기를 하자면 좀 긴데 간단하게 말씀드리겠습니다. 이야기는 십자군 전쟁에서 시작됩니다. 십자군 전쟁으로 예루살렘이 회복되자 십자군에 참여한 군인들 중 수도사가 되기를 원했던 사람들이 있었습니다. 이들은 선한 사마리아인과 같이 성지를 찾아오는 신자들을 보호하고 대접하고 치료하는 역할을 하는 데 힘썼습니다. 그래서 이 수도원의 수도사들은 질병과 약에 대해 중세 기간에 가장 많은 지식을 보유하고 있었습니다. 하지만 십자군 운동이 최종적으로 실패로 돌아가고 무슬림이 이스라엘을 재정복하자 많은 수도사가 본국으로 돌아가서 그중 일부는 자신이 속했던 수도원들을 세웠습니다.

종교개혁 당시 참된 복음은 네덜란드의 수도원에도 밀려들어왔습니다. 그들은 이미 성경을 잘 알고 있었으므로 종교개혁의 가르침을 더 분명하게 받아들일 수 있었습니다. 그러나 로마 가톨릭 위정자들은 이를 좌시할 수 없었습니다. 그래서 본보기로 갈멜산 수도사 세 명을 화형시켰습니다. 그러나 임종할 때 그들의 용감한 신앙고백들은 다테인으로 하여금 오히려 로마 교회에 대한 회의를 갖게 했고 결국 개혁신앙을 받아들이게끔 만들었습니다.

세 명의 화형으로도 개혁신앙이 확산되자 당국은 모든 수도원을 일일이 점검하기 시작했습니다. 결국 다테인은 모국을 떠나 영국 런던으로 피난 갈 수밖에 없었습니다. 당시 영국은 개신교를 받아들였던 어린 왕 에드워드가 다스리고 있었기 때문에 외국인들이 자유롭게 자신의 신앙에 따라 예배를 드릴 수 있었습니다. 그러나 영국 정부가 공적인 예전을 요구했기 때문에 피난민 교회는 그것을 만들어야 했습니다. 물론 이 일은 결코 쉬운 일이 아니었습니다. 거짓 예배였던 로마의 미사에 대해 반대하는 것은 쉬운 일이었지만 거짓된 요소를 제거하고 참된 예배를 새로 구성하는 것은 깊은 신학적 통찰이 필요했습니다. 이 일을 감당한 사람이 바로 다테인이었습니다. 런던에서 폴란드 출신의 개혁신학자 라스코Johannes a Lasco의 지도력 하에 개혁교회가 든든히 세워졌습니다. 다테인은 처음에는 이곳에서 출판업에 종사했는데 학식이 탁월하고 경건했기에 신학 수업을 받고 목회자의 길을 걷게 되었습니다. 라스코와 함께 피난민 교회를 잘 세워 갔지만 '피의 여왕'이라고 불렸던 메리가 왕권을 가지게 되자 영국을 떠날 수밖에 없었습니다.

영국을 떠나 다테인이 선택한 곳은 독일 프랑크푸르트였습니다. 라스코와 함께 다테인은 새로운 임지에서 열심히 사역했습니다. 프랑크푸르트는 비교적 관대한 루터파 도시였으나 개혁파 교회들이 지나치게 성장하자 독일 정부는 그들에게 루터파를 받아들이도록 강요했습니다. 오늘날과 달리 당시에는 종교의 관용이라는 것이 거의 용납되지 않던 시기였습니다. 그것은 재세례파를 제외하고 루터파나 개혁파도 마찬가지였습니다. 그 결과 다테인은 개혁파 교회를 받아들였던 팔츠 지역으로 떠나야 했습니다.

팔츠라고 하니까 뭔가 머릿속에 떠오를 것입니다. 하이델베르크가 이 영방의 수도이고 하이델베르크 교리문답이 이곳에서 만들어졌지요. 다테인은 이곳에서 큰 환영을 받았습니다. 그는 앞으로 조국 교회가 언젠가는 자유를 얻을 것이라고 소망하면서 그때를 위해 개혁파 교회의 예전을 만드는 것에 많은 힘을 기울였습니다. 하이델베르크 교리문답을 네덜란드어로 번역한 사람도 바로 다테인이었습니다. 또한 다른 개혁파 교회의 시편 찬송을 참조하여 네덜란드 시편 찬송을 편집하기도 했는데 아주 오랫동안 개혁교회 안에서 사랑을 받았습니다.

우리나라 신자들에게는 생소하겠지만 개혁교회는 일반적으로 성경과 찬송이 분리되어 있습니다. 찬송가에는 찬송만 실려 있는 것이 아니라 신조, 신앙고백, 교리문답뿐만 아니라 교회헌법도 실려 있습니다. 더 나아가 유아세례식, 성찬 예식, 혼인 및 입교 예식문들도 실려 있습니다. 읽어 보시면 정말로 그 예식의 의미들을 정확하고 풍성하게 진술하고 있음을 보게 됩니다. 그래서 성도들은 궁금하면 이곳에서 예식들의 가장 기본적인 의미를 알 수 있습니다. 다테인이 그 모든 것을 만든 것은 아니지만 다테인이 없었더라면 오늘날 개혁교회가 그와 같이 아름다운 예전을 갖는 일은 불가능했을 것입니다.

다테인은 비록 자유로운 지역에서 목회했지만 위험한 모국 교회에서 사역하는 것을 두려워하지 않았습니다. 다테인은 더 철저한 개혁신앙의 소유자였습니다. 그래서 네덜란드 당국이 로마 가톨릭과 타협하는 것을 참을 수 없었습니다. 그래서 설교를 통해 그것을 알렸습니다. 더 철저한 개혁신앙의 신자들 일부는 과격한 성격을 띠기도 했습니다. 성상 파괴와 같은 과격한 운동을 당국은 두고만 볼 수 없었기 때문에 다테인에게 교회당에서 설교하는 것을 금하기도 했습니다. 적어도 예배당에서는 설교를 할 수 없었습니다. 그런 상황이었음에도 다테인은 포기하지 않았습니다. 등에 자그마한 강대상을 짊어지고 돌아다니면서 들판에서 복음을 전했습니다. 어떤 경우에는 말씀을 듣기 위해 몰린 숫자가 만 오천 명이나 되었다고 하니 당시 얼마나 많은 신자가 참된 말씀에 대한 갈증을 느끼고 있었는지 알 수 있을 것입니다. 네덜란드 교회는 이와 같이 신실한 말씀 사역자들을 통해 성장할 수 있었습니다.

마코비위스: 타락전·타락후 선택설 논쟁

우리는 앞에서 도르트 총회에 대해 배웠습니다. 이 총회는 칼빈주의와 아르미니우스주의의 대립으로만 주로 알려져 있지만 사실 칼빈주의자들도 동일한 입장을 취한 것은 아니었습니다. 아르미니우스주의를 배격하는 것에는 모두 동의했지만 하나님의 예정에 대해 어떤 입장을 취할 것인가에 대해서는 완전한 합의를 이루지 못했습니다. 예정론에 대한 논쟁은 하나님께서 창세전에 어떻게 혹은 어떤 순서에 따라서 예정을 하셨을까에 대한 논의로 발전되었습니다. 이 질문에 대해 크게 두 그룹으로 나뉘어졌는데 이들은 오늘날 타락전 선택설과 타락후 선택설로 불립니다.

이 논쟁의 중심에 있던 인물 중 한 명이 마코비위스Johannes Maccovius였습니다. 마코비위스에 대해 이야기하기 전에 타락전 선택설과 타락후 선택설이 무엇인가를 먼저 말씀드리겠습니다. 이 논쟁은 가장 난해한 논쟁으로 웬만한 신학자들도 정확하게 파악하기가 힘들 정도로 어렵습니다. 그리고 이 논쟁에서 파생된 수많은 논의들을 일반 신자는 다 알 필요도 없다고 생각합니다. 그래도 네덜란드 개혁교회에서 있었던 중요한 신학적 논쟁이므로 가장 기본적인 개념들을 정리하면 개혁신학을 이해할 때 큰 도움이 될 것입니다.

일단 용어부터 검토해 봅시다. 타락전 선택설은 'supralapsarianism' 그리고 타락후 선택설은 'infralapsarianism'이라고 불립니다. 이 점에서 한국어 번역은 오해의 소지가 있습니다. 성경을 어느 정도 아는 분들은 '하나님께서는 창세전에 우리를 택하셨다'는 사실을 잘 알고 있을 것입니다. 그렇다면 하나님께서 우리를 택한 시점은 논의할 필요도 없이 타락 이전입니다. 그럼 타락전 선택설이 바른 교리라고 할 수 있지요. 하지만 타락전/후 선택설은 역사적으로 언제 (아담의 타락 이전/후에) 예정이 있었는가의 문제가 아닙니다. 두 설 모두 하나님의 예정은 창조 이전, 따라서 타락 이전에 있었다는 것을 다 인정합니다. 이 논쟁은 창세전, 즉 시간이 없던 영원 속에서 하나님께서 인간을 어떤 순서로 예정하셨는가에 관한 것입니다. 이것을 이해하지 못하면 이 논쟁을 전혀 이해할 수 없습니다. 영어도 시간적인 의미의 ante/post(전/후)라는 구분을 하지 않고 supra/infra(상/하)라는 구분을 하고 있습니다. 따라서 용어의 혼란을 없애기 위해 타락상 선택설/타락하 선택설이라는 용어가 더 적절하다로 생각합니다. 이 용어를 줄여서 타상설과 타하설로 표기하겠습니다.

이 논쟁은 예정의 순서에 관한 것이기는 하지만, 순서 그 자체가 논의의 핵심은 아닙니다. 오늘날 많은 사람이 예정의 순서에 대해 지나치게 관심을 가지고 있기 때문에 이 논쟁이 순전히 사변적이라는 인상을 가지고 있습니다. 이 논쟁에서 순서는 부차적인 문제라는 것을 기억해 둡시다. 논의 핵심을 놓치면, 두 설이 왜 그렇게 서로 다투었는지 이해가 잘 가지 않게 됩니다.

이 논쟁의 핵심은 예정의 대상이 정확하게 누구인가에 관한 것입니다. 이렇게 질문을 바꾸고 나니 논의를 해 볼 만한 문제라는 느낌이 들 것입니다. 가장 일반적으로 말해, 개혁신학은 하나님께서 어떤 사람은 영생에, 어떤 사람은 영벌에 이르도록 예정하셨다고 믿습니다. 문제는 여기서 말하는 '어떤 사람'이 과연 어떤 사람일까요? 다시 강조하지만, 여기서 말하는 '어떤 사람'은 하나님의 예정 속에 있는 아직 실제적으로 존재하지 않는 사람을 말합니다. 이것을 표로 나타내면 다음과 같습니다.

타락상 선택설	타락하 선택설
어떤 사람은 "앞으로 창조될 creabilis 그리고 타락될labilis 인간"이다. 바꾸어 말하면, 아직 창조되지 않았고, 타락되지 않은 인간이 예정의 대상이다.	어떤 사람은 "이미 창조되었고 creatus 타락된laptus 인간"이다.

이 조그만 차이가 큰 차이를 가지고 옵니다. 타상설의 경우 하나님의 예정 (개혁주의에서는 항상 선택과 유기의 이중 예정을 말합니다) 그 자체가 최우선이 되며, 인간의 창조와 타락은 예정을 실행하기 위한 수단이 됩니다. 그래서 타상설에 따르면 하나님의 예정은 다음과 같이 영원 전에 시행됩니다.

1. 하나님께서는 자신의 영광(자비와 공의)을 나타내기 위해서, "창조되고 타락될 인간 중" 어떤 사람은 선택하고 어떤 사람

은 유기하기로 예정하셨다.

2. 1항에 따라 하나님께서는 인간을 창조하기로 하셨다.

3. 하나님께서는 인간이 타락하도록 허용하셨다.

4. 하나님께서는 택한 자를 그리스도를 통해 실제로 구하기로 하셨다.

타상설은 예정의 목적과 그것을 이루어 가는 수단들을 논리적으로 명확하게 설명할 수 있는 장점이 있습니다.

하지만 예정의 순서를 이런 식으로 설명하면, 죄의 문제를 해결하기가 쉽지 않습니다. 일단 1번이 정해지면, 나머지는 모두 1번의 필연적인 결과가 될 수밖에 없습니다. 하나님의 예정에서조차 인간은 타락으로 이어질 수밖에 없도록 창조된 존재입니다. 이렇게 되면, 하나님께서는 죄의 조성자란 비난을 피하는 것이 매우 어렵게 될 수밖에 없지요.

여기에 반대하여 타락하 선택설은 다음과 같이 하나님의 예정을 설명합니다.

1. 하나님이 자신의 영광을 나타내기 위해서, 인간과 교제하기

위해서 인간을 창조하기로 하셨다.

2. 인간이 타락하는 것을 허용하도록 하셨다.

3. 타락한 인간 중에서 어떤 인간은 선택하기로 하셨다.

4. 3항을 위해서 그리스도를 통해 실제로 구하기로 하셨다.

타하설의 단점은 예정의 목적과 그것을 이루는 수단 사이의 인과관계가 대단히 불명확하다는 것입니다. 특히 1번과 2번의 관계가 모호합니다. 예정은 어떤 계획에 관한 것입니다. 그렇다면, 그 계획은 서로 논리적으로 밀접하게 연관이 있어야 할 것입니다. 타하설의 장점은 하나님이 죄의 조성자라는 비난에서 약간 벗어나게 합니다. 선택이 타락 이후에 위치하기 때문에 인간 창조가 반드시 타락으로 이어지는 것은 아닙니다. 타락은 하나님의 알 수 없는 비밀에 속합니다. 그렇다고 해서 타락후 선택설이 하나님을 죄의 조성자라는 비난을 완전히 피할 수 있는 것은 아닙니다. 타락하 선택설에서도 인간의 타락이 하나님의 예정 속에 있기 때문에, 인간의 타락은 필연적으로 일어날 수밖에 없기 때문입니다.

아르미니우스에 대해서는 동일하게 반박을 하면서도 개혁파 신학자들은 이 논쟁에서 합의를 이루지 못했습니다. 이 두 이론들을 옹호하는 신학자들은 각기 상대편을 심하게 공격하기도 했고 마침내 도르트 총회에서 이 문제를 다루었습니다. 여러 논의의 결과 도르트 총회는 타락하 선택설을 채택했지만 그렇다고 해서 타락상 선택설을 정죄하지는 않았습니다. 따라서 이 두 이론은 개혁주의 신학 내에서 모두 용납되고 있다는 사실을 염두에 둡시다.

개혁파 신학은 성경을 유일한 기준으로 삼고 있기 때문에 성경에 명시적으로 어긋난 교리들을 거짓으로 정죄했습니다. 그러나 인간은 이해의 한계가 있기 때문에 성경의 모든 가르침을 정확하게 다 알 수 없습니다. 그렇기에 개혁파 신학은 신앙고백서의 울타리 안에서는 서로 관용했습니다. 그것을 잘 보여 주는 것이 마코비위스 사건이라고 불리는 타락상/하설 논쟁입니다.

자, 이제 마코비위스에 대해 이야기하겠습니다. 마코비위스는 1588년 폴란드에서 태어났습니다. 라스코와 더불어 폴란드 출신의 대표적인 신학자입니다. 원래 폴란드식 이름은 얀 마코우스키Jan Makowsky였습니다. 당시 습관에 따라 마코비위스는 자라면서 라틴어 이름을 가지게 되었습니다. 독일에 있는 대학에서 공부했고 개혁파 신학을 접하게 되면서 그 신학을 철저하게 신봉했습니다. 본국으로 돌아와서 당시 삼위일체를 부정하는 합리주의적 이단이었던 소키누스주의자Socinian와 논쟁을 벌였고 이 때문에 그의 명성이 다른 나라에도 알려지게 되었습니다. 네덜란드의 프라네커르 대학교Franeker Universiteit에서 박사학위를 취득했고 그 대학의 교수로 여생을 보냈습니다.

마코비위스가 교수 사역을 하는 동안 아르미니우스주의 논쟁이 벌어지게 되었습니다. 그는 개혁파 신학에 워낙 투철했기 때문에 이 점에서는 어떠한 타협도 하지 않고 아르미니우스주의를 신랄하게 공격했습니다. 어떤 경우에는 좀 지나치다 싶을 정도로 자신의 견해를 굽히지 않았습니다. 이것은 아르미니우스주의자들에 대해서뿐만 아니라 타락하 선택설의 입장을 가지고 있던 동료들에 대해서도 마찬가지였습니다. 특별히 뤼베르튀스Sibrandus Lubbertus라는 신학자와 논쟁을 하게 되었습니다. 그의 타락상 선택설은 지역 노회에서는 오류로 판정받았으나 도르트 총회에 상소를 했기 때문에 그의 입장은 도르트 총회에서 다루어지게 되었습니다. 도르트 총회는 두 사람이 서로 정치적으로 화해하기를 원했으나 마코비위스의 입장이 워낙 분명했기 때문에 신학적으로 다루어지지 않을 수 없었습니다. 마코비위스는 자신의 부적절한 일방적인 태도 때문에 권고를 받아야만 했습니다. 마코비위스는 우리에게 바른 진리를 선포하는 것도 중요하지만 선포하는 방식도 그에 못지않게 중요하다는 것을 가르쳐 줍니다. 옳은 진리를 일방적으로 교만하게 전달할 수 있고 겸손하고 온유하게 전달할 수 있습니다.

윌리엄 에임스: 네덜란드 청교도주의

네덜란드는 독립 전쟁 기간에 영국과 긴밀한 관계를 유지했습니다. 수장령을 통해 로마 교회와 분리했던 영국 역시 로마 가톨릭 국가였던 스페인과 적대 관계였기 때문에 네덜란드의 독립을 위해 여러 가지 방식으로 협조했습니다. 두 나라를 가로지르는 영국 해협은 그다지 큰 규모가 아니었기 때문에 서로 간의 교역이 활발할 수밖에 없었습니다. 물론 두 나라 사이가 항상 좋은 것은 아니었습니다. 세계 무역의 주도권을 놓고 심각하게 경쟁을 해야 했던 시절도 있었습니다.

두 나라의 교역은 두 나라의 교회에도 영향을 미쳤습니다. 영국에 세워진 네덜란드 개혁교회를 통해 영국 교회는 대륙의 개혁교회를 배울 수 있었습니다. 영국에서 가톨릭 국왕이 권좌에 올랐을 때는 많은 신자가 네덜란드에서 피난처를 찾을 수 있었습니다. 더 나아가서 영국의 신학자들이 네덜란드 대학에서 신학을 가르치기도 하고, 네덜란드의 신학자들이 영국의 대학에서 신학을 가르치는 경우도 있었습니다. 당시에는 라틴어가 표준어였기 때문에 뛰어난 신학자들은 국적에 상관없이 어느 대학에서도 신학을 가르칠 수 있었습니다.

이 같은 역사적 배경 때문에 네덜란드 교회는 민족주의를 뛰어넘어서 공교회적 교회의 성격을 지닐 수 있게 되었습니다. 즉 당시 개혁교회들은 루터파와는 달리 대부분 자신들만의 신앙고백서를 가졌으나 그럼에도 다른 나라 교회들과 교류하고 연대하는 일에 게으르지 않았습니다. 로마 가톨릭 교회의 거대한 위협 앞에서 그들은 서로 단결하지 않을 수 없었습니다. 그래서 신학적으로 문제가 있으면 서로 자문을 받기도 했습니다. 뛰어난 교수가 있다면 다른 나라 사람이라고 외면하지 않았고, 오히려 적극적으로 초빙해서 최고 신학을 가르치게 했습니다. 영국 사람으로서 학자적 자질을 인정받아 네덜란드에서 오랫동안 가르치면서 네덜란드 교회에 지속적인 영향을 준 사람이 바로 윌리엄 에임스William Ames입니다.

윌리엄 에임스에 대해 알기 원한다면 영국의 청교도를 이해할 필요가 있습니다. 청교도 운동의 역사는 매우 오래되고 복잡하기 때문에 핵심 내용만 간단히 살펴보겠습니다. 영국의 종교개혁은 헨리 8세의 수장령에서부터 시작됩니다. 수장령이란 영국 교회의 머리가 로마의 교황이 아니라 영국의 왕이라는 것을 의회가 법으로 선포한 것을 말합니다. 그 이후 영국 교회는 철저하게 왕의 통제를 받았습니다. 헨리 8세는 교리적 개혁에는 거의 관심이 없었기 때문에 영국 교회는 로마 가톨릭과 실제적으로 거의 구분이 될 수 없었습니다. 헨리가 죽고 그의 어린 아들 에드워즈가 왕위에 올랐을 때 영국의 교회개혁은 본격적으로 추진될 수 있었는데, 안타깝게도 에드워즈는 즉위한 지 얼마 되지 않아 죽고 맙니다. 에드워즈 이후에는 로마 가톨릭 신자였던 메리가 왕이 되면서 영국 교회는 다시 로마 가톨릭 교회가 되고 말았습니다. 이때 엄청난 핍박이 있었고 많은 교회 지도자가 대륙으로 피난을 갔습니다. 다행히 메리는 자녀가 없이 죽었고 그녀의 배다른 동생이었던 엘리자베스Elizabeth가 왕위에 올랐습니다. 엘리자베스가 왕위에 오르자 대륙으로 피난 갔던 많은 지도자가 본국으로 돌아왔습니다. 그런데 이중에 네덜란드나 스위스의 제네바로 피난 갔던 사람들이 그곳 교회에서 많은 영향을 받았습니다. 이들은 귀국해서 영국 교회를 개혁교회의 모델을 따라 개혁하려는 운동을 일으켰습니다. 특별히 영국 교회의 예배와 교회 정치를 더 성경적으로 바꾸려고 했습니다. 그들은 말씀에 따라 로마 가톨릭적 관습에서 영국 교회를 깨끗하게 하려고 했기 때문에 청교도Puritans라고 불렸습니다.

영국 청교도 신학자의 대표적인 인물은 윌리엄 퍼킨스William Perkins라고 할 수 있는데 그는 타락상 선택설주의자로 아르미니우스의 신학을 비판한 대표적인 사람입니다. 에임스는 케임브리지 대학교에서 윌리엄 퍼킨스 아래에서 신학을 공부했습니다. 학위를 마친 뒤 에임스는 영국 교회의 결함들에 대해 본격적으로 비판하기 시작했습니다. 당국의 여러 압력으로 제대로 목회 사역을 할 수 없었기에 에임스는 네덜란드에 파견된 영국군 군목으로 사역을 시작했습니다. 그 이후로 에임스는 여생을 네덜란드에서 보냈습니다.

에임스의 명성은 그다지 크지 않았던 네덜란드 전역에 전파되었고 프라네커르 대학교 교수로 임명받았습니다. 많은 학생이 그에게서 개혁파 신학을 배웠고 그들의 사역을 통해 개혁교회는 든든히 설 수 있었습니다. 아르미니우스 논쟁이 본격적으로 벌어졌을 때 에임스는 개혁파 신학을 변증하는 데 탁월한 능력을 발휘했습니다. 도르트 총회에도 참석하여 적극 활동했을 뿐 아니라 의장이었던 요하네스 보거만Johannes Bogerman의 자문 역할을 하기도 했습니다.

신학 교수로 있으면서 에임스는 개혁파 신학에 영구적인 영향을 미치는 책을 저술했는데 그것이 바로 『신학의 정수』입니다. 그는 성경의 지식을 정확하고 체계적으로 이해하고 기억할 수 있게 학생들을 가르치는 것이 중요하다고 생각했습니다. 그래서 전통적으로 사용했던 아리스토텔레스의 귀납적 삼단논법을 거부하고 개혁파 철학가이자 인문주의자였던 피터 라무스Peter Ramus의 연역적 논리학을 받아들였습니다. 쉽게 말하면 참된 지식이란 하나의 큰 개념에서 시작하여 작은 개념들로 가야 하고 그 작은 개념들이 전체와 어떻게 연결되어 있는지를 잘 보여 주어야 한다고 생각했습니다. 이를 위해서는 단어의 뜻을 정확하게 정의해야 하고 단어와 단어 사이의 대조와 구분을 명확하게 해야 한다고 생각했습니다. 그래야 지식을 총체적으로 잘 이해할 수 있다고 생각했습니다. 라무스의 논리학을 신학에 가장 잘 적용시킨 책 중 하나가 에임스의 『신학의 정수』입니다. 이 책의 내용은 수많은 가지와 잔가지들로 연결된 하나의 나무라고 할 수 있습니다. 이것을 이해하기 쉽게 도표로 전반부만 표시하면 다음과 같습니다.[20]

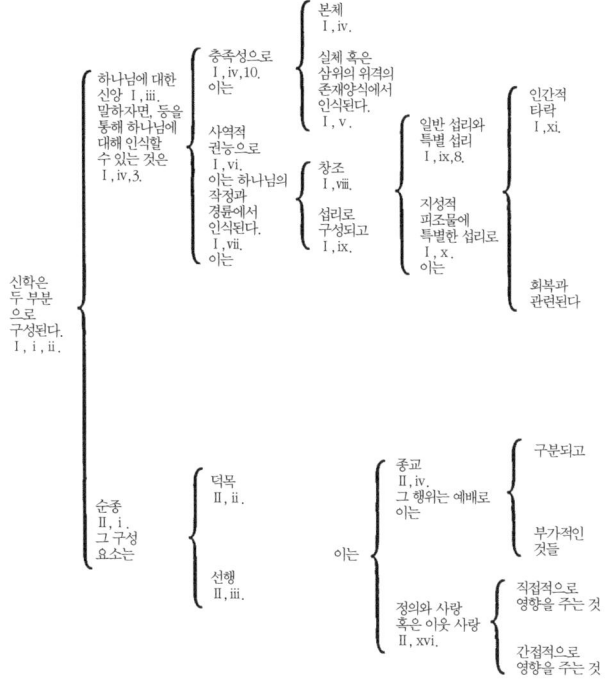

---

20) 윌리엄 에임스, 『신학의 정수』, 서원모 옮김 (고양시: 크리스챤다이제스트, 1992), p. 104.

앞에 제시된 도표는 『신학의 정수』의 초반부 일부만을 보여 줄 뿐입니다. 에임스는 계속 하부 개념들을 이와 같은 방식으로 발전시켜서 나머지 신학의 모든 중요한 주제를 적절하게 자리매 김하여 각 주제들이 전체와 어떻게 연결되어 있는지를 잘 보여 주었습니다. 여러분도 처음에 보았을 때 느끼셨겠지만 『신학의 정수』는 학생들을 교육시키는 데 매우 유용하다는 것을 입증했 습니다. 실제로 이 책은 아주 오랫동안 신학교 교재로서 사용되 었고 칼빈의 『기독교 강요』보다 분량이 훨씬 적었기 때문에 학 생들이 쉽게 암기할 수도 있었습니다.

에임스의 신학방법론은 신학의 내용 자체에도 적지 않은 영향 을 주었습니다. 그는 『신학의 정수』 제일 처음에 신학을 다음과 같이 정의합니다. "신학은 하나님에 대해 사는 것에 대한 교리 혹 은 가르침이다."[21] 즉, 신학을 "하나님을 향한 삶"이라고 정의했 습니다. 이 정의는 이후의 많은 사람에게 영향을 주었는데 신학 이 단순히 지적인 작업이 아니라 실천적인 학문이라는 인식을 심 어 주었습니다. 이것은 청교도들의 중요한 특징입니다. 이 청교 도 정신은 에임스를 통해 네덜란드의 후속 종교개혁가들에게 지 대한 영향을 주었습니다. 개혁파 신학이 지성을 지나치게 강조한 다는 비판을 받는데 그런 비판은 개혁파 신학의 일부만을 접했기

---

21) 앞의 책, p. 109.

때문에 생겨난 오해입니다. 개혁파 신학은 신자들의 삶을 소홀히 다룬 적이 없습니다. 그것을 가장 분명하게 보여 주는 개혁파 신학자 중 한 사람이 에임스입니다.

에임스는 어떻게 가르칠 것인가를 고민한 사람입니다. 가르치는 내용도 중요하지만 가르치는 방식도 중요합니다. 네덜란드 개혁교회가 뿌리 내리면서 다음 세대의 지도자들을 길러 내는 것은 무엇보다 큰 과제였습니다. 그것은 결코 열정만으로 될 수 있는 성질의 것이 아니었습니다. 아주 효과적인 신학 교육 방법이 필요했습니다. 이와 같은 책임에 직면하여 에임스는 자신의 사명을 잘 감당했습니다. 그로 말미암아 개혁신학이 이전보다 훨씬 풍성하고 체계적이 될 수 있었기 때문입니다.

개혁교회와 미술

렘브란트Rembrandt Harmenszoon van Rijn

네덜란드는 화가의 나라라고 불릴 만큼 천재적인 화가들을 많이 배출했습니다. 미술을 언급하지 않고 네덜란드에 대해 말하는 것은 불가능할 것입니다. 네덜란드는 나라는 작지만 수준 높은 미술관과 박물관이 많습니다. 미술을 좋아하는 사람들에게 네덜란드는 정말 훌륭한 여행지라고 할 수 있지요. 네덜란드가 배출한 천재적인 화가들은 자신의 작품을 통해 온 세상 사람들에게 미에 대해 많은 통찰력을 제공했습니다. 네덜란드의 미술사를 다루는 것이 이 책의 목적이 아니기 때문에 네덜란드의 대표적인 두 화가라고 할 수 있는 렘브란트와 고흐를 통해 네덜란드 고유의 미술과 신앙을 살펴보려고 합니다.

미술에 문외한이라고 하더라도 렘브란트와 고흐 정도의 이름은 들어 보았을 것입니다. 두 사람의 이름은 모르더라도 그들이 그린 그림을 한번쯤은 어디에선가 틀림없이 보았을 것입니다. 이 두 사람의 미술과 신학에 대해서는 안재경 목사님이 쓴 두 책 『렘브란트의 하나님』과 『고흐의 하나님』(이상 홍성사)을 참고하시기 바랍니다. 여기에서는 이들이 지니고 있는 역사적 의미에 대해 초점을 맞추면서 이야기를 전개하려고 합니다.

보통 종교개혁은 미술의 역사를 퇴보시켰다는 인상을 일반인들에게 많이 줍니다. 가장 큰 이유는 종교개혁에 동참한 이들 중에 적지 않은 이들이 로마 가톨릭 교회에 있던 성상들을 파괴했기 때문입니다. 특별히 개혁파 신학을 따르는 이들은 우상을 만들지 말라는 제2계명을 엄격하게 해석했기 때문에 성상을 파괴하는 일에 앞장을 서기도 했습니다. 이들은 특히 하나님의 신성을 그림으로 나타내는 것을 엄격하게 금했습니다. 당시 대부분의 그림들은 하나님을 긴 수염을 가진 점잖은 할아버지로 표현했는데 이것은 성도들에게 하나님에 대한 왜곡된 인상을 줄 수 있다고 생각했습니다.

  개혁파 신학이 미술에 무조건 적대적인 것은 아니었습니다. 대표적인 예가 렘브란트라고 할 수 있습니다. 그의 신앙고백을 정확하게 알 수는 없지만 적어도 렘브란트가 종교개혁의 신앙, 더 나아가서 개혁파 신앙의 영향을 받은 것은 분명합니다. 따라서 개혁교회는 이전과는 다른 미에 대한 관점을 가졌다고 보는 것이 더 정확한 표현일 것입니다. 예를 들어 로마 가톨릭 교회의 예배에서 아름다움은 복잡함과 화려함이라면 개혁파 교회에서 아름다움은 단순함과 소박함이라고 할 수 있습니다. 종교개혁은 사람들에게 아름다움에 대한 이해를 변화시켰고 렘브란트는 그런 변화를 그림으로 표현했습니다. 즉 렘브란트는 그 시대가 이해했던 아름다움을 그림으로 탁월하게 표현했습니다.

  렘브란트는 네덜란드가 가장 융성했던 17세기에 활동했습니다. 미술이나 음악과 같은 예술은 어느 정도 경제적 여유가 있어야 활발하게 발달하지요. 당장 먹고 사는 것이 힘든 상황에서 예술을 이야기하는 것은 사치라고 할 수 있을 것입니다. 르네상스의 뛰어난 예술도 상업을 통해 엄청난 재력을 얻은 가문들이 예술에 돈을 투자했기 때문에 가능한 일이었습니다. 17세기에 네덜란드에서 유명한 화가들이 많이 나온 것은 그만큼 네덜란드가 부유한 나라였다는 것을 증명합니다.

  렘브란트가 활동하기 시작했던 때 네덜란드에서 가장 영향력을 미친 화가는 루벤스Peter Paul Rubens였습니다. 그는 독일 태생으로 벨기에에서 활동했습니다. 지역을 통해 유추할 수 있듯이 그는 철저하게 로마 가톨릭 신앙에 충실한 화가였습니다. 바로크 시대를 대표하는 화가로서 아름다움을 화려함으로 표현했습니다. 심지어 그리스도의 수난을 표현하는 작품들을 보더라도 비통과 고통을 느끼기보다는 평안함과 위안을 느끼게 됩니다. 이것은 렘브란트의 작품에서는 전혀 느낄 수 없는 요소입니다.

실제로 동일한 주제를 그린 두 사람의 작품을 비교해 보면 분명하게 느낄 수 있습니다. "십자가에서 내려지는 예수"라는 주제는 당시 화가들이 즐겨 그렸던 그림이었습니다. 십자가에서 내려지는 예수님께서는 어떤 모습일까요? 그것을 그림으로 표현한다면 어떤 모습이겠습니까? 그 그림은 단순히 여러분의 생각을 표현한 것이 아니라 여러분이 이미 가지고 있는 성경에 대한 해석, 곧 신학을 표현한 것이라고 할 수 있습니다. 루벤스의 그림에서 돌아가신 예수님께서는 여전히 아름다운 모습입니다. 특히 그림에 나타난 그분의 근육은 여전히 강력한 힘을 가졌다는 인상을 줍니다. 반대로 렘브란트의 그림에서 예수님은 축 늘어진 모습입니다. 예수님의 능력은 이 그림에서 전혀 찾아볼 수 없습니다. 하나 더 첨가하자면, 루벤스의 작품에서 마리아는 아주 중요한 위치를 차지합니다. 하지만 렘브란트의 작품에서 마리아는 여러 사람 중 한 명일 뿐입니다. 렘브란트의 작품에서 가장 주목할 만한 요소는 그 작품 속에 자기를 그려 넣었다는 것입니다. 이것을 통해 렘브란트는 성경의 구속 사건이 자기와 무관한 것이 아니라는 점을 분명히 보여 주려고 했습니다.

렘브란트의 작품 중 하나만 언급하고 마치려고 합니다. 〈여선지자 안나〉라는 작품이 있습니다. 이 작품을 보면 루벤스의 아름다움과 렘브란트의 아름다움이 전혀 다르다는 것을 알 수 있습니다. 이 작품은 여선지자 안나가 성경을 보는 장면을 묘사하고 있습니다. 작품을 보면 가장 눈에 띄는 것이 성경입니다. 로마 가톨릭 신자인 루벤스의 작품에서는 결코 발견될 수 없는 요소이지요. 성경은 아주 밝고 글자까지 선명하다는 인상을 주는 반면 성경을 읽는 안나의 얼굴은 어떤 모양인지 잘 알 수 없을 정도로 흐립니다. 루벤스라면 여선지자 안나를 아주 거룩하고 아름답게 그렸을 것입니다. 렘브란트에게 아름다움은 인간 그 자체에 있지 않습니다. 팔십사 년이나 과부생활을 한 아흔 넘은 여인이 아름답다면 얼마나 아름답겠습니까? 그렇다면 렘브란트에게 안나의 아름다움은 무엇일까요? 그것은 성경에 주목하는 행위 그 자체라고 할 수 있습니다.[22]

여기에서 우리는 렘브란트가 칼빈주의의 영향을 받았다는 것

---

22) Christopher Joby, "How does the Work of Rembrandt van Rijn Represent a Calvinist Aesthetic?" *Theology* 107, p. 27

을 유추할 수 있습니다. 물론 이 말은 그가 개혁파 신앙에 철저한 신자였다는 것을 의미하지는 않습니다. 분명히 공식적으로는 개혁파 교회의 신자였다는 것은 틀림없지만 다분히 자유로운 신앙을 추구한 인물이었습니다. 그럼에도 그의 작품에는 개혁파적인 영향이 많이 남아 있습니다. 칼빈은 이 세상에 신적인 빛이 곳곳에 비추어서 하나님의 영광을 드러낸다고 했습니다. 그래서 이 세상을 '하나님의 영광의 극장'이라고 부르기도 했습니다. 렘브란트의 모든 작품에는 빛이 그림의 가장 중요한 요소입니다. 그는 빛과 어둠을 사용하여 성경의 메시지들을 아름답게 드러냈습니다. 설교가들이 복음을 말로 전했듯이 렘브란트는 그림을 통해 복음 전하기를 원했습니다.

고흐 Vincent Willem van Gogh

17세기 네덜란드에 렘브란트가 있었다면 19세기 말에는 고흐가 있었다고 할 수 있습니다. 17세기와 19세기는 상황이 아주 달랐지요. 경제적으로 번영했다는 것에서는 공통점이 있었지만 번영의 방식이 달랐습니다. 19세기는 유럽에서 본격적으로 산업혁명이 시작됩니다. 사람이 하던 일을 기계가 대신하게 된 것이지요. 기계를 통해 대량생산이 가능하게 되었습니다. 이로 말미암아 많은 사람이 부유함을 누리게 되었지요.

산업혁명이 모든 사람에게 경제적 풍요를 제공한 것은 아니었습니다. 기계를 생산하고 운영하기 위해서는 엄청난 에너지가 필요했습니다. 당시 주 에너지원은 석탄이었지요. 그 결과 유럽에서는 광산업이 급속도로 발달합니다. 석탄을 캐기 위해 많은 노동자가 필요했습니다. 노동자들에 대한 처우는 열악하기 짝이 없었습니다. 이들에게도 복음이 필요했지만 교회는 이들에게 별로 관심을 두지 않았습니다. 여러분이 교회에 갔을 때 바로 옆에 석탄 냄새가 나는 사람이 앉는다면 어떤 생각이 들까요?

모든 사람이 이들에게 무관심한 것은 아니었습니다. 아무리 교회가 타락해도 참된 목자는 늘 있었기 때문입니다. 고흐가 그런 사람 중 한 사람이었습니다. 고흐는 목사 집안에서 출생했습니다. 아버지도 목사였고 할아버지도 목사였으며 이모부도 목사였습니다. 그래서 고흐는 어렸을 때부터 목사가 되기를 원했습니다. 그래서 처음에는 신학을 공부했지요. 신학을 그만두고 나서도 광산촌에서 평신도 설교자로서 선교사로 사역을 하기도 했습니다. 그러나 그의 재능은 다른 곳에 있었습니다. 화가로서 천재적인 재능을 가지고 있었습니다. 고흐는 거의 독학으로 미술을 배웠고 대부분의 작품이 마지막 생애 십 년 동안에 만들어진 것입니다. 정말 대단한 화가였습니다.

화가의 길을 걸으면서도 고흐는 목회자로서의 심성을 버리지 않았습니다. 오히려 목회자의 심성이 그림으로 표현되었다고 해야 정확할 것입니다. 그의 작품은 상당수가 '삶'을 표현하고 있습니다. 그 삶은 귀족들의 삶이 아니라 대부분 평범한 아니 가난한 사람들의 삶입니다. 대표 작품으로는 〈감자 먹는 사람들〉, 〈여자 광부들〉, 〈토탄을 캐는 여인들〉, 〈복권 사무실 앞의 사람들〉이 있습니다. 이 그림들은 하나같이 어두운 분위기를 연출하고 있습니다. 당시 사회 모습을 그대로 보여 주는 것이라고 할 수 있지요. 그래서 그런지 고흐는 생전에 화가로서 인정을 전혀 받지 못했습니다. 그런 어두운 그림을 사람들이 좋아하지 않았기 때문입니다.

고흐에게 작품의 대상은 노동하는 사람들입니다. 당시 많은 사람이 노동은 아름다운 것이라고 생각하지 않았습니다. 그것은 오늘날도 마찬가지일 것입니다. 고흐의 작품 중 〈한 짝의 신발〉이 있습니다. 이 외에도 고흐는 신발에 대한 그림을 많이 그렸습니다. 그 신발은 여자들의 예쁜 구두나 격조 높은 왕의 신발이 아닙니다. 고흐의 작품 속에 나타나는 신발들은 탄광에서 일하고 온 노동자가 벗은 신발입니다. 그 작품은 그 신발의 주인공이 얼마나 고생했는지를 잘 나타냅니다. 할 수만 있었더라면 고흐는 그 작품을 통해 발 냄새도 나게 했을 것입니다. 실제로 그 신발을 보면 발 냄새를 생각하지 않을 수 없을 것입니다. 고흐가 이런 것들을 작품의 대상으로 삼았다는 것은 자신이 가난한 자들의 편이 되어서 그들과 고난을 함께하겠다는 것을 분명하게 보여 준다고 하겠습니다.

고흐가 살았던 당시 교회 모습은 어떠했을까요? 그것을 보여 주는 대표 작품이 〈성경과 소설이 있는 정물〉입니다. 이 작품 속에서 성경 옆에 있는 촛불은 꺼져 있습니다. 촛불이 없으니 성경은 펼쳐져 있으나 그 안의 글자는 전혀 보이지 않게 처리되어 있습니다. 글자가 있는 부분을 전부 하나로 통합하여 그렸기 때문에 하나의 그림자처럼 보입니다. 이것은 앞에서 언급한 렘브란트의 〈여선지자 안나〉와는 확실히 구분이 됩니다. 렘브란트의 성경 책 안에 있는 글자들은 아주 선명하게 묘사되어 있습니다. 고흐는 이 그림을 통해 당시 교회 모습을 보여 주려고 했던 것으로 보입니다. 당시 신자들은 성경을 읽기는 읽었지만 무슨 뜻인지 잘 알지 못했던 것이지요. 그리고 성경이 재미없으니까 성경을 읽고 나면 바로 소설을 읽었던 것 같습니다. 성경책과 달리 소설책은 겉표지의 제목을 읽을 수 있을 정도로 그려져 있습니다.

〈예배드리는 회중〉도 당시 모습을 잘 드러냅니다. 이 작품 속에는 예배드리는 회중에게서 기쁨의 모습을 전혀 찾을 수 없습니다. 심지어 바라보는 시선도 다 다릅니다. 표정은 모두 다 피곤에 절어 있는 모습입니다. 이 외에 당시 교회 모습을 보여 주는 작품으로 〈뉴넌 교회당을 떠나는 교인들〉이라는 작품이 있습니다. 예배를 마치고 떠나는 교인들의 모습이 꼭 패잔병들을 연상시킵니다. 이것이 고흐가 바라본 당시 네덜란드 개혁교회의 모습일 것입니다. 그렇다면 당시 교회가 왜 이렇게 쇠약했을까요? 네덜란드 교회가 국가 교회의 모습을 띠면서 형식화되고 그 결과 강단에서 복음이 제대로 선포되지 않았기 때문일 것입니다. 실제로 고흐는 자신이 속한 개혁교회의 정통 교리를 떠나서 당시 흥기하고 있는 복음주의에 흥미를 갖기도 했습니다.

고흐가 음산하고 어두운 면만 있는 작품을 그린 것은 아닙니다. 여러분이 잘 알고 있듯이 고흐는 해바라기를 즐겨 그렸습니다. 그의 작품 속에 나타나는 해바라기는 아주 생동감 있습니다. 그림이 마치 살아서 꿈틀거린다는 인상을 줍니다. 대표 작품인 〈별이 빛나는 밤〉도 마찬가지입니다. 이 작품에서 밤하늘은 고요하고 적막한 하늘이 아니라 역동성을 가진 하늘로 묘사됩니다. 고흐에게 그림은 우리가 단지 보고 감상하는 대상이 아니라 오히려 살아서 우리에게 메시지를 전달하고자 하는 주체라는 인상을 줍니다. 이것은 그의 자화상을 보면 확실히 느낄 수 있습니다. 그의 자화상은 대부분 우리가 그림을 보기보다는 그림 속의 고흐가 우리를 보고 있다는 인상을 줍니다. 고흐에게 관람자와 그림은 나와 그것의 관계가 아니라 나와 너의 관계입니다.

고흐는 자살로 짧은 생을 마감했습니다. 그의 자살은 참으로 가슴 아픈 일입니다. 그의 자살에 대해 객관적으로 서술하는 것은 불가능할 것입니다. 그렇다고 해서 자살은 어떤 경우에도 정당화되어서는 안 됩니다. 그러나 고흐의 자살의 주원인이 정신병이었기에 그에게 모든 책임을 물을 수는 없을 것입니다. 그의 작품을 통해 볼 때 고흐는 생명에 대한 강한 열의를 품고 있었습니다. 그러나 병마와의 싸움에서 결국 지고 말았습니다. 그렇게 보면 고흐의 자살은 병마의 희생자라고 볼 수도 있을 것입니다.

고흐는 오늘날 교회에게 도전을 많이 줍니다. 우리나라 대부분의 사람이 얼마나 고달픈 삶을 살고 있는지 교회는 관심을 가지고 있을까요? 그것을 안다고 하더라도 그들이 가지고 있는 아름다움을 느낄 수 있을까요? 느낀다고 하더라도 그들에게 어떤 복음의 메시지를 던질 수 있을까요? 고흐는 가난한 자의 편이 되었습니다. 그리고 그들 속에서 아름다움을 발견했고 그 아름다움을 꾸미지 않고 진솔하게 드러내었습니다. 고흐가 던진 소명을 조국 교회가 제대로 수행하지 않는다면 조국 교회의 미래는 암울할 수밖에 없을 것입니다.

주일 성수 논쟁[23]

종교개혁이 성도들에게 가장 큰 변화를 준 부분은 예배였습니다. 예배의 대상이 달라졌고 예배의 방식이 달라졌습니다. 삼위

---

23) 주일 성수에 대한 간략한 개론서로는 다음 책을 참고하세요. 양낙흥, 『주일 성수: 성경적, 역사신학적 고찰』(서울: 생명의 말씀사, 2004).

하나님 이외에는 어떤 피조물(예를 들면 천사나 마리아)도 예배 시간 속에서 공경의 대상이 될 수 없었습니다. 예배의 방식은 오직 성경이 명한 것만 지켜져야 한다고 생각했습니다. 이런 예배의 변화는 예배의 시간에도 영향을 줄 수밖에 없었습니다. 성인들을 경배하는 미신적이고 세속적인 축일들은 완전히 폐지되었습니다. 이런 절기들 때문에 정작 중요하게 지켜야 할 주일이 성도들로부터 홀대당하고 있었습니다.

종교개혁 당시 예배가 형식적으로 이루어졌기 때문에 (설교는 거의 유명무실했고 일반 성도들이 알아들을 수 없는 라틴어로 예배가 진행되었습니다) 주일 성수도 유명무실해졌습니다. 주일은 다른 날과 구별된 날이라는 인식이 거의 없었습니다. 심지어 주일날은 온갖 종류의 육체적인 쾌락을 즐기는 날로 간주되기도 했습니다. 이와 같은 상황 속에서 성도들이 경건한 삶을 사는 것은 거의 불가능했습니다. 그래서 종교개혁가들은 거의 보편적으로 주일 성수의 중요성을 강조했습니다.

일단 제4계명에 대한 하이델베르크 교리문답의 내용을 봅시다. 이 교리문답이야말로 주일 성수에 대해 네덜란드 개혁교회가 가지고 있는 가장 기초적인 이해라고 할 수 있습니다.

103문. 4계명에서 하나님께서 원하시는 것은 무엇입니까?
답. 첫째, 하나님께서는 말씀의 봉사와 그 봉사를 위한 교육이 유지되기를 원하시며, 특히 안식의 날인 주일에 내가 하나님의 교회에 부지런히 참석하며, 하나님의 말씀을 경청하고, 성례에 참여하며 주님을 공적公的으로 부르고, 가난한 자들에게 기독교적 자비를 행하기를 원하십니다.

둘째, 나의 일생 동안 악한 일들을 그만두고, 주께서 그의 성령으로 내 안에서 일하시게 하며, 그럼으로써 영원한 안식이 이 세상에서부터 시작되기를 원하십니다.

이것은 네덜란드 개혁교인이라면 제4계명에 대해 누구나 어렸을 때부터 가르침을 받았던 내용이라고 할 수 있습니다. 여러분은 이 교리문답에 대해 어떻게 생각하십니까? 여러분은 주일 성수에 대해 어떻게 배우셨나요? 저는 어려서부터 주일 성수를 강조하는 고신 교회에서 자랐습니다. 저에게 주일날은 '~하면 안 되는 날'로 인식되었습니다. 주일에는 텔레비전을 보면 안 되고, 돈 주고 간식을 사 먹어도 안 되고, 장사를 하면 안 되고, 물건을 사도 안 되고, 공부를 해서도 안 되고……. 한때 이런 가르침들이 좀 부자연스럽다고 생각을 했는데 지금은 오히려 이런 가르침들이 교회에서 좀 강조되어야 한다는 생각이 듭니다. 사실, 오늘날 주일 성수 개념은 너무 흐려 있습니다. 주일 성수가 겨우 주일(예배) 출석 정도로 이해될 뿐 아니라 고등학생인 경우 예배

조차 참석하지 않는 경우가 늘어가고 있기 때문입니다. 주일 성수에 대한 개념이 흐려지면 주일 예배에 대한 개념이 흐려지는 것은 필연이라고 할 수 있습니다.

하이델베르크 교리문답에서 십계명에 대한 설명 중 제4계명에 대한 설명이 가장 간단합니다. 주목할 것은, 교리문답에 따르면, 주일은 무엇을 하지 말아야 되는 날이 아니라 무엇을 해야 하는 날이라는 점이지요. 말씀의 봉사가 이루어져야 하고, 그 말씀을 위한 교육이 시행되어야 하며, 이를 위해 교회에 참석해야 하고, 참석하고 나서는 그 속에서 선포되는 말씀을 경청하고 성례에 참여하고 기도 가운데 하나님의 이름을 다른 성도들과 함께 불러야 합니다. 무엇보다 이날에는 신자들이 가난한 자들에게 자비를 베풀어야 합니다. 이 마지막 가르침이야말로 조국 교회 성도들이 주목해야 하지 않을까 생각합니다.

종교개혁 이후 주일 성수에 대한 강조는 있었지만 그것을 구체적으로 어떻게 지켜야 할 것인지 그리고 그렇게 해야 하는 성경적 근거에 대해서는 개혁파 안에서도 의견이 달랐습니다. 물론 십계명을 다루는 교리문답 속에서 주일 성수에 대한 가장 일반적인 성경적 원칙들은 존재했지만 세부적인 가르침들이 확정되기 위해서는 시간이 많이 필요했습니다. 주일 성수에 대해 처음으로 그 중요성을 강조한 이들은 영국의 청교도들이었습니다. 이들은 일주일에 하루를 예배를 위해 구별하는 것이 하나님의 명령이라고 생각했습니다. 그것을 구체적으로 지키기 위해 주일에 노동하는 것이나 장사하는 것, 오락을 즐기는 것을 금해야 한다고 생각했습니다.

주일 성수에 대한 청교도들의 엄격한 가르침은 네덜란드로 이민 온 영국인들로 말미암아 자연스럽게 네덜란드 교회에도 영향을 주었습니다.[24] 사실 당시만 하더라도 네덜란드 교회 역시 주일 성수에 대해 느슨한 입장이었습니다. 그러나 청교도들의 영향을 받으면서 네덜란드 교회도 조금씩 주일 성수를 강조하기 시작했습니다. 주일 성수가 제대로 정착하기 위해서는 신학적 설명이 필요했는데 이것은 그렇게 쉬운 일이 아니었습니다. 영국에서도 주일 성수와 관련하여 여러 논쟁이 있었는데 이것은 네덜란드에서도 마찬가지였습니다.

제4계명에 대한 가장 중요한 차이점 중 하나는 제4계명이 유대인들을 위한 한시적인 법인가 아니면 모든 인류에게 선포된 하나님의 보편적인 도덕법으로 볼 것인가의 문제였습니다. 주일 성수를 엄격하게 해석하는 사람들은 반대자들에 의해 유대주의자라는 비판을 받았습니다. 반대로 주일 성수를 느슨하게 해석하는 사람

---

[24] 여기에 대해서는 다음 논문을 참고하세요. Keith L. Sprunger, "English and Dutch Sabbatarianism and the Development of Puritan Social Theology (1600–1660)," *Church History* 51 (1981), pp. 24–38.

들은 반대자들에게 구약과 신약을 분리시킨다고 공격을 받았습니다. 이것 하나만 보더라도 주일 성수는 그렇게 간단한 문제가 아니라는 사실을 알 수 있습니다. 주일 성수의 문제는 성경 전체를 어떻게 해석할 것인가의 문제와 연결되어 있었습니다.

네덜란드 안에 주일 성수에 대해 논쟁이 뜨거워지자 이 논쟁을 결국 도르트 총회에서 다루었습니다. 아르미니우스 논쟁 때문에 주일 성수에 대한 도르트 결정이 잘 알려지지 않았는데 이 결정 역시 대단히 중요한 의미를 가지고 있습니다. 왜냐하면 이 결정은 성도들의 삶의 양태를 결정하기 때문이지요. 이 총회는 주일 성수에 대해 여섯 가지로 요약합니다.

1. 제4계명은 부분적으로는 도덕법이며 부분적으로는 의식법이다.
2. 천지창조 후의 이레째 안식, 그리고 특히 유대 국가에 명해진 이날의 엄격한 준수는 의식적인 것이다.
3. 예배를 위해 확실하게 지정된 날을 떼어 두는 것, 그리고 그와 함께 예배와 거룩한 명상을 위해 필요한 만큼의 안식은 도덕적 요소에 속한다.
4. 이제 유대인들의 안식은 폐지되었으므로 그리스도인들은 주일을 엄숙히 지킬 필요가 있다.
5. 이날은 초대 교회의 사도 시대 이후로 항상 지켜져 왔다.
6. 이날은 예배를 위해 성별함으로써 그날에는 모든 노예적 노

동을 쉬어야 하며(단 자비와 현재의 불가피한 일들은 예외), 하나님에 대한 예배를 방해하는 모든 레크리에이션도 마찬가지로 금해야 한다.[25]

위 내용을 읽어 보시면 알겠지만 네덜란드 교회가 청교도들의 영향을 적지 않게 받은 것을 알 수 있습니다. 그러나 주일이 토요일에서 일요일로 바뀐 것은 하나님의 말씀인 성경에 근거한 것이 아니라 사도적 전통에 근거하고 있다는 주장은 주목할 만합니다. 실제로 하이델베르크 교리문답을 작성한 우르시누스나 도르트 총회에서 아르미니우스주의를 반박하는 데 앞장섰던 호마뤼스Franciscus Gomarus도 이와 같은 입장을 취했습니다.

안식일에 대한 논쟁은 도르트 총회의 결정으로 해결되지 않았습니다. 네덜란드에서 코케이위스Johannes Cocceius라는 탁월한 신학자가 주일 성수에 대한 다른 견해를 제시했기 때문입니다. 그는 히브리어와 구약학에 정통했습니다. 그는 당시 유행하고 있던 스콜라적 신학방법에 대해 불만을 가지고 있었습니다. 이 방법은 성경의 본문 자체를 강조하고 그 본문을 해석하기보다는 이미 정해진 어떤 교리를 증명하는 데 성경 본문을 이용하는 경우가 많았기 때문입니다. 코케이위스는 그런 방법보다는 성경

---

25) 양낙홍, 『주일 성수』, pp. 124-125. 번역을 약간 수정했습니다.

을 역사적으로 이해해야 성경을 더 잘 이해할 수 있다고 생각했습니다. 그의 성경 해석 방법과 언약 신학은 이후에 많은 사람에게 큰 영향을 주었습니다. 성경을 해석하는 데 코케이위스는 구약과 신약의 통일성보다는 차이점을 더 강조했습니다. 그 결과 4계명은 (다른 아홉 개의 계명도 마찬가지) 창조 때 아담에게 주어진 명령이 아니라 구약 이스라엘 백성들에게 선포된 것으로 이해되었습니다. 그렇다면 4계명이 오늘날 신자들에게 적용될 수 있는 중요한 근거가 사라지게 됩니다.

코케이위스의 성경 해석 방법은 다른 개혁신학자들의 비판을 피할 수 없었습니다. 그중 가장 뛰어난 대표적인 신학자는 히스베르튀스 푸티위스Gisbertus Voetius였습니다. 약속과 성취라는 관점에서 성경을 보려고 했던 코케이위와는 달리 푸티위스에게 "성경 해석의 제일 원리는 하나님 나라 백성 개개인을 위한 구원의 서정Ordo Salutis"[26]이었기 때문에 구약과 신약은 본질적으로 같은 것으로 이해되었습니다. 당연하게도 4계명 역시 구약 이스라엘 백성들뿐만 아니라 신약의 성도들에게도 동일하게 적용되어야 한다고 푸티위스는 주장했습니다.

주일 성수와 관련하여 네덜란드 개혁교회에 격렬한 논쟁이 있

---

26) 푸티위스에 대해서는 다음 책을 참고하세요. 황대우 편, 『칼빈 이후의 개혁신학자들』 (부산: 개혁주의 학술원, 2013), pp. 157-181.

었지만 그렇다고 해서 그들 사이의 차이점을 너무 부각시키는 것도 적절하지 않습니다. 코케이위스의 의도는 주일 성수를 완화하는 것이 결코 아니었습니다. 그의 관심은 주일 성수가 바른 성경적 이해 위에서 시행되는 것이었습니다. 따라서 성경 해석에서는 많은 차이가 있었는지는 모르지만 신앙생활에서는 그다지 큰 차이를 보이지 않았습니다. 실제로 네덜란드에서 주일 성수가 약화된 가장 큰 이유는 성경 해석보다는 사회·경제적인 요소에 더 많이 의존하고 있습니다. 네덜란드는 상업과 무역이 발달한 나라였기 때문에 매우 복잡한 나라였습니다. 주일 성수는 경제를 활성화시키는 것에 장애 요소가 되었습니다. 그 결과 설교단에서 주일 성수에 대한 강조가 약화될 수밖에 없었습니다. 경제가 부흥함에 따라 주일 성수의 메시지는 약화될 수밖에 없었고 세상과 구별되는 교회의 거룩성은 점차 희미해졌습니다.

설교란 무엇인가-구속사적 설교

설교가 개혁교회에서 차지하는 중요성은 말할 필요도 없을 것입니다. 개혁교회는 참되고 순수한 말씀이 선포 혹은 설교되는 곳에 교회가 있다고 선언했습니다. 설교는 성경의 메시지를 해석하고 적용한 것이라고 정의할 수 있는데 개혁교회는 이 설교 역시 하나님의 말씀이라고 생각했습니다. 로마 가톨릭 교회 역시 성경을 가지고 있다는 점에서 성경보다는 설교가 더욱더 중요한 참된 교회의 표지라고 할 수 있을 것입니다. 그렇기 때문에 개혁교회는 바른 설교를 선포하기 위해 노력을 많이 기울였습니다.

개혁교회는 성경은 하나님의 말씀이고 설교는 인간(목사)의 말이라고 보지 않았습니다. 그렇다고 해서 모든 설교가 자동적으로 하나님의 말씀이 된다고 생각하지 않았습니다. 성경은 그 자체가 하나님의 말씀이지만 설교는 성경을 바로 해석하고 바르게 적용할 때만 하나님의 말씀이기 때문입니다. 그러나 바른 설교가 구체적으로 어떤 것인지 정의하는 것은 쉬운 일이 아닙니다. 특별히 어려운 본문에 근거한 설교일수록 바른 설교를 구별하기가 쉽지 않지요. 예를 들어 "너희가 서로 사랑하라"라는 성경 구절로 설교하는 것은 그렇게 어렵지 않을 것입니다. "살인하지 말라"도 마찬가지라 생각합니다.

이와는 달리 설교하기가 곤란한 본문들도 많습니다. 예를 들어 예수님께서 병자를 고치고 귀신을 쫓아내신 것을 어떻게 보아야 할까요? 더 나아가 예수님께서 물로 포도주를 만들고 오병이어의 기적을 일으키신 것은 어떻게 보아야 할까요? 설마 우리도 예수님처럼 병자를 고치고 귀신을 쫓아내고 물로 포도주를 만들어야 한다는 사람은 없을 것입니다. 그런데 어떤 사람들은 무너진 여리고 성 사건에 근거하여 땅밟기를 정당화하기도 합니다. 참으로 황당하기 짝이 없지만 의외로 그런 신자들이 주위에 많습니다.

제가 미국에 있을 때 한 백인 신자와 미국 인디언의 학살에 대해 이야기를 나눈 적이 있습니다. 그분은 개혁교회에 소속된 매우 경건한 사람이었는데 의외로 미국 인디언의 학살을 당연한 것으로 생각하고 있었습니다. 그분의 성경 해석은 다음과 같습니다.

> 당시 청교도들은 하나님의 선택된 이스라엘 백성이었다. 그런데 그들은 애굽 왕이라고 할 수 있는 영국 왕의 박해를 피하여 대서양을 건넜다. 대서양은 그들에게 홍해나 다름없었다. 하나님께서는 그들을 홍해에서 구원하셔서 아메리카라는 가나안 땅을 선사하셨다.

자, 성경을 이런 식으로 본다면 아메리카에 있는 인디언들은 어디에 비유할 수 있을까요? 당연히 가나안 족속들입니다. 미개하고 하나님을 모르는 우상 숭배자들이지요. 그렇다면 그들은 어떻게 되어야 합니까? 결론은 말하지 않아도 여러분이 잘 알 것입니다. 아마 여러분은 이런 성경 해석이 말도 안 된다고 생각할 것입니다. 하지만 의외로 많은 목사가 그렇게 강단에서 설교하고 있습니다. 성경을 잘못 해석하면 얼마나 큰 오류나 죄악을 저지를 수 있는지 분명히 인식해야 합니다.

이 지점에서 우리는 아주 중요한 질문을 던지게 됩니다. 성경에 기록된 역사적 사건을 어떻게 해석해야 할까요? 그것이 기록된 목적은 무엇일까요? 단지 우리가 성경에 나오는 영웅들처럼 따라 해야 하는 것을 가르치기 위해 기록되었을까요? 그렇지 않을 것입니다. 물론 어떤 역사적 사건은 그런 목적으로 기록된 것도 있을 것입니다. 예를 들어 롯의 아내 이야기는 우리로 하여금 하나님의 말씀에 불순종하는 것이 얼마나 큰 죄인지를 잘 설명하고 있습니다. 그러나 모든 역사가 그런 도덕적 교훈을 주는 것은 아니지요. 대표적인 예가 라합의 거짓말이라고 할 수 있습니다. 우리도 라합처럼 어떤 도망자가 우리 집에 왔을 때 거짓말을 함으로 그들을 보호해야 하는 것은 아니지요.

여기서 우리는 역사적 본문을 바로 설교하는 것이 참으로 어렵다는 것을 실감하게 됩니다. 1930년대 네덜란드에서는 바로 이와 관련하여 엄청난 논쟁이 벌어졌습니다. 그것을 주도한 사람은 앞에서 우리가 잠시 보았던 스힐더라는 목사였습니다. 그는 자신이 운영하는 신앙지에 구속사적 설교에 대한 일련의 글을 실었을 뿐 아니라 실제로 그 설교 원리에 근거한 설교문을 모아서 1부 『고난의 입구에 계신 그리스도』Christus aan den ingang van zijn lijden, 2부 『고난의 통로에 계신 그리스도』Christus in de doorgang van zijn lijden, 3부 『고난의 출구에 계신 그리스도』Christus bij den uitgang van zijn lijden라는 제목으로 출판했습니다. 이 3부작을 통칭하여 〈고난 당하시는 그리스도〉Christus in Zijn lijden라고 불렀고, 이 책은 젊은 사람들에게 큰 반향을 일으켰습니다.

1930년대는 세계대전이 일어나기 전으로 네덜란드 교회는 여러 가지 도전들에 직면하고 있었습니다. 자유주의 신학의 영향으로 성경의 역사적 신빙성에 의문이 제기되기 시작했습니다. 신학이 점차 도덕으로 바뀌면서 설교도 도덕적 교훈이 주를 이루게 되었습니다. 전통적인 교회는 여기에 대해 전통적인 교리적 설교로 대응했는데 신자들에게 큰 변화를 주지 못했습니다. 이런 상황 속에서 네덜란드 교회는 어떤 돌파구를 찾아야 했습니다. 이 돌파구 중 하나가 구속사적 설교였습니다.

구속사적 설교의 가장 주된 관심은 성경의 역사는 하나님을 계시한다는 점이었습니다. 이 계시는 언제나 그리스도를 통해 계시되기 때문에 설교는 그리스도 중심적이어야 한다고 구속사적 설교를 옹호하는 사람들은 주장했습니다. 또한 이들은 모든 성경의 역사들은 구속을 중심으로 전개되기 때문에 구속의 관점에서 이해되어야 한다고 생각했습니다. 이 관점에 따르면 각각의 역사적 사건들은 구원 역사에서 고유한 의미가 있습니다. 아주 비슷한 사건이라고 하더라도 그 사건이 전달하는 의미는 전혀 달라질 수 있는 것이지요. 예를 들어, 베드로가 예수님을 따르기로 결심했을 때 엄청난 물고기를 잡았던 사건과 예수님께서 부활하시고 나서 153마리의 물고기를 잡은 사건은 그 의미가 같을 수 없을 것입니다. 오병이어의 사건과 칠병이어의 사건도 마찬가지라고 할 수 있겠지요. 따라서 설교자들은 본문을 열심히 연구하여 역사적 사건이 가지고 있는 고유한 의미를 찾아내는 일에 힘써야 할 것입니다.

이런 구속사적 설교 방법은 많은 비판을 초래하기도 했습니다. 대표적 인물로는 홀베르다B. Holwerda라는 목사였습니다. 그는 구속사적 설교가 과거의 역사적 사실 규명에만 초점을 맞추고 역사 속에 있는 모범적 요소를 무시하게 될 위험이 있다고 경고했습니다. 홀베르다와 그를 따르는 사람들은 구속사적 설교 자체가 틀렸다고 생각하지는 않았습니다. 이것은 구속사적 설교를 지지하는 사람들도 마찬가지였습니다. 그들은 모범을 거부한 것이 아니라 구속 역사에 근거하지 않은 모범을 거부했을 뿐입니다.

네덜란드에서 시작된 구속사적 논쟁은 해결되었다기보다는 소멸되었다고 할 수 있습니다. 세계대전 후에는 서로 각자의 길을 걷게 되었고 사람들의 관심에서 멀어졌습니다. 구속사적 설교 논쟁은 미국 칼빈 신학교에서 설교학을 가르쳤던 시드니 그레이다뉘스Greydanus가 자신의 학위 논문을 통해 소개하면서 많은 사람에게 알려졌습니다. 우리나라에서는 고려신학대학원에서 교의학을 가르쳤던 고재수 교수가 『구속사적 설교의 실제』라는 책을 통해 적지 않은 이들에게 영향을 미쳤습니다. 참된 설교를 고민하는 이들 중에서 구속사적 설교에 대한 관심이 없는 사람은 거의 없을 것입니다. 아마 네덜란드 개혁교회가 조국 교회에 가장 영향을 미친 부분이 있다면 구속사적 설교라고 저는 생각합니다.

오늘날 구속사적 설교를 논하는 사람들은 거의 없습니다. 필자도 구속사적 설교야말로 유일하게 참된 설교라고 주장하고 싶지도 않습니다. 그러나 구속사적 설교에 담긴 중요한 원칙들은 오늘날에도 여전히 유효하다고 생각합니다. 특별히 역사적 본문을 다룰 때 우리는 구속사적 관점을 놓치지 말아야 할 것입니다. 무엇보다 구속사적 설교는 설교자로 하여금 쉽게 빠질 수 있는 여러 오류에서 설교자들을 지켜 준다고 생각합니다. 캄펀 신학교에서 실천 신학을 가르쳤던 트림프 박사는 구속사적 설교의 유용성을 다음과 같이 요약했습니다.

1. 구속사적 방법은 잘못되고 성경을 위험하게 사용하는 데서 우리를 보호한다.
2. 구속사적 방법은 현대 (잘못된) 모범주의에서 우리를 보호한다.
3. 구속사적 방법은 여러 종파가 역사를 무시하는 것에서 우리를 보호한다.
4. 구속사적 방법은 근본주의자들이 성경을 단편적으로 사용하는 데서 우리를 보호한다.

5. 구속사적 방법은 경험 신학에서 우리를 보호한다.[27]

이 책을 읽는 독자들이 구속사적 설교에 대해 자세히 알 필요는 없을 것입니다. 여러분은 설교를 하는 사람이 아니라 설교를 듣는 사람들이기 때문이지요. 그러나 참된 신자라면 참된 설교가 무엇인지는 알아야 할 것입니다. 예수님도 말씀하셨듯이 양들은 목자의 음성을 구별해야 합니다. 이 분별력은 하루아침에 길러지는 것은 아닙니다. 일반 신자들이 설교에 대한 분별력이 높아져야 목사들의 설교 수준도 높아질 것입니다. 구속사적 설교만을 고집하는 것도 문제지만 그것을 아예 무시하는 것은 더 큰 문제입니다. 적어도 참된 설교자는 구속사적 설교를 할 수 있어야 할 것입니다. 이 설교 방법은 '하나님만을 설교하라!'라는 도전을 설교자들에게 던집니다. 모든 설교자는 이 도전 앞에 어떤 식으로든 답변을 제시해야 할 것입니다.

---

[27] C. 트림프, 『설교학 강의』, 고서희, 신득일, 한만수 옮김 (서울: 기독교문서선교회, 1996), pp. 75-77.

더 깊은 공부와 나눔을 위한 질문

1. 227-231쪽을 읽고, 피터 다테인은 어떻게 네덜란드 교회에서 쓰임받았는지 말해 봅시다.

   진리가 혼탁한 시대를 살고 있는 오늘의 우리가 다테인에게 배울 수 있는 것은 무엇입니까?

2. 232-238쪽을 읽고, 타락상 선택설과 타락하 선택설을 비교해서 설명해 봅시다.

   뤼베르튀스와의 논쟁과 도르트 총회 동안의 마코비위스의 태도로 우리가 생각해 볼 수 있는 것은 무엇입니까?

3. 239-245쪽을 읽고, 윌리엄 에임스가 네덜란드 교회에서 갖는 중요성은 무엇인지 말해 봅시다.

4 245-255쪽을 읽고, 렘브란트와 고흐를 예로 개혁교회와 미술이 어떤 관계에 있는지 설명해 봅시다.

5 255-263쪽을 읽고, 주일 성수에 대한 오늘날 교회의 모습은 어떠한지, 자신의 이야기를 중심으로 나눠 봅시다. 그리고 4계명에 대한 하이델베르크 교리문답 내용을 중심으로 우리 개인과 교회에 비추어 보고, 적용해 봅시다.

또, 네덜란드 교회에서 있었던 주일 성수 논쟁도 간략하게 요약해 봅시다.

6 263-271쪽을 읽고, 구속사적 설교란 무엇인지 말해 봅시다. 그 특징과 유용성을 구체적인 예로 설명해 봅시다.

〈8장 도전과 응전〉을 읽으면서 하나님께서 깨닫게 해 주신 것과 베풀어 주신 은혜를 생각하며 감사합시다. 또 깨달아 배우고 확신한 일에 거할 수 있게 해 달라고 기도합시다.

| 닫는 글 |

책을 마치고 나니 한두 가지 노파심이 생깁니다. 개인적인 판단에서, 네덜란드 개혁교회는 배울 것이 참 많은 교회입니다. 실제로 조국 교회에 실망했던 사람들 중 네덜란드 개혁교회를 알고 나서 이 교회의 전통에 지나치게 깊이 빠진 경우도 있습니다. 심지어 어떤 목사들은 자신이 속한 교단이나 교회를 떠나서 '개혁교회'라는 이름으로 자그만 교단을 따로 설립하기도 했습니다. 안타깝게도 그 교회들 중에서 제대로 성장하고 있는 교회들이 거의 없습니다. 여러 가지 이유가 있겠지만 네덜란드 개혁교회를 너무 문자적으로 이해해서 그대로 우리 사회에 이식하려고 했기 때문입니다. 목사가 먼저 개혁교회를 충분히 배워서 그것을 자신에게 먼저 적용하고 자신부터 먼저 개혁한 다음 인내와 겸손으로 성도들을 한 사람, 한 사람 세워 가야 하는데 너무 일방적으로 급하게 교인들을 끌고 가는 경우가 적지 않았습니다. 제가 쓴 책이 혹시라도 네덜란드 개혁교회에 대한 환상을 심어 주지

않기를 바랍니다.

앞에서 우리가 살펴보았지만 전반적으로 보았을 때 네덜란드 개혁교회는 지속적인 침체를 경험하고 있습니다. 실제로 네덜란드에서 개혁교회라는 간판을 단 주류 교회들은 원래 정체성을 거의 상실해 버렸습니다. 이전의 좋은 전통을 유지하는 소수의 교회들도 이전의 활력을 상당히 잃어 가고 있는 상황입니다. 개혁교회의 본 고장인 네덜란드 교회도 이렇게 큰 어려움을 겪고 있다면 우리나라에서 개혁교회의 전통을 지켜 내는 것이 얼마나 힘든 일이겠습니까? 개혁교회가 좋은 모델이기는 하지만 무조건 맹목적으로 따르는 것은 지혜로운 일이 아닐 것입니다.

그렇다면 왜 개혁교회들은 이전과 같은 활력을 상당히 잃어 버렸을까요? 제가 보기에 가장 큰 이유는 다음 세대를 키우는 데 실패했기 때문입니다. 개혁교회는 거대한 역사적·신학적 전통을 가진 교회입니다. 이것을 제대로 이해하고, 가르치고, 설교하는 목사를 배출하는 것은 정말 쉽지 않은 일입니다. 개혁교회는 여기에 대한 중요성을 어느 다른 교회보다도 잘 알고 있음에도 이 일을 성공적으로 수행하지 못하고 있는 것 같습니다. 우수한 젊은 인재들이 더는 신학교에 문을 두드리지 않습니다. 그 결과 빛나는 별 같은 인재들을 양성했던 신학교들이 문을 닫는 형편입니다. 진리에 대한 갈망이 다음 세대에 다시 불붙지 않는 한 개혁교회가 이전과 같은 활력을 회복하는 것은 쉽지 않을 것입니다.

이제 우리나라 교회는 성장이 멈추고 쇠퇴의 시기로 접어들었습니다. 각종 통계가 그것을 보여 줍니다. 이제는 교회가 성장을 추구하기보다는 살아남는 훈련을 해야 합니다. 그래서 남은 그루터기가 다음 세대에 복음의 꽃을 피울 수 있게끔 준비해야 합니다. 이 준비를 잘하기 위해서는 우리보다 먼저 생존을 위해 고군분투하기 시작한 다른 나라 교회에 눈을 돌려야 합니다. 그들의 문제가 곧 우리의 문제가 될 것입니다. 최대한 시행착오를 줄여서 교회가 올바른 방향으로 갈 수 있게끔 다 함께 노력해야 합니다. 네덜란드 개혁교회는 참된 신앙고백과 교리문답 위에 바로 세워진 교회입니다. 그러나 신앙고백만 가지고 있다고 해서 전부가 아닙니다. 이 신앙고백을 어떻게 시대와 상황에 맞게 효과적으로 성도들에게 전수해야 할 것인지도 함께 고민해야 합니다. 이것은 역사를 통해 가장 잘 배울 수 있습니다. 이 책이 그런 고민을 하는 분들에게 조금이라도 도움이 되기를 소망합니다.

| 부록 |

하이델베르크 교리문답의 관점에서 본 죄와 비참

서론: 이 주제의 중요성

하이델베르크 교리문답의 핵심 주제는 위안이며, 삼위 하나님께서 주시는 유일하고 참된 위안 속에서 살기 위해 우리는 세 가지를 알아야 한다고 교리문답은 제1주일 문답에서 가르쳐 줍니다. 1) 나의 죄와 비참함이 얼마나 큰가? 2) 나의 모든 죄와 비참함에서 어떻게 구원을 받았는가? 3) 그런 구원을 주신 하나님께 어떻게 감사를 드려야 하는가? 죄와 비참, 구원, 감사 이 세 가지는 서로 긴밀하게 연결되어 있습니다. 죄와 비참에 대한 이해 없이 구원을 알 수 없고, 구원을 제대로 이해하지 못할 때 감사의 삶이 따라올 수 없기 때문입니다.

이 같은 이유 때문에 하이델베르크 교리문답에서 죄와 비참은 아주 중요한 주제 중 하나입니다. 사실 죄와 비참은 성경 전체를 통해서도 매우 중요한 주제이기도도 합니다. 성경 속에는 거룩하고 아름다운 이야기도 많지만, 인간의 죄와 비참에 대한 이야기도 엄청나게 많이 포함되어 있습니다. 하지만 오늘날 강단에서는 죄와 비참에 대해 설교하기를 주저하는 것 같습니다. 이것은 설교가 성경의 주 메시지에서 상당히 멀어져 있다는 하나의 증거가 될 것입니다. 죄와 비참을 이야기하면 사람들이 별로 좋아하지 않습니다. 오늘날 청중은 자기가 좋아하는 메시지만 듣고 싶어할 뿐입니다. 하지만 죄와 비참에 대한 설교가 약화되면 복음도 약화될 수밖에 없습니다. 죄에 대한 지나친 강조도 문제지만 너무 가볍게 취급하는 것도 문제입니다. 값싼 복음이 되지 않기 위해서라도 우리는 죄와 비참의 문제를 성도들이 정확하게 인식하게끔 해야 합니다.

흥미롭게도 교리문답은 죄와 비참 자체에 대해 다루고 있지 않은데 독자들이 이미 이 문제를 충분히 알고 있다는 것을 전제하고 있는 것 같습니다. 교리문답은 "죄가 무엇입니까?" 하고 질문하지 않고, "죄와 비참을 어디에서 압니까?" 하고 질문합니다. 따라서 죄와 비참에 대해 조금 설명이 필요합니다. 죄라는 것은 사람이 마땅히 해야 할 일을 하지 않는 것이고 비참은 그 죄로 말미암은 결과를 의미합니다. 웨스트민스터 소교리문답 14문답에 따르면, 죄는 하나님의 법을 어기거나 순종함에서 부족한 것이라고 규정합니다. 죄의 기본적인 개념은 불법입니다. 그런데 왜 죄가 문제가 됩니까? 죄가 죄를 지은 사람에게 치명적 해를 끼치기 때문입니다. 이 해를 하이델베르크 교리문답은 비참이라는 단어로 표현합니다. 만약 죄를 지어도 죄를 지은 사람에게 아무런 일이 일어나지 않는다면 죄를 심각하게 다룰 이유는 없습니다. 죄의 심각성은 죄의 결과를 통해서만 인식할 수 있습니다. 오늘날 많은 사람이 죄를 너무 피상적으로 이해하는 경향이 많은 것은 죄의 결과인 비참을 제대로 인식하지 못하기 때문입니다.

이 비참은 교리문답에서 위안과 반대되는 개념으로 사용됩니다. 따라서 비참은 위안과 긴밀한 관계가 있습니다. 우리의 비참을 제대로 알지 못하면 우리의 위안도 제대로 알 수가 없습니다. 비참이라는 단어가 좀 추상적인 단어인데, 교리문답에 사용된 이 단어는 독일어로 '엘렌트'Elend라고 합니다. 이 말은 '땅에서 추방된'이란 의미로 사용되고 있습니다. 이 용어는 낙원에서 추방된 아담과 하와를 연상하게 하는 단어입니다. 이 비참은 가나안 땅에서 추방되어 바벨론으로 포로로 끌려갔던 모습에서 다시 한 번 두드러지게 나타납니다. 그런데 나중에 자세히 다루겠지만 이 비참은 죄로 말미암아 생겼습니다. 즉, 하나님의 백성이 왕의 명령에 순종하지 않았기 때문에 하나님께서 주신 땅에서 쫓겨났습니다. 이것이 비참입니다.

추방된 자들, 포로들, 노예들, 나그네들(외국인들)에게는 위안이 없습니다. 그들의 삶은 항상 불안합니다. 그들의 삶이 언제 어떻게 바뀔지 모르기 때문입니다. 그들은 그들의 삶을 스스로 결정하지 못합니다. 그들의 운명은 그들보다 훨씬 큰 어떤 세력의 손아귀에 잡혀 있기 때문입니다. 마치 늪에 빠진 상태와 같아서 움직이면 움직일수록 더욱더 큰 비참함 속에 빠집니다. 즉 외부의 도움이 없으면 이 비참한 상태에서 벗어나는 길은 전혀 없습니다.

율법의 필요성: 죄와 비참을 아는 길

문제는 많은 사람이 자신들은 죄와 비참 속에서 살아가고 있다는 것을 모른다는 사실입니다. 즉 죄와 비참 속에 빠져 있다는 것이 자신이 그 상태에 있다는 것을 인식하는 것과는 구별되어야 합니다. 죄와 비참을 인식하지 못하는 사람은 결코 구원받을 수 없습니다. 그들은 구원자가 필요하다고 생각하지 않기 때문에 구원의 필수 요소인 구원자에 대한 믿음을 가질 수 없는 것입니다. 그렇다면 왜 그들은 자신의 비참한 상태를 인식하지 못하는 것일까요? 자신을 객관적으로 볼 수 없기 때문입니다. 많은 사람이 자신들을 죄인이라고 생각하지 않는 이유는 바로 죄에 대한 기준이 다르기 때문입니다. 예를 들어 자신이 죄인이라고 스스로 생각하더라도 하나님의 진노와 심판의 대상이 되어 지옥에 갈 정도로 자신들이 악한 사람이라고 생각하지 않습니다.

사실, 우리는 우리 자신의 외적인 모습도 잘 알지 못합니다.

그래서 우리는 우리 자신을 보여 주는 거울이 필요합니다. 거울을 보고 우리의 더러운 부분을 깨끗하게 합니다. 우리 육신의 모습은 거울을 통해 볼 수 있지만, 영혼의 모습은 어떻게 볼 수 있을까요? 그것이 바로 율법입니다. (교리문답 3문답) 오직 하나님의 율법을 통해서만이 우리는 죄와 비참이 무엇이며, 이 죄와 비참을 알 때 우리는 비로소 구원을 갈망하게 됩니다. 따라서 우리가 우리 자신을 올바로 성찰하기 위해서는 항상 우리 자신을 율법의 거울에 비추어 보아야 합니다.

여기서 우리는 교리문답이 율법을 다루는 방식에 주목할 필요가 있습니다. 예를 들어 루터의 교리문답의 경우 가장 처음에 율법의 내용, 즉 십계명을 자세히 다룹니다. 하지만 하이델베르크 교리문답은 율법의 내용보다는 율법의 용법 중 제1용법(죄를 깨닫게 함)을 먼저 다루고 율법의 내용 자체는 3부에서 제3용법(신자의 감사의 삶)의 측면에서 다룹니다. 그 결과 하이델베르크 교리문답은 율법에서 시작하여 율법으로 마칩니다. 더 적절하게 말하자면 하나님의 율법이 전 교리문답을 둘러싸고 있다는 느낌을 줍니다. 이것을 통해 우리는 율법이 교리문답에서 아주 중요한 자리를 차지하고 있다는 것을 확실히 인식할 수 있습니다.

그렇다면 율법이 무엇인가라는 질문이 생기는데, 교리문답은 이것을 율법이 "무엇을 요구하는가?"라는 질문으로 바꾸어 놓았습니다. 이렇게 질문을 바꿈으로써 교리문답은 율법과 관련하여 중심 주제에서 벗어나는 질문을 자제하게 하고 우리의 삶에 필수적인 질문으로 유도합니다. 이 바뀐 질문은 곧이어 나오듯이 인간이 율법의 요구를 만족시키지 못하는 것을 전제합니다. 율법은 하나님의 법으로서 피조물 된 인간이 마땅히 지켜야 하는 법입니다. 세상은 우연히 만들어진 것이 아니라 하나님께서 창조하신 것이고, 창조된 이 세상은 자연법칙에 따라 움직여집니다. 한 예로, 물은 위에서 아래로 흐릅니다. 마찬가지로 피조물인 인간도 아무렇게나 사는 것이 아니라 하나님의 법을 따라 살아야 합니다. 그 율법은 우리 양심 속에 희미하게 나타나 있고, 하나님의 말씀인 성경 속에 분명히 나타나 있습니다. 성경에는 수많은 법이 있지만, 그리스도께서 그 많은 법을 다음과 같이 요약해 주셨습니다. "네 마음을 다하고 목숨을 다하고 뜻을 다하여 주 너의 하나님을 사랑하라 하셨으니 이것이 크고 첫째 되는 계명이요 둘째도 그와 같으니 네 이웃을 네 자신같이 사랑하라 하셨으니 이 두 계명이 온 율법과 선지자의 강령이니라"(마 22:37-40).

사랑: 율법이 인간에게 요구하는 것의 핵심

그리스도의 가르침에 따르면 율법을 두 가지로 요약할 수 있습니다. 첫째는 하나님에 대한 사랑, 둘째는 이웃에 대한 사랑입니다. 결국 율법의 본질은 사랑입니다. 어떻게 보면 이것은 대단히 놀라운 것입니다. 일반적으로 율법의 본질을 사랑이라고 보기가 쉽지 않습니다. 왜냐하면 법이라고 하면 적어도 사랑과는 거리가 먼 어떤 것이라고 보기 때문입니다. 대부분의 사람은 법대로 하는 사람을 별로 좋아하지 않는 경향을 보입니다. 그들을 사랑이 없는 사람 혹은 정이 없는 사람이라고 생각하기가 쉽습니다. 예를 들어, 법을 집행하는 대표적인 사람들이 경찰인데, 그들을 사랑을 실천하는 사람이라고 보기가 쉽지 않습니다.

하지만 곰곰이 생각해 보면 아주 사소한 법이라도 제대로 된 법이라면 그것이 사랑을 담고 있다는 것을 쉽게 알 수 있습니다. 예를 들어, 빨간 신호등에는 멈추어야 합니다. 이 신호는 사람의 생명에 대한 사랑을 담고 있습니다. 물론 한두 번 그 신호를 지키지 않아도 되는 경우가 있겠지만, 모든 사람이 항상 그 규칙을 지키지 않는다면 언젠가는 누군가 죽게 될 것입니다. 심지어 신호를 무시하는 사람도 일단은 사람이 있나 없나를 확인하고 차를 운전합니다. 그 사람이 사고를 내지 않는 것은 겉으로는 법을 어겼으나 법의 정신, 즉 생명에 대한 사랑은 지켰기 때문입니다. 그러나 그것과 전혀 상관 없이 운전하는 사람들은 반드시 사고를 내게 됩니다.

사랑은 기본적으로 지정의知情意의 문제입니다. "마음을 다하고, 목숨을 다하고, 뜻을 다하여"라고 되어 있는데, 목숨은 혼을 뜻하고, 뜻(디아노이아)은 지성을 뜻합니다. 율법의 본질은 사랑이고, 사랑은 전인격과 관련되어 있습니다. 즉 율법은 우리의 외적인 행동뿐만 아니라 마음의 영역까지 영향을 미칩니다. 이것이 세상의 법과 하나님의 법의 궁극적인 차이입니다. 세상의 법은 오직 외적 행위만 통제합니다. 어떤 사람이 신호를 지켰는가, 지키지 않았는가만 중요할 뿐입니다. 그 사람이 정말 교통 신호등을 지킴으로 다른 사람의 생명을 보호해야 하는 사랑의 마음으로 지켰는지, 아니면 신호등 위에 있는 감시 카메라 때문에 벌금을 내지 않기 위해 지켰는지, 그런 것은 중요하지 않습니다.

그렇다면 왜 세상법은 행위에 관심을 두고, 하나님의 법은 마음에 관심을 둡니까? 그 이유는 간단합니다. 세상의 재판관들은 사람의 마음을 읽을 수 없습니다. 그들은 오직 사람의 행위만을 볼 수 있을 뿐이고, 따라서 행위에 근거해서 판단할 수 있을 뿐입니다. 하지만 하나님께서는 중심을 보실 수 있기 때문에, 우리의 마음을 보시고 우리가 정말 하나님을 사랑하는지 그렇지 않은지를 판단하십니다.

인간의 전적 무능력

율법의 요구에 직면한 우리는 우리 자신의 영적 무능력을 깨달게 됩니다. 율법은 우리에게 마음을 다하여 하나님을 사랑하고 이웃을 자기 자신같이 사랑하라고 하였는데, 그 까닭은 우리가 겉으로는 사랑하는 척할지 모르지만, 우리에게는 본성적으로 이웃을 미워하는 성향이 있기 때문입니다. 이것이 교리문답 5문답이 가르치는 바입니다. "문: 당신은 이 모든 계명을 완전하게 지킬 수 있습니까? 답: 전혀 그럴 수 없습니다. 나는 본성적으로 하나님과 내 이웃을 미워하는 성향을 가지고 있기 때문입니다." 하나님께서 우리에게 요구하는 것이 율법에 분명히 나타나 있습니다. 그런데 그 요구를 우리는 "본성적으로" 싫어하는 경향이 있습니다. 그렇다면 어떻게 해야 할까요?

여기서 우리는 "본성적으로"라는 말에 주목할 필요가 있습니다. 사실 인간의 비참은 여기에서 시작됩니다. 죄로 말미암아 인간은 본성이 타락하게 되었습니다. 본성적으로 타락했기 때문에 율법을 좋아할 수 있는 가능성 자체가 없어져 버렸습니다. 우리는 어떤 사물을 좋아하거나 싫어할 수 있습니다. 또는 어떤 사물을 좋아하다가도 싫어할 수 있고, 싫어하다가도 좋아할 수 있습니다. 그러나 본성적으로 싫어한다는 말은 좋아할 수 있는 가능성이 전혀 없다는 것을 의미합니다. 율법이 좋다는 것을 알아도 본성이 그것을 싫어하기 때문에 율법을 사랑할 수 없는 것입니다.

예를 들어, 공공장소에서 시끄럽게 떠드는 사람들이 있어서 좀 조용히 해 달라고 하면 이 요구에 두 가지 반응이 나타납니다.

첫 번째 부류는 "죄송합니다" 하고 말하면서 조용히 합니다. 이들은 지적당하기 전까지(율법이 올 때까지) 자신들이 잘못하고 있었다는 사실을 몰랐습니다. 그러나 지적을 통해 자신들의 부끄러움을 보게 되었고 그 결과 다른 이들을 위해 조용히 지내게 되었습니다. 하지만, 대부분의 사람은 "어쩌라고?" "내가 떠들든 말든 당신이 뭔데 잔소리야!" 하고 화내면서 자신들의 뻔뻔스러움과 악함을 그대로 드러냅니다. 그들은 공공장소에서 조용히 해야 하는 것을 알고 있으면서도 의도적으로 그 규칙을 무시하고 거부합니다.

여기서 중요한 사실을 하나 알 수 있습니다. 죄와 비참에서 벗어나는 것, 복된 삶과 영생의 삶의 출발은 자신이 하나님 앞에서 죄인이라는 것을 인정할 뿐만 아니라 영적으로 무능력하다는 것을 인식하는 것에서 시작한다는 사실입니다. 자신이 죄와 비참함 속에 있다는 것을 인정하면서도 "어쩌라고?" 하고 외치면서 사는 사람을 하나님께서 구원하실 이유는 없습니다. 로마서 1장에 보면 하나님께서는 그런 사람들을 그대로 내버려 두십니다. 그리고 그것이야말로 비참 그 자체입니다. 비참이란 '하나님으로부터의 버림받음'이기 때문입니다.

죄와 비참의 원인: 창조에서 찾을 수 없음

율법을 통해 우리가 죄와 비참을 알게 되었다면 그다음에 해야 할 일은 그 죄와 비참의 원인을 파악해야 할 것입니다. 문제의 원인을 알아야 문제의 해결 방식도 알 수 있기 때문입니다. 교리문답의 구도를 따라 이 주제를 다루어 봅시다. 먼저 죄와 비참의 원인을 하나님에게서 찾을 수 있을 것입니다. 이 세상은 죄와 비참으로 가득하다는 것이 분명하고 이 세상을 하나님께서 창조하셨다면 죄와 비참에 대해 하나님께서 어떤 식으로든 책임을 져야 한다고 생각하는 이들이 있습니다. 적어도 그들은 하나님께서 인간을 창조하셨을 때 뭔가 부족한 것이 있다고 보는 것입니다.

이런 이유 때문에 교리문답은 하나님께서 인간을 어떻게 창조하셨는지에 대해 자세히 설명합니다. "하나님은 사람을 선하게, 또한 자신의 형상, 곧 참된 의와 거룩함으로 창조하셨습니다. 이것은 사람으로 하여금, 자신의 창조주 하나님을 바로 알고, 마음으로 사랑하며, 영원한 복락 가운데서 그와 함께 살고, 그리하여 그분께 찬양과 영광을 돌리기 위함입니다." 간단히 말하면, 교리문답은 하나님께서 인간을 "선하게" 창조하셨다는 사실을 강조합니다. 이것은 물론 성경적 가르침입니다. 창세기 1장을 보면, 하나님께서 세상을 육 일 동안 창조하셨을 때 매일 자신이 만드신 것을 보시고 "좋다"고 선언하셨습니다. 특별히 마지막 날 인간을 창조하셨을 때는 "심히 좋다"고 하셨습니다.

"좋다"good라는 말은 무슨 뜻입니까? 특히 어떤 사람이 무엇을 만들고 나서 "좋다"라고 말했다면 그것은 무엇을 의미합니까? 자신이 계획한 대로 만들어졌으면 좋다고 하고, 그렇지 않으면 나쁘다고 생각합니다. 마찬가지로 하나님께서는 세상을 창조하실 때, 아무렇게나 만든 것이 아니라 어떤 목적을 가지고 만드셨습니다. 그 결과 이 세상 모든 피조물은 어떤 목적을 가진 존재로 살아가게 됩니다. 이것은 특별히 사람의 창조에서 두드러지게 나타납니다.

하나님께서는 사람을 선하게 창조하시되, 특히 자신의 형상을 따라서 창조하셨습니다. 형상이라는 말은 하나님과 우리가 닮았다는 뜻입니다. 교리문답은 하나님의 형상을 의와 거룩함으로 설명하는데, 이것은 에베소서 4장 24절과 골로새서 3장 10절에 나온 말씀에 근거합니다. 이 두 구절은 새 사람에 대해 이야기하고 있는데, 의와 거룩과 지식의 관점에서 설명합니다. 아담과 하와에게 하나님께서는 법을 주셨고, 선악과를 통해 하나님을 사랑하도록 명령하셨습니다. 그들은 하나님의 형상을 따라 창조되었기 때문에 그 명령을 얼마든지 순종할 수 있었습니다. 왜냐하면 그들은 의와 거룩과 지식을 따라 창조되었기 때문에 정확하게 하나님의 뜻을 알았고, 그 뜻에 순종할 수 있는 열정을 품고 있었을 뿐만 아니라 그것을 완전하게 수행할 수 있는 능력도 있었습니다.

하나님께서 사람을 그렇게 창조하신 목적에 대해서도 교리문답은 간략하게 답을 제공합니다. "창조주 하나님을 바로 알고, 마음으로 사랑하며, 영원한 복락 가운데서 그와 함께 살고, 그리하여 그분께 찬양과 영광을 돌리기 위함입니다." 여기에서 우리는 하나님께서 인간을 창조하신 목적을 분명히 알게 됩니다. 우리가 하나님의 형상으로 창조되었기 때문에, 우리는 하나님을 알 수 있고, 그분을 사랑할 수 있고, 그분과 함께 살면서 하나님께 찬송과 영광을 돌리게 됩니다. 이것이 인간이 존재하는 이유입니다.

이 모든 것을 요약하면, 죄와 비참의 원인을 하나님에게서 찾는 것은 불가능합니다. 그렇다면 이 원인은 어디에서 옵니까?

아담의 불순종: 죄와 비참의 원인

하나님은 선하시고, 선하신 하나님께서 인간을 선하게 창조하시고, 자신의 형상에 따라 하나님을 얼마든지 영화롭게 하게끔 창조하셨다면, 도대체 사람을 비참하게 만드는 타락한 본성은 어디에서 왔습니까? 여기에 대해 교리문답은 핵심 답을 제공합니다. 그것은 바로 우리의 시조 아담과 하와의 불순종입니다.

어떻게 보면 이 답이야말로 인간을 더욱 비참하게 만듭니다. 왜냐하면 죄와 비참의 궁극적 원인이 우리에게 있지 않고 우리의 시조에게 있다면 이 죄와 비참의 문제를 해결할 수 있는 방법은 거의 없다고 보아야 하기 때문입니다. 교리문답의 가르침대로 우리의 시조가 불순종했고, 그 결과 사람의 본성이 부패하게 되었고 모든 인간이 죄악 중에서 출생하였다면 이 타락한 본성의 문제를 어떻게 해결할 수 있겠습니까?

교리문답은 신학 책이 아니기 때문에 원죄 문제에 대해 더 이상 자세한 설명을 제시하지 않습니다. 우리는 로마서의 한 구절로 만족하는 것이 좋을 것 같습니다. "한 사람으로 말미암아 죄가 세상에 들어오고 죄로 말미암아 사망이 들어왔나니 이와 같이 모든 사람이 죄를 지었으므로 사망이 모든 사람에게 이르렀느니라"(5:12). 우리가 다루어야 할 실제적 문제는 아담과 하와의 행동이 엄청난 영향력을 발휘하고 있다는 사실입니다. 불순종이란 하나님의 법을 어기는 것입니다. 이것을 죄라고 하고 죄는 두 가지 결과를 낳습니다. 첫째, 죄는 벌을 초래합니다. 하나님께서는 자신의 법을 어기는 자들을 그대로 두시지 않습니다. 그대로 두신다면 하나님께서는 의로우신 분이라고 할 수 없습니다. 이 벌에 대해서는 10문답과 11문답에서 자세히 다룰 것입니다.

둘째, 죄는 그것을 범하는 자에게 부패를 가져옵니다. 죄로 말미암아 우리의 본성이 부패되어서 하나님을 싫어하게 됩니다.

아담이 타락하게 되자, 인간 본성 전체가 부패하게 되었고, 그 결과 인간으로 태어나는 모든 이가 부패 속에서 태어나고, 그 결과 죽음에 이릅니다. 더 나아가 우리 본성이 부패했기 때문에 우리는 기본적으로 악을 행합니다. 원래 하나님께서 인간을 창조하셨던 목적에 부합하는 삶을 살지 못하게 되었습니다. 하나님을 알고, 사랑하고, 교제함으로써 하나님을 찬송하고 영화롭게 하는 일을 전혀 하지 못하게 된 것입니다.

여기에 대해 사람들은 불평을 많이 합니다. 한 사람의 단 한 번의 불순종이 그렇게 큰 영향력을 미치는 게 말이 됩니까? 왜 남이 지은 죄 때문에 내가 고통을 받아야 합니까? 이런 질문들은 참으로 답하기 어려운 질문입니다. 교리문답도 이런 어려운 문제는 다루지 않습니다. 이것을 통해 우리는 교리문답이 모든 신앙적인 질문에 답을 하기 위해 작성된 것이 아니라는 것을 알 수 있습니다. 하지만 간단히 설명해 보면, 인간은 기본적으로 사회적 존재라는 것을 지적할 필요가 있습니다. 대표적으로 군대의 경우, 사병이 잘못을 하게 되면 지휘 책임을 물어서 직속상관이 처벌받습니다. 부모가 알코올 중독자면, 그 자녀들은 참으로 고통 속에서 자랍니다. 요약하면, 많은 사람이 자신들의 죄뿐만이 아니라 남이 저지른 잘못 때문에 고통을 당합니다. 어떻게 보면 참으로 불공평해 보입니다. 그러나 이것이 바로 엄연한 인간의 삶입니다. 왜 모든 인간이 죄를 범합니까? 유일한 답은 인간 본성 자체가 부패했기 때문입니다. 그렇다면, 하나님께서는 인간을 선하게 창조하셨는데, 왜 이런 일이 벌어졌습니까? 인간의 본성을 대표하는 아담이 하나님께 불순종했기 때문입니다.

중생: 비참으로부터 유일한 탈출구

만약 모든 인간이 본성에서 부패하였고 모든 인간이 죄를 지어서 사망에 이르게 되었다면, 우리 자신에게는 아무런 소망이 없습니다. 어떻게 해 볼 도리가 없기 때문입니다. 이 점에서 하이델베르크 교리문답은 중생의 필연성을 이야기합니다. 본성이 타락했기 때문에 본성이 바뀌지 않는 한 우리에게 어떤 희망도 존재할 수 없습니다. 그리고 타락한 본성은 스스로 변할 수 없기 때문에 본성의 변화, 즉 중생은 우리 밖에 계신 분, 즉 성령으로만 가능합니다. 교리문답은 성령으로 말미암은 중생의 필수성을 강조합니다. 우리가 비참한 이유는 전적으로 무능력하기 때문입니다. 함정에 빠진 사람, 늪에 빠진 사람, 물에 빠진 사람은 스스로 구원할 수 없습니다. 스스로 그곳에서 빠져 나오려고 할수록 힘이 빠져서 죽음에 이릅니다. 오직 우리의 도움은 밖에서 와야 합니다. 우리의 본성이 부패되었다면 유일한 해결책은 새 생명이 우리 안에 들어와서 우리를 새롭게 하는 수밖에 없습니다.

이것을 중생이라고 합니다.

이 중생의 토대를 놓으신 분이 그리스도이십니다. 아담의 불순종으로 말미암아 죄가 세상에 들어오고 사망이 모든 사람을 지배하게 되었듯이 마찬가지로 예수 그리스도의 순종으로 말미암아 의가 세상에 들어오고 많은 사람이 새 생명을 얻게 되었습니다. 그리스도께서 하나님께 완전히 순종함으로 하나님께로부터 선물을 받았으니 그것이 바로 성령입니다. 예수님께서는 이미 성령으로 충만하신 분이기 때문에 자신을 위해서는 더 이상 필요가 없으십니다. 예수님께서는 이 성령을 자신에게 속한 모든 자에게 나누어 주십니다. 우리가 그리스도를 믿을 때, 성령으로 중생하여 죄와 비참에서 해방되어 하나님의 본성에 참여하게 됩니다. 이것이 죄와 비참에서 벗어나는 유일한 길입니다.

이 모든 것을 통해 보았을 때, 우리의 죄와 비참이 무엇인지를 정확하게 알아야 하고 그것이 우리에게 미친 영향을 제대로 알아야 그것에서 벗어나는 길도 제대로 알 수 있습니다. 아직 서론 부분이기 때문에 교리문답은 중생이 무엇인지 제대로 다루고 있지 않지만 중생의 필요성은 교리문답의 처음부터 분명하게 선포되었다는 점을 인식하는 것은 대단히 중요합니다.

불순종의 이유와 하나님의 반응

죄와 비참이, 아담이 불순종하게 된 것은 그 율법이 너무 어려워서 지킬 수 없었기 때문은 아니었을까? 그리고 하나님께서 지킬 수 없는 율법을 주셔서 지키라고 하셨다면, 하나님께서는 인간을 부당하게 대우하시는 것은 아닐까? 이것이 바로 하이델베르크 교리문답 9문이 제기하는 핵심 사항입니다. 여기에 대해 교리문답은 하나님께서는 인간이 율법을 지킬 수 있게 창조하셨다고 답하면서, 그가 타락한 것은 사탄의 유혹에 빠져 고의로 불순종하였고 그 결과 자신뿐만이 아니라 후손들까지 하나님의 율법을 지킬 수 있는 은사를 잃게 되었다고 가르칩니다. 즉, 그들이 불순하게 된 것은 율법의 높은 수준 때문이 아니라 자유의지의 오용에 있다는 것입니다.

그러면 다음과 같은 질문이 제기됩니다. 하나님께서는 아담을 율법을 지킬 수 있게끔 창조하셨지만, 아담 속에서 태어난 우리는 율법을 지킬 수 없으니 율법이 우리에게 지금 무슨 소용이 있는가? 율법을 지킬 수 없는 우리에게 율법을 지키라고 명하시는 하나님께서는 불의한 것이 아닌가? 사실 이것은 대단히 어려운 질문입니다. 하나님께서는 우리가 율법을 지킬 수 있기 때문에 율법을 요구하시는가, 아니면 율법을 지킬 수 없다는 것을 알고도 율법을 지키라고 요구하시는가?

이와 관련하여 우리는 펠라기우스Pelagius 논쟁을 상기할 필요가 있습니다. 펠라기우스는 하나님께서 오늘날에도 율법을 우리에게 요구하시는 것은 우리가 지킬 수 있기 때문이라고 주장했습니다. 그렇지 않으면 하나님께서는 불의한 분이 될 수밖에 없다고 생각했습니다. 반면에 우리 신앙의 선배인 아우구스티누스Aurelius Augustinus와 칼빈은 하나님께서 우리에게 율법을 요구하시는 것은 우리가 율법을 지킬 수 있기 때문이 아니라고 주장했습니다. 하나님께서는 율법을 통해 자신의 뜻이 무엇인지 분명히 드러내기를 원하셨는데, 이것은 우리가 율법을 지킬 수 있는가와는 상관이 없다고 그들은 생각했습니다. 즉, 우리의 능력과 상관없이 율법은 하나님의 의를 드러내며, 이것이 율법의 가장 중요한 본질이라는 것입니다.

따라서 우리가 하나님께서 의로우신가 혹은 불의하신가를 판단할 때 그 기준은 우리가 그 명령을 지킬 수 있는가 없는가가 아니라 그 율법 자체의 요구가 의로운가 그렇지 않은가가 되어야 합니다. 만약 하나님께서 인간에게 "너희들도 걸어만 다니지 말고 새처럼 날아다니고, 물고기처럼 바닷속을 헤엄쳐서 다녀야 한다!"고 명령하셨다면, 그것은 부당한 명령입니다. 하나님께서 인간에게 날개를 달아 주고, 아가미를 만들어 준 다음 그런 명령을 하셨다면, 그 명령은 불의한 명령이 아닐 것입니다. 하지만 어떤 일에 필요한 능력은 주지 않고, 그 일을 하라고 요구하는 것은 누가 보아도 불의한 것입니다.

그러나 이것과 조금 다른 성격의 명령이 있습니다. 어떤 종이 주인에게 천만 원을 빌렸다고 가정해 봅시다. 그 종이 천만 원을 빌렸을 때는 그 돈을 충분히 갚을 수 있었습니다. 그런데 그 종이 자기 자신을 위해 그 돈을 낭비해서 다 써 버려서 알거지가 되었습니다. 기한이 되어서 주인이 종에게 돈을 갚으라고 하지만, 종은 십 원도 갚을 능력이 없습니다. 주인은 자기의 종이 돈을 갚을 능력이 전혀 없다는 것을 압니다. 그렇다면, 주인이 갚으라고 말해서는 안 되는 것일까요? 그렇지 않습니다. 주인은 종이 갚을 능력이 없어도 갚으라고 요구합니다. 그렇게 함으로써, 주인은 종에게 자신이 그 돈을 받겠다는 뜻을 보이고, 종이 그런 의무가 있다는 것을 알립니다. 은행의 경우에도 돈을 빌린 사람에게 갚을 수 있는 능력과 상관없이 돈을 갚으라는 독촉장을 보냅니다. 빌린 돈에 대해 갚을 수 없다는 이유만으로 더는 독촉하지 않는다면 그 은행이야말로 잘못하는 것입니다.

돈을 갚을 수 없는데, 자꾸 돈을 갚으라고 하는 주인이 불의하다고 할 수 없듯이, 율법을 준수하지 못하는 인간들에게 하나님께서 율법을 여전히 요구한다고 해서 하나님께서 불의하시다고 할 수 없습니다. 하나님께서는 그렇게 하심으로써 우리가 얼마나 비참한 죄인인지 알게 하십니다. 만약 하나님께서 그렇게 하시지 않는다면, 하나님께서는 오히려 불의하신 분이 됩니다.

따라서 지킬 수 없는 법을 요구하시는 하나님께 차라리 "하나님, 잘못했습니다. 죽을 죄를 지었으니, 무슨 벌이든지 달게 받겠습니다" 하고 말하는 것이 죄인 된 인간의 올바른 태도입니다.

벌을 내리시는 의로우신 하나님

하나님께서는 그렇게 율법을 지킬 수 없고 지키지도 않는 자들을 어떻게 대해야 할까요? 교리문답은 이렇게 질문합니다. 하나님께서 그냥 넘어갈 수 있지 않을까? 만약 하나님께서 그냥 넘어가신다면 어떤 문제가 생기는가? 만약 어떤 부모가 계속 말을 듣지 않고, 자기 하고 싶은 대로 하는 자녀들에게 아무 화도 내지 않고 벌도 내지 않는다면, 그때부터 부모의 말은 잔소리가 됩니다. 자녀들이 부모의 어떤 말을 잔소리로 생각하는 순간 자녀들은 부모의 말 전부를 무시하게 됩니다. 왜냐하면, 부모의 말을 지키든지 지키지 않든지 아무 차이가 없기 때문입니다.

하나님께서 율법을 단지 지키라고 요구만 하시고 그 율법을 불순종하는 자들을 그냥 두신다면 하나님께서는 자신이 세운 법에 대해 무관심한 존재가 됩니다. 그런 하나님은 참된 하나님이 될 수 없습니다. 따라서 하나님께서는 법을 세우실 뿐 아니라 그것을 인간들에게 엄중하게 요구하시고 지키지 않는 인간들에게 진노하시고, 더 나아가 그들에게 벌을 내리는 분이셔야 합니다. 진노와 벌, 이것이 불순종에 대한 하나님의 반응에 대해 교리문답 10문답이 가르치는 교훈입니다. 따라서 인간의 통상적 생각과 달리 하나님께서 우리의 불순종에 진노하시고 벌을 내리지 않으시면, 그 하나님은 하나님이라고 할 수 없습니다. 결국 인간의 비참을 제대로 이해하기 위해서는 죄의 본성과 그것에 대한 하나님의 반응을 정확하게 이해해야 합니다.

벌이 없는 진노는 힘을 가지지 않습니다. 하나님께서 진노만 하시고 벌을 내리시지 않는다면 인간이 하나님의 진노를 가볍게 볼 수밖에 없습니다. 벌이 없으면 법도 힘을 잃게 되고, 법에 힘이 없을 때 하나님의 의가 제대로 실현되지 않습니다. 왜냐하면, 사람들은 율법을 어기는 것을 우습게 여기게 될 것이기 때문입니다. 심판에 대한 하나님의 경고는 단지 협박이 되어서는 안 됩니다. 율법의 경고는 실제로 시행이 될 것이고, 결코 취소될 수 없습니다.

하나님의 진노를 우리가 두려워해야 할 이유는 그 진노가 우리를 영원한 심판으로 인도하기 때문입니다. 하나님의 진노와 벌은 이해가 가더라도 하나님의 벌의 크기에 대해 의문을 제기할 수 있을 것입니다. 하나님의 법을 불순종했다고 해서 영원한 형벌로 진노하시는 것이 정의로운가? 이런 질문을 하는 사람은 하나님께서 어떤 분이신가에 대해 제대로 알지 못하는 사람이라고 할 수 있습니다. 하나님의 법을 불순종하는 사람에게 어떤 벌을 내리시는 것이 적당할까요? 형량은 법을 만드는 사람이 제정하는 것이지, 그 법을 지켜야 하는 사람이 정하지 않습니다. 우리는 벌을 통해 어떤 법이 정말로 중요한지 그렇지 않은지를 알 수 있습니다. 우리나라 사람들은 일반적으로 담배꽁초를 아무 데나 버립니다. 가장 큰 이유는 꽁초를 버려서 적발이 되더라도 벌금이 그렇게 많지 않기 때문입니다. 하지만, 일본이나 싱가포르 같은 나라는 매우 무거운 벌금을 매깁니다. 그 나라 입법자들은 기초질서를 매우 중요하게 여기기 때문일 것입니다. 마찬가지로 하나님의 법을 어기는 것이 얼마나 큰 형벌을 받아야 하는가에 대해서는 인간이 결정할 사항이 아닙니다.

오늘날 진노하시는 하나님에 대한 거부감이 많이 있습니다. 그래서 하나님의 진노를 다른 식으로 표현하기를 좋아합니다. 예를 들면, 우리가 하나님의 법을 어기면 하나님께서는 마음 아파하신다는 식으로 이야기를 많이 합니다. 그러나 이런 식의 표현은 하나님에 대한 왜곡된 인식을 조장합니다. 하나님께서는 인간이 자신의 법을 어길 때 가슴 아파하시는 것이 아니라 진노하십니다. 대표적으로 로마서 1장 18절은 "하나님의 진노가 불의로 진리를 막는 사람들의 모든 경건하지 않음과 불의에 대하여 하늘로부터 나타"난다고 선언합니다.

하나님의 자비 대 하나님의 의

마지막으로 교리문답 11문은 이렇게 질문합니다. 물론 하나님께서 의로우신 분이시고, 그것 때문에 불순종하는 사람들에게 형벌을 내리시지만, 하나님께서는 또한 자비로우신 분이 아니신가? 하나님의 자비로 그냥 죄인들을 용서하실 수 없는가? 사실 이것이 역사상 가장 논쟁이 되었던 질문이기도 합니다. 특히 이 질문은 하나님의 전능성과 관련되어서 논쟁이 되었습니다. 하나님께서는 모든 것을 하실 수 있으니, 죄인들을 벌하지 않고 마음만 먹으면 그냥 용서하실 수 있지 않는가?

여기서 우리가 다시 기억해야 할 것은 하나님께서 어떤 분이신가입니다. 하나님께서는 순일simplicity하시기 때문에 하나님의 속성들 사이에는 모순이 있어서는 안 됩니다. 따라서 하나님의 자비가 하나님의 공의와 충돌해서는 안 됩니다. 즉, 하나님께서 우리의 죄를 용서하심으로 자신의 자비를 나타내시기로 하셨다면, 그것을 나타내는 방식에서 하나님의 의로우심이 손상되어서는 안 됩니다. 하나님의 자비를, '하나님은 사랑이 무한하시니 잘못을 비는 사람은 누구나 다 차별없이 용서해 주신다'는 식으로 이해해서는 안 됩니다. 그것은 하나님의 사랑을 빙자하여 인간의 방종을 초래하게 되며, 이런 생각은 소위 '값싼 은혜'로 이끌게 됩니다.

우리는 하나님의 자비로우심을 믿습니다. 그러나 우리는 또한 그 하나님의 자비로우심이 하나님의 의로우심을 손상하지 않는다는 것도 믿습니다. 그렇다면 우리의 유일한 참된 위안은 하나님의 자비로우심이 의롭게 실천되는 것에 있습니다. 하나님께서 자신의 자비로우심을 가장 의롭게 실천하기 위해 선택하신 방법이 바로 예수 그리스도의 대속의 형벌을 통한 인간의 구원입니다. 하나님께서는 그리스도께서 우리가 받아야 할 영원한 하나님의 진노와 형벌을 대신 받게 하시고, 우리를 다시 당신의 자녀로 삼으셨습니다. 이것이 모든 신자에게 구원을 주시는 하나님의 복음입니다.

많은 사람이 하나님의 자비와 하나님의 의는 서로 반대되는 것이라는 생각을 은연중에 가지고 있는 것 같습니다. 하나님의 의는 우리의 죄를 벌하시는 것으로, 하나님의 사랑은 우리를 구원하시는 것으로 이해하는 경우가 많습니다. 그러나 성경에는, 특히 시편에는 "주의 의로 우리를 구원하시옵소서!"라는 기도가 많이 실려 있습니다. 더 나아가 로마서 1장 17절에는 복음에는 하나님의 의가 나타났다고 선언합니다. 즉, 하나님의 의는 우리를 벌하시는 의가 아니라 우리를 구원하시는 의입니다. 물론 이것은 오직 그리스도 안에 있는 신자들에게 적용이 됩니다. 우리가 그리스도 밖에 있을 때 하나님의 의는 우리를 향한 진노와 형벌의 근원이 되지만, 우리가 그리스도 안에 있을 때 하나님의 의는 우리 구원을 위한 토대가 됩니다.

결론

이상에서 우리는 교리문답을 통해 죄와 비참이 신자에게 어떤 역할을 하는지 알게 되었습니다. 교리문답이 죄와 비참으로 시작하기 때문에 교리문답의 분위기가 좀 무거운 것이 사실입니다. 이것은 위안을 다루는 1문과 비교해 큰 대조를 이룹니다. 하지만 교리문답이 죄와 비참을 초두에 다루는 이유는 죄와 비참이 얼마나 무서운지 공포감을 심어 주기 위해서가 아닙니다. 교리문답은 죄와 비참을 정확하게 제시함으로 신자들이 거짓된 구원의 길에 현혹되지 않고 유일하고 참된 위안으로 신자들을 인도하려고 합니다.

 죄와 비참을 다루는 궁극적인 목적은 구속자를 통한 구원이 왜 인간에게 필수인지를 가르쳐 주기 위해서입니다. 아담의 불순종으로 인간 본성이 타락했기 때문에 인간은 스스로 구원할 수 없는 상황이 되었습니다. 그렇다고 해서 하나님께서도 자신의 본성상 죄인인 인간을 그냥 구원하실 수도 없습니다. 죄와 비참의 문제가 해결되기 위해서는 하나님의 공의가 만족되어야 하고 인간의 본성이 거듭나야만 합니다. 이 구속의 사역은 하나님이시고 동시에 인간이신 구속주를 통해서만 가능합니다. 이것이 하이델베르크 교리문답이 죄와 비참을 다루는 방식입니다. 이 방식은 설교에 적용되어야 하며, 그렇게 될 때 그 설교는 참다운 복음적 설교가 될 것입니다.

개혁교회 이야기 시리즈 01

네덜란드 개혁교회 이야기

펴 낸 날 2015년 2월 20일 초판 1쇄
2020년 11월 1일 초판 2쇄

지 은 이 이성호

펴 낸 이 한재술
펴 낸 곳 그 책의 사람들

편　　집 서금옥
디 자 인 안소영

판　　권 ⓒ 이성호, **그 책의 사람들** 2015, *Printed in Korea*.
저작권법에 의하여 한국 내에서 보호를 받는 저작물이므로 무단 전재와 복제를 금합니다.

주　　소 경기도 수원시 권선구 여기산로 42, 101동 313호
전　　화 0505-273-1710　　**팩　　스** 0505-299-1710
카　　페 cafe.naver.com/thepeopleofthebook
메　　일 tpotbook@naver.com　**페이스북** www.facebook.com/tpotbook
등　　록 2011년 7월 18일 (제251-2011-44호)
인　　쇄 불꽃피앤피

책　　값 13,500원
I S B N 979-11-85248-12-7　04230
979-11-85248-11-0　04230(세트)

이 도서의 국립중앙도서관 출판시도서목록(CIP)은
서지정보유통지원시스템 홈페이지(http://seoji.nl.go.kr)와
국가자료공동목록시스템(http://www.nl.go.kr/kolisnet)에서 이용하실 수 있습니다.
(CIP제어번호: CIP2015003431)